Cynnwys

Cyflwyniad

Tua dwy fil o flynyddoedd yn ôl adroddodd rhyw ddyn stori am ddau berson a adeiladodd dai iddyn nhw eu hunain. Adeiladodd un ei dŷ ar dywod ac adeiladodd y llall ei dŷ ar graig. Wrth gwrs, pan ddaeth y gwynt a'r glaw fe gwympodd y tŷ ar y tywod i'r llawr yn deilchion, ond fe safodd y tŷ ar y graig drwy'r tywydd garw, a hynny am ei fod wedi ei adeiladu ar sylfaen gadarn.

Dameg oedd y stori, a bwriad Iesu o Nasareth wrth ei hadrodd oedd herio'i wrandawyr i'w holi eu hunain a oedd eu bywydau wedi eu seilio ar sylfaen a oedd yn ddigon cadarn i wynebu bywyd a marwolaeth.

Ac mae'r her yn parhau.

Mae gan bawb ryw fath o sylfaen i'w bywyd – credoau craidd sy'n cynnal pob cred arall; y cwestiwn yw, a yw'r credoau hynny'n *wir*, ac felly'n ddigon cadarn i'n dal trwy stormydd bywyd a marwolaeth.

I lawer, wrth gwrs, ni fydd gofyn y cwestiwn o unrhyw ddiddordeb o gwbl, gan eu bod yn ystyried y mater yn rhy athronyddol, neu'n rhy ddamcaniaethol, neu'n amherthnasol iddyn nhw. Ond buasai'n ffôl ac yn drasiedi i resymu felly gan nad oes yr un pwnc sy'n fwy pwysig na phwrpas bywyd a sut i fyw. Ai'r ateb yw inni 'fwyta ac yfed, oherwydd yfory byddwn farw' (Eseia 22:13)?[1] Neu a oes mwy i fywyd? Ac a oes unrhyw beth ar ôl bywyd? Oes yna roi cyfrif a barn i fod? A ydym yn atebol i rywun mwy na ni'n hunain? Os ydym yn atebol, "pa elw gaiff rhywun os ennill yr holl fyd a fforffedu ei fywyd" (Mathew 16:26)?

Ond ar ba sail mae dewis a phenderfynu sylfaen i'n bywyd?

---

1. Oni nodir yn wahanol, daw'r holl ddyfyniadau Beiblaidd o'r *Beibl Cymraeg Newydd Diwygiedig* 2004

Hawliodd Iesu mai ei eiriau Ef oedd yr unig sail oedd yn ddigon cadarn i adeiladu ein bywyd arno, a bod unrhyw a phob sylfaen arall yn dywod ansefydlog (Math. 7:24-27). Nawr, dyma honiad rhyfeddol o feiddgar. Pwy fase'n meiddio dweud y fath beth? Mae'n rhaid ei fod yn wallgofddyn, neu'n dwyllwr, hyd yn oed i ystyried dweud y fath beth.

Os nad oedd yn dweud y gwir, wrth gwrs.

A dyna mae Cristnogaeth a'r llyfr hwn yn ei hawlio: bod Iesu'n dweud y gwir am ei berson, ei Dad, ei waith a'i neges i'r byd; a'i fod Ef, o'r herwydd, yn sylfaen – yn wir mai Fe yw'r unig sylfaen – y gallwn, ac y mae'n rhaid inni, sefyll arni mewn bywyd a marwolaeth.

O'i osod mewn ffordd arall, mae Iesu Grist wedi datguddio'r gwirionedd i ni, sef mai *Cristnogaeth yw'r Ffydd a roddwyd gan Dduw, trwy ei Fab, Iesu, unwaith i'r ddynoliaeth i'w chredu a'i chyffesu, i'w chyhoeddi a'i hamddiffyn* (Jwdas 2).

Hon yw'r Ffydd, yr unig wir Ffydd. Hynny yw, mae Cristnogaeth *yn wir*. Nid gwir i fi ond nid i neb arall; nid yn symbolaidd wir; nid yn wir os ych chi'n dymuno iddo fod; ond yn wirioneddol wir, yn wirionedd gwir, yn cyfateb i realiti, ac yn ddadansoddiad cywir o fywyd.

Hon yw'r Ffydd *a roddwyd*. Fe'i datguddiwyd. Nid mympwy, na theimladau neis, na dymuniadau diobaith mo sail Cristnogaeth, ond datguddiad eglur o'r nef gan Dduw ei hun a gofnodwyd ar gyfer pob oes mewn ffurf ysgrifenedig. Datguddiad yw sy'n dangos Gras Duw; hynny yw, ffafr rad Duw i bobl sy'n haeddu dim byd ganddo ond ein bwrw o'i olwg am byth.

Hon hefyd yw'r Ffydd a roddwyd *unwaith* – flynyddoedd maith yn ôl. Does dim byd (gobeithio!) newydd yn y llyfr hwn; ceisio ynganu'r Ffydd a roddwyd unwaith i'r saint yw'r bwriad, nid cynnig rhyw feddyliau newydd. Ni fydd y llyfr hwn, felly, o unrhyw ddiddordeb i'r rheiny sydd am gael eu goglais gan y syniad diweddaraf, na chwaith i'r rhai sy'n credu nad oes gan yr un honiad hanesyddol unrhyw beth i'w ddysgu i ni nac i'n cyffroi.

Dyma pam fy mod yn dyfynnu'n helaeth o waith Cristnogion eraill yn y llyfr – nid yn unig am eu bod nhw'n dweud pethau'n gywirach ac yn eglurach nag a fyddwn i'n gallu, na chwaith yn unig er mwyn dod â'r gweithiau a'r dogfennau a ddyfynnir i sylw darllenwyr nad ydynt efallai'n gyfarwydd â hwy, ond er mwyn dangos fod yna draddodiad hir i'r Ffydd a'n bod ni'n rhan o'r hanes hir hwnnw sy'n mynd yn ôl i ddyddiau dyfodiad yr Arglwydd Iesu yn y cnawd, ac ymhellach.

Ond, a allwn ni, mewn pob difrif calon, dderbyn y Ffydd Gristnogol heddiw, yn yr unfed ganrif ar hugain? Erbyn hyn, lleiafrif bychan sy'n cyffesu'r gred Gristnogol yng Nghymru, ac yn wir mae'r rhod yn prysur droi yn ei herbyn. Ceir anwybodaeth helaeth a dwfn ynglŷn â beth mae Cristnogaeth yn ei ddysgu; ac i gymhlethu pethau ymhellach, ceir pobl mewn safleoedd o awdurdod a dylanwad sy'n dysgu athrawiaethau dieithr iawn i'r Testament Newydd, ond eto'n honni eu bod yn dysgu athrawiaethau Cristnogol. Cawn (rai) gwyddonwyr sy'n taeru bod gwyddoniaeth yn dysgu'n wahanol i Gristnogaeth, bod yna frwydr ddi-baid rhwng gwyddoniaeth a chrefydd, a bod yn rhaid dewis ochr – sefyll un ai gyda gwyddoniaeth oleuedig neu gyda Christnogaeth obsgwrantaidd. Ac yn gynyddol, fe glywn bobl yn beirniadu Cristnogaeth a Christnogion am eu daliadau moesol cul, caeth, llawn casineb, gwrth "flaengar".

Yn yr awyrgylch hwn, nid yw'n hawdd cyffesu ymlyniad wrth yr Arglwydd Iesu Grist, na chyfaddef cred Gristnogol.

Ond mae'r llyfr hwn yn ceisio dangos nid yn unig y gallwn dderbyn y Ffydd Gristnogol, ond mai'r Ffydd Gristnogol sy'n gwneud y mwyaf o synnwyr o'n byd a'n bywyd ni.

Nawr, i berson gael ei berswadio o wirionedd Cristnogaeth mae'n rhaid wrth ddau beth. Yn gyntaf, mae'n rhaid iddo fe neu iddi hi wybod a deall *beth yw* Cristnogaeth. Mae hyn yn hollbwysig oherwydd, dro ar ôl tro, mae pobl yn gwrthod Cristnogaeth heb wybod na deall beth yw Cristnogaeth na'r hyn y mae'n ei ddysgu.

Yr ail beth angenrheidiol yw bod person yn cael ei berswadio fod ganddo *warant, neu sail ddigonol,* i dderbyn a chredu honiadau Cristnogaeth.

Mae'r llyfr wedi ei rannu'n dair rhan. Yn y rhan gyntaf, caiff y Ffydd Gristnogol ei disgrifio a'i hesbonio'n fras, gan nodi'r hyn y mae Cristnogion yn ei gredu ac yn ei gyffesu.[2] Yn ail ran y llyfr, trafodir sut mae Cristnogion i fyw; ac yna, yn y drydedd rhan, cyflwynir rhai dadleuon o blaid gwirionedd Cristnogaeth.

Cyn mynd ymlaen, teg fyddai i mi holi pwy ydw i, i feiddio ysgrifennu'r fath lyfr. Rwy'n cydnabod y gallai fod yn gwestiwn teg i rywun ei ofyn i mi. Fy ateb fyddai mai ysgrifennu fel Cristion cyffredin ar gyfer Cristnogion cyffredin eraill (yn bennaf) yw fy mwriad; Cristnogion sy'n ymgodymu ac yn ymdrechu â'u ffydd, gyda'u pechodau a chyda bywyd ei hun. Nid wyf yn hawlio unrhyw feddyliau gwreiddiol yma; yn wir, fel y crybwyllwyd eisoes, y bwriad yw bod yn ddim byd mwy na sianel i drosglwyddo meddyliau Cristnogion llawer mwy galluog a threiddgar na mi fy hun. Gofynnaf yn unig y caiff y dadleuon a gynigir yn y llyfr eu pwyso a'u mesur ar sail eu cryfder fel dadleuon, ac nid ar sail awdurdod yr un sy'n eu gosod gerbron, ac yn fwy na hynny hefyd y bydd i'r darllenydd chwilio'r Ysgrythurau i weld a yw'r pethau a ddywedir yn wir (gweler Actau 17:11).[3]

---

2. Er mwyn eglurder a thegwch rhaid deall fy mod, pan wyf yn defnyddio'r term Cristnogaeth, yn ei ddefnyddio i ddisgrifio Cristnogaeth Uniongred Brotestannaidd Ddiwygiedig fel y caiff ei ddatgan mewn dogfennau megis Credoau'r Apostolion, Nicea ac Athanasiws, Cyffes Ffydd a Chatecismau Cymanfa Westminster, Datganiad Savoy, Catecism Heidelberg a Hyfforddwr Thomas Charles, gan mai dogfennau o'r fath, mi gredaf, sy'n disgrifio'r hyn a ddysgir gan y Beibl. Nid dweud ydw i mai'r hyn a geir yn y llyfr yw "Y Ffydd Ddiwygiedig", gan fod i'r Ffydd Ddiwygiedig lawer o garfanau gwahanol, ond mae'n deg dweud, mi gredaf, fod yr hyn sy'n cael ei ddweud yn y llyfr hwn yn dod o fewn yr ymbarél o Athrawiaeth Ddiwygiedig hanesyddol. Ac er mod i'n dyfynnu tipyn o'r cyffesion ac ati, rhaid deall a chofio nad y cyffesion ffydd yw'r safon ar gyfer y rhai sy'n eu derbyn ond y Beibl ei hun. Beth wna'r cyffesion yw datgan mewn ffyrdd cryno ac eglur yr hyn y mae Cristnogion Diwygiedig yn cyffesu y mae'r Beibl yn ei ddysgu.

3. Wedi dweud hynny, fy eiddo i, a fi yn unig yw unrhyw gamgymeriad neu ddiffyg yn y llyfr.

Os mai at Gristnogion yn bennaf y mae'r llyfr wedi ei anelu, nid yw'n amhosibl, mae'n debyg, i rywun sydd â diddordeb mewn gwybod beth yw Cristnogaeth, ond nad yw'n arddel y Ffydd (hyd yma o leiaf), roi cynnig ar y llyfr. Os digwydd hyn, gofynnaf un ffafr gan yr ymchwilydd, sef gwrandawiad teg i'r dadleuon, oherwydd does dim posib deall a derbyn Cristnogaeth heb *ystyried* yr honiadau – ac mae hyn yn cymryd amser ac ymdrech.

Am gyfnod yn y 1980au roedd 'na fynd mawr ar gynnal cyfweliadau swyddi amgen, od. Doedd holi'r un a oedd yn ymgeisio am y swydd ddim yn ddigon – rhaid oedd cael rhywbeth mwy. Mae 'na stori am un ymgeisydd ifanc a gafodd brofiad o'r fath. Cafodd ei arwain i swyddfa foethus. O'i flaen yr oedd desg fawr, ddrud. Tu ôl iddi roedd rhywun yn eistedd, ond roedd ei wyneb wedi ei guddio rhag yr ymgeisydd gan ei fod yn darllen papur newydd mawr, agored. Daeth llais sych o'r tu ôl i'r papur, "Crea argraff arna' i". Wedi meddwl am ennyd tynnodd yr ymgeisydd daniwr sigarét o'i boced, ei danio, gosod y fflam ar waelod y papur newydd, a'i losgi.

Mae gan rai pobl yr un agwedd at Gristnogaeth ag oedd gan y person y tu ôl i'r papur newydd – "Crea argraff arna' i!" Maen nhw am i Gristnogaeth ei phrofi ei hun, heb iddyn nhw orfod rhoi unrhyw amser nac ymdrech meddwl i'w deall. Ond mae tegwch yn mynnu bod person yn rhoi cynnig go iawn ar wrando, ac ystyried honiadau'r Efengyl Gristnogol o ddifrif cyn eu gwrthod. Wedi'r cyfan, nid honiadau bychain, dibwys mohonynt – mae bywyd a marwolaeth yn y fantol. Un peth yw eu hystyried yn ofalus ac yna eu gwadu a'u gwrthod; ond ffolineb yw eu hanwybyddu.

Rhan 1: Cyffesu'r Ffydd

Gwirioneddau Bywyd

Mae Cristnogaeth yn dadansoddi bywyd ac yn gwneud gosodiadau a honiadau am ddyn a Duw. Byddwn yn edrych ar rai o'r rhain yn y man. Ond cyn hynny, mae'n rhaid gofyn y cwestiwn sylfaenol: O ble daw'r wybodaeth hon? Pan ddywedwn, "Mae Cristnogaeth yn dweud...", neu "Mae Duw fel a'r fel..." beth yw ein sail dros ddweud hynny? Ai Rheswm? Neu ein Synhwyrau? Rhyw deimladau arbennig? Rhyw sail arall? Ac ydyw'n bosibl, hyd yn oed, gwybod unrhyw beth am Dduw? Sut Un yw E? A beth amdanom ni? Beth allwn ni ei wybod amdanom ein hunain?

Pennod 1
Datguddiad

Mae Cristnogaeth yn gwneud honiadau am fywyd. Mae'n honni pethau am Dduw ac amdanom ni. Mae'n honni pethau mawr, eithafol; nifer ohonynt yn honiadau tramgwyddus ac annerbyniol i lawer. Er enghraifft, mae'n honni:

- bod Duw wedi creu'r bydysawd allan o ddim;
- bod Duw wedi creu'r ddynoliaeth yn wreiddiol yn gyfiawn a sanctaidd;
- bod y ddynoliaeth wedi gwrthryfela yn erbyn Duw, a'i bod yn awr mewn gelyniaeth ag Ef;
- bod pawb ohonom, o ganlyniad, dan farn Duw, ac yn wynebu cosb dragwyddol os na fyddwn yn gadael ein ffyrdd drwg, troi nôl at Dduw a gofyn am faddeuant;
- bod Duw wedi dod i'r byd ym Mherson ei Fab – sef Iesu o Nasareth – a'i fod wedi marw fel troseddwr cyfraith, a hynny nid oherwydd unrhyw beth a wnaeth ef o'i le, ond am iddo roi ei fywyd i lawr yn fwriadol ac am iddo, wrth farw, gymryd arno bechod y byd a derbyn holl ddicter y Duwdod yn erbyn pechod;
- mai dim ond trwy gredu yn Iesu Grist y gall unrhyw un ddianc rhag y llid sydd ar ddod.

Yn ogystal â'r honiadau eu hunain, mae Cristnogaeth yn honni mai gwirioneddau sydd wedi eu *datguddio* ydynt. Nid wedi eu darganfod, eu teimlo na'u rhesymu, ond eu datguddio. Hynny yw, roedd yna amser pan nad oedd y gwirioneddau honedig hyn (a llawer mwy) yn wybyddus i ni; roedden nhw wedi eu cuddio rhagom. Ond nawr, mae fel petai'r llen, y gorchudd, a oedd yn eu cuddio wedi ei dynnu oddi arnynt i'n galluogi ni i'w gweld.

Peth arall sy'n rhaid ei bwysleisio yw bod Cristnogaeth yn honni mai *Duw* sy'n datguddio'r gwirioneddau hyn – y Duw Anfeidrol ei hun.

Un o'r ffyrdd y mae Duw wedi datguddio agweddau ohono'i hunan yw trwy'r greadigaeth – yn y byd a'r bydysawd:

> *Y mae'r nefoedd yn adrodd gogoniant Duw, a'r ffurfafen yn mynegi gwaith ei ddwylo. Y mae dydd yn llefaru wrth ddydd, a nos yn cyhoeddi gwybodaeth wrth nos. Nid oes iaith na geiriau ganddynt, ni chlywir eu llais; eto fe â eu sain allan drwy'r holl ddaear a'u lleferydd hyd eithafoedd byd* (Salm 19:1-4a).

Mae'r byd ei hun, meddai'r adnodau hyn, yn pwyntio at y Creawdwr; mae'n cyhoeddi ei fodolaeth a'i fawredd. Ac mae pawb, medd yr adnodau, yn *gwybod* bod Duw'n bod. Dyma beth gawn ni ym mhennod gyntaf y llythyr at y Rhufeiniad gan yr Apostol Paul:

> *Y mae digofaint Duw yn cael ei ddatguddio o'r nef yn erbyn holl annuwioldeb ac anghyfiawnder pobl sydd, trwy eu hanghyfiawnder, yn atal y gwirionedd. **Oherwydd y mae'r hyn y gellir ei wybod am Dduw yn amlwg iddynt, a Duw sydd wedi ei amlygu iddynt.** Yn wir, er pan greodd Duw y byd, y mae ei briodoleddau anweledig ef, ei dragwyddol allu a'i dduwdod, i'w gweld yn eglur gan y deall yn y pethau a greodd. **Am hynny, y maent yn ddiesgus.** Oherwydd, er iddynt wybod am Dduw, nid ydynt wedi rhoi gogoniant na diolch iddo fel Duw, ond yn hytrach wedi troi eu meddyliau at bethau cwbl ofer; ac y mae wedi mynd yn dywyllwch arnynt yn eu calon ddiddeall. Er honni eu bod yn ddoeth, y maent wedi eu gwneud eu hunain yn ffyliaid. Y maent wedi ffeirio gogoniant yr anfarwol Dduw am ddelw ar lun dyn marwol, neu adar neu anifeiliaid neu ymlusgiaid* (Rhuf. 1:18-23).

Mewn un ystyr felly, yn ôl yr adnodau hyn, does 'na'r fath beth ag anffyddiwr, neu *atheist*, yn bod, er gwaethaf pob honiad i'r gwrthwyneb. Maen nhw'n gwadu'r hyn y maen nhw'n ei wybod sy'n wir. Mae pawb wrth naturiaeth yn "atal", yn gwasgu i lawr, a chuddio'r gwirionedd o fodolaeth Duw. Ac maen nhw'n eu twyllo'u hunain.

Ond mae'n gwbl ddi-fudd – rŷm ni i gyd yn ddiesgus. Rŷm ni'n gwybod, nid yn unig fod Duw'n bod, ond ei fod yn fawr, yn haeddu ei addoli, a'n bod ni wedi methu â'i addoli. Yn wir, rŷm ni'n gwybod ein bod wedi ei wadu a'i wrthod, ac yn gwybod ein bod yn euog o'i flaen ac yn atebol iddo.

Er bod y datguddiad hwn yn gwneud pob un ohonom yn ddiesgus o flaen Duw, dyw'r datguddiad cyffredinol hwn ddim yn ddigon eglur na chyflawn i'n dysgu am Dduw a'i newyddion da yn Iesu Grist. Ac felly, mae Duw wedi ei ddatguddio'i hun mewn ffyrdd arbennig pellach, er mwyn cyhoeddi ei gymeriad a'i ewyllys yn eglur.

Yn y Testament Newydd, mae'r llythyr at yr Hebreaid yn dechrau fel hyn:

> *Mewn llawer dull a llawer modd y llefarodd Duw gynt wrth yr hynafiaid trwy'r proffwydi, ond yn y dyddiau olaf hyn llefarodd wrthym ni mewn Mab* (Heb. 1:1).

Mae'n dweud fod Duw wedi llefaru wrthym. *Duw* sy'n datguddio'r pethau hyn; mae wedi *llefaru* – hynny yw, wedi datguddio gwirioneddau mewn geiriau; ac mae'r datguddiad yn *gronnus* – hynny yw, mae wedi datguddio gwirioneddau mewn llawer o ffurfiau gwahanol, pob un yn adeiladu ar y rhai blaenorol, cyn dod i uchafbwynt yn ei Fab ei hun, Iesu Grist.

Ffordd arall o ddweud bod Duw wedi llefaru yw dweud ei fod wedi rhoi, neu wedi datguddio, ei Air i ni. Dyna yw Gair Duw – ei hunan-ddatguddiad, yr hyn y mae'n ei ddweud ac yn ei ddatguddio amdano'i hun. Fel dywed yr adnod, mae'r Gair wedi dod mewn ffurfiau gwahanol, gan gynnwys proffwydi, ac yn fwyaf trwy ei Fab Iesu Grist – sef y Gair ei hun mewn ffurf dyn, y Gair wedi ei wneuthur yn gnawd ac wedi trigo yn ein plith (Ioan 1:14). Yn ogystal â hynny, mae Duw wedi sicrhau fod ei Air – ei ddatguddiad – wedi ei ysgrifennu, ei gadw a'i ledaenu er mwyn sylfaenu, sicrhau a chysuro ei Eglwys. A'r Beibl yw'r datguddiad hwnnw. Iesu yw Gair Duw mewn cnawd; y Beibl yw Gair Duw mewn ysgrifen. Medd y Beibl amdano'i hun:

> *Y mae pob Ysgrythur wedi ei hysbrydoli gan Dduw ac yn fuddiol i hyfforddi, a cheryddu, a chywiro, a disgyblu mewn cyfiawnder. Felly y darperir pob un sy'n perthyn i Dduw â chyflawn ddarpariaeth ar gyfer pob math o weithredoedd da* (2 Tim. 3:16-17).

Llyfrgell o lyfrau yw'r Beibl. Casgliad o lyfrau wedi eu hysgrifennu gan nifer o awduron gwahanol mewn arddulliau gwahanol – gan gynnwys hanes, barddoniaeth, a llythyrau – dros ganrifoedd. Mae'r llyfrau'n wahanol i'w gilydd am fod yr awduron yn wahanol i'w gilydd. Eto i gyd, datguddiad gan Dduw yw'r holl gynnwys, a'r cyfan wedi ei warchod a'i gadw'n gywir dan ofal yr Ysbryd Glân (2 Pedr 1:21).

Er yr holl wahaniaethau sydd o fewn y Beibl, fe gawn neges gyson ynddo; ac er yr holl awduron sydd iddo, mae yna *Un Awdur* y tu ôl i'r awduron dynol, sef Duw ei Hun. Duw'n anadlu allan ei feddyliau trwy'r awduron dynol (2 Tim. 3:16).[4]

Nid rhyw reolaeth fecanyddol sydd yma, ond Duw'n goruchwylio ac yn cadw'r awdur rhag ysgrifennu'n wallus. Nid chwaith bod Duw'n lladd ar natur, na phersonoliaeth, nac arddull yr un awdur dynol. Duw a greodd yr awduron yn y lle cyntaf, fel bod yr Apostol Paul yn ysgrifennu fel yr Apostol Paul, Ioan fel Ioan, Esra fel Esra ac yn y blaen, a bod Duw ar yr un pryd yn eu harwain wrth iddynt ysgrifennu.

Gan mai Duw yw'r awdur, mae'n dilyn yn anorfod fod y Beibl yn *anffaeledig*. Ni all beidio â bod felly. Sut all Duw gynhyrchu rhywbeth nad yw'n anffaeledig? Mae'r awduron yn ffaeledig,

---

4. Mae'n debyg mai ystyr y gair gwreiddiol yn y Roeg – *theopneustos* – a gyfieithir yn "ysbrydoli" yn y Beibl Cymraeg Newydd Diwygiedig yw, "wedi ei anadlu allan gan Dduw".

mae'n wir; ond pam ddylai ffaeledigrwydd yr awduron meidrol "trympio" anffaeledigrwydd yr Un a oedd yn eu cynnal bob awr yr oedden nhw'n anadlu?

Gan mai Duw yw'r awdur, mae'n dilyn hefyd fod y Beibl yn llyfr *awdurdodol*. Dyma ddatguddiad y Brenin Tragwyddol. Dyma'i Air Ef i ni. Mae stamp ac *imprimatur* yr Anfeidrol arno ac o'r herwydd, y Beibl yw ein hawdurdod pennaf, a'n hunig awdurdod anffaeledig mewn ffydd a buchedd.

Mae'r Beibl yn *angenrheidiol* ar gyfer iachawdwriaeth. Dyw datguddiad naturiol – y datguddiad hwnnw o Dduw ym myd natur – ddim yn ddigon i ddangos yr Efengyl i bobl; mae'n ddigon i'n gwneud ni'n ddi-esgus ac i'n condemnio, ond nid i'n hachub. Dyw'r Arglwydd ddim wedi datguddio'i Efengyl yn unman arall – y Beibl yw'r unig le y'i cawn hi.

Mae'r datguddiad hwn hefyd yn *ddealladwy* – mae'n eglur. Nid yw popeth yn y Beibl mor eglur â'i gilydd, ond mae'r brif neges a geir trwyddo'n ddigon dealladwy. Does dim rhaid wrth gyfryngwr dynol rhwng y darllenydd a'r Beibl er mwyn i'r darllenydd iawn ddeall ac esbonio'r Gair – dim ond yr Ysbryd Glân sydd ei angen.

Yn olaf, mae'r Beibl yn *ddigonol* ar gyfer iachawdwriaeth – mae'r cyfan sydd ei eisiau arnom ar gyfer ffydd a bywyd i'w gael yn y Gair ysgrifenedig, ac yn y Gair hwn yn unig, gan fod yr holl ffyrdd eraill o ddatguddiad wedi dod i ben.

Rhaid pwysleisio yma mai digonol *ar gyfer iachawdwriaeth* yw'r ddysgeidiaeth. Mewn llawer o feysydd, mae'r Beibl yn annigonol. Mae'n annigonol, er enghraifft, pan ddaw at wyddoniaeth. Nid llawlyfr gwyddoniaeth yw'r Beibl; nid yw'n ein dysgu am electroneg nac am drwsio car. Dyw e ddim wedi ei ysgrifennu fel erthygl mewn cyhoeddiad fel *Nature*, neu *New Scientist* – ac mae beirniadu'r Ysgrythur am ei fod, er enghraifft, yn dosbarthu ystlumod ymhlith adar yn *ffôl a thila*. Mae'r Ysgrythur yn gywir ac yn ddibynadwy ym mhopeth y mae'n ei ddweud – ond mae Duw wedi addasu ei ddatguddiad i'n lefel ni, heb gyfaddawdu ar ei wirionedd.

Mae'r byd naturiol i'w ddarganfod. Does dim datguddiad arbennig yma; mae'n rhan o'n tasg fel hil ddynol i ddarostwng y ddaear ac arglwyddiaethu arni (Gen. 1:28). Gall Gristnogion felly (a dylem hefyd) gyd-astudio a chyd-ddysgu gydag anghredinwyr (a dysgu ganddynt hefyd) am lawer o agweddau o fywyd, gan gynnwys gwyddoniaeth a thechnoleg, llenyddiaeth, celf a chreddoriaeth; cawn eu mwynhau a'u gwerthfawrogi, a diolch i Dduw am ei ras cyffredinol yn y pethau hyn.

Pwysigrwydd

Mae'n rhaid pwysleisio eto mor bwysig yw'r ffaith mai gwirionedd *wedi ei ddatguddio* yw Cristnogaeth. Rhaid deall y pwynt hwn cyn gallu deall Cristnogaeth yn iawn. Dyma yw sail Cristnogaeth gyfan; dyma pam bod Cristnogion yn ateb gwrthwynebiad trwy ddweud, "Ie, ond mae'r Beibl yn dweud ..."; dyma pam bod Cristnogion mor anoddefgar pan ddaw'n fater o amhuro'r Efengyl; a dyma pam bod Cristnogion yn mynnu cenhadu a cheisio cyhoeddi'r Efengyl hon.

Awdurdod

Mae pawb yn gwneud rhyw fath o honiadau o bryd i'w gilydd. Y cwestiwn mawr yw, a yw'r honiad yn wir. Ac i ateb y cwestiwn hwnnw, mae'n rhaid gwybod ar ba sail y gwneir yr honiad: Pwy sy'n dweud? I'r Cristion, yr ateb i'r cwestiwn hwnnw yw, Duw sy'n dweud, yn y Beibl. Dyma awdurdod y Cristion. Y Beibl yw'r "Cyfansoddiad" sy'n sylfaen i bopeth arall. Dyna pam fod Cristnogion yn ateb dadl trwy ddweud, "Ie, ond mae'r Beibl yn dweud ...", er mawr rwystredigaeth i lawer nad ydynt yn deall y safbwynt.

Dyma oedd dull Crist a'r apostolion – "fel hyn y dywed yr Ysgrythur" – a dyna oedd yr awdurdod pennaf a therfynol. Nid nad oes modd i Gristion ddadlau gydag anghredadun (cawn sôn rhagor am sut i ddadlau o blaid Cristnogaeth a sut i gyflwyno'r dystiolaeth yn ddiweddarach yn y llyfr), ond nid yw'r Cristion yn mynd i gyfaddawdu ynghylch y Beibl fel awdurdod pennaf ei gred. Ni fydd yn cyfaddawdu ar sail profiad personol na theimlad na thraddodiad nac unrhyw beth tebyg.

Anoddefgarwch

Mae'r Cristion (i fod) yn oddefgar ac yn anoddefgar ar yr un pryd.

Os yw Duw wedi datguddio rhywbeth yng Nghrist, a bod iachawdwriaeth ac achubiaeth y byd yn dibynnu arno, yna mae gan Gristnogion ddyletswydd i fod yn anoddefgar o bopeth sy'n gwyro oddi wrth neu'n cyfaddawdu'r datguddiad hwnnw. Mae'r Cristion yn debyg i lysgennad – un sy'n cyfleu'r neges, ond heb awdurdod i'w newid mewn unrhyw fodd.

Yn ei lythyr at y Galatiaid mae Paul yn dweud hyn:

Fel yr ydym wedi dweud o'r blaen, felly yr wyf yn dweud eto yn awr: os oes rhywun yn pregethu Efengyl i chwi sy'n groes i'r Efengyl a dderbyniasoch, melltith arno! (Gal. 1:9).

Nid tymer ddrwg neu gulni meddwl ar ran Paul sy'n esbonio'r iaith gadarn yma ond, yn hytrach, eiddigedd Duw sydd wedi ei gynnau mewn enaid sydd wedi ei phrynu gan Grist croeshoeliedig. Un Efengyl yn unig sydd; un Duw, ac un ffordd yn unig ato – trwy ei Fab, Iesu Grist (Ioan 14:6; Act. 4:12; 1 Tim. 2:5). Does dim graddau o wirionedd yn hyn o beth – mae yna wir ac mae yna anwir.

Ac felly mae'r Cristion yn gwbl anoddefgar pan ddaw'n fater o *gyfaddawdu'r Efengyl* mewn unrhyw ffordd.

Ar y llaw arall, ac ar yr un pryd, dylai'r Cristion fod yn oddefgar o safbwyntiau eraill, a hynny'n gwrtais, heb drais o gwbl. Er iddo neu iddi anghytuno â safbwyntiau eraill, mae'r Cristion yn sylweddoli na all orfodi neb i dderbyn neges yr Efengyl. Mae'n sylweddoli mai Duw ei hun yn unig all berswadio'i wrthwynebydd mewn dadl, ac mai trwy ei Air y mae Duw'n gwneud hynny. Felly, gall y Cristion ddadlau'n frwd, cytuno i anghytuno a pharhau mewn cyfeillgarwch â'r gwrthwynebydd, gan ei adael yn llaw sofran Duw.

Oherwydd hyn, mae'r Cristion yn credu mewn rhyddid barn. Yn ôl yr egwyddor, 'Fel y dymunwch i eraill wneud i chwi, gwnewch chwithau yr un fath iddynt hwy' (Luc 6:31), dymuna'r Cristion gael y rhyddid i fyw ei ffydd yn dawel yn ôl ei gydwybod, heb gael ei amharu, na heb amharu ar neb arall, gan ddatgan ac amddiffyn ei gred mewn dadl. Ac mae'n fodlon rhoi'r un rhyddid cydwybod i unrhyw un a phawb arall. (Hyn *ddylai* ddigwydd. Rwy'n gwybod yn iawn nad yw hyn wedi digwydd bob amser dros y canrifoedd, ac nad yw pob Cristion yn bihafio fel yma; ond y Cristion unigol sydd ar fai am hynny, nid dysgeidiaeth Cristnogaeth.)

Cenhadu

Gwirionedd wedi ei ddatguddio yw Cristnogaeth, ac mae hyn yn esbonio pam ei bod yn genhadol. O'r dechrau, cafodd yr Eglwys ei chomisiynu gan Grist i ledaenu'r Efengyl trwy'r byd i gyd:

Daeth Iesu atynt a llefaru wrthynt: 'Rhoddwyd i mi,' meddai, 'bob awdurdod yn y nef ac ar y ddaear. Ewch, gan hynny, a gwnewch ddisgyblion o'r holl genhedloedd, gan eu bedyddio hwy yn enw'r Tad a'r Mab a'r Ysbryd Glân, a dysgu iddynt gadw'r holl orchmynion a roddais i chwi. Ac yn awr, yr wyf fi gyda chwi yn wastad hyd ddiwedd amser' (Math. 28:18-20).

I swyddogion yr Eglwys (gweinidogion, bugeiliaid, cenhadon ac ati) y mae'r comisiwn hwn yn benodol (nhw'n benodol sy'n bedyddio ac yn dysgu credinwyr), ond mae pob Cristion yn tystiolaethu i Grist a'i Efengyl yn ei alwad (*vocation*) a'i fywyd mewn gair a gweithred. Mae'r Cristion yn *dymuno* dweud am Grist, yr hwn a'i carodd ac a'i dodes ei hun drosto (Gal. 2:20) ac yn *barod* i ddweud wrth bobl am y gobaith sydd ganddo yn yr Efengyl (1 Pedr 3:15).

Prawf

Hyd yma, rwyf wedi bod yn sôn am yr honiadau a wna Cristnogaeth ar sail y Beibl, sef y datguddiad gan Dduw i ni. Ond sut mae gwybod hynny? A ellir profi gwirionedd Cristnogaeth? Neu a oes yna dystiolaeth i gefnogi'r gosodiad mai Gair Ysgrifenedig Duw yw'r Beibl?

Nawr, *fe ellid* nodi nifer o ffactorau sy'n pwyntio at y ffaith mai Gair Duw yw'r Beibl, yn cynnwys:

- y modd y mae'n cyd-synio yn ei ddysgeidiaeth, er iddo gael ei gyfansoddi gan nifer o wahanol awduron dros gyfnod o ganrifoedd. O ystyried y modd y cafodd ei gyfansoddi a'i gasglu, mae'n rhyfeddod llwyr ei fod yn bosib gwneud unrhyw fath o synnwyr o'r fath gyfanwaith. Ond mewn gwirionedd, mae'r cyfan yn dysgu'r un peth, yn gyson.

- Y modd y mae'r cyfan yn rhoi'r clod i Dduw yn unig, ac yn onest am ddyn a'i gyflwr. Mae'n edrych ar fywyd trwy lygaid praff, gonest, di-flewyn-ar-dafod, heb fod yn sinigaidd. Mae arwyr y Beibl bob amser yn ffaeledig iawn, a chaiff eu beiau eu dangos bob amser. Dim ond yr Arglwydd Iesu Grist a Duw sy'n cael eu gogoneddu ynddo.

- Y modd y mae athrawiaeth y Beibl yn effeithiol ac yn effeithlon. Mae'n siarad â'r galon ac ag anghenion dyfnaf pobl, ac yn addas i'w sefyllfa a'u cyflwr.

- Y modd y diogelwyd y Beibl yn ffyddlon a chywir dros y canrifoedd o ran nifer a safon y llawysgrifau sydd ar gael, yn well o lawer na'r un gwaith llenyddol arall. Mae'r gymhariaeth gyda gweithiau eraill yn ddadlennol; mae bron fel tase rhyw nerth goruwchnaturiol wedi gwneud yn siŵr fod y geiriau'n parhau.

Nawr, mae'r rhain i gyd yn gywir, cyn belled ag yr ânt (ac fe ddown yn ôl at rai ohonynt yn nes ymlaen yn y llyfr hwn). Ond y broblem yw mai ni sy'n pwyso a mesur y Beibl, Gair Duw, yn y fan yma; y Beibl sydd yn y doc a ni yw'r barnwyr. Ond does gennym ni ddim hawl na gallu i farnu ac i ddilysu Gair Duw (1 Cor. 1:20-25; 2:13-14).

Mae'r Beibl yn eglur mai Duw yn unig sy'n abl i dystiolaethu iddo'i hunan. Felly, yn y llythyr at yr Hebreaid fe ddarllenwn, 'Pan roddodd Duw, felly, addewid i Abraham, *gan nad oedd ganddo neb mwy i dyngu wrtho*, fe dyngodd wrtho'i hun' (Heb. 6:13).

Dim ond Duw all adnabod ei Air ei hunan. Ac felly, mae'n rhaid i Air Duw ei ddilysu ei hunan – ei natur a'i darddiad dwyfol. Does dim profi ar Air Duw, mae'n ei brofi ei hun.

Ond, meddech chi, dyw hwn ddim yn mynd i *berswadio* neb o'i wirionedd. Nac ydyw, ond rhaid deall yn y fan hyn y gwahaniaeth rhwng prawf a pherswâd.

Perswâd

Nid yr un peth yw prawf a pherswâd. Mae'r datguddiad yn eglur; ond yr ydym ni'n ddall. Ni allwn feio Duw.

Mae'r Testament Newydd yn eglur yn ei ddadansoddiad o'r ddynoliaeth, ein bod i gyd yn ddall ac yn fyddar wrth naturiaeth ynghylch pethau ysbrydol. Oherwydd ein natur bechadurus, nid oes gennym ddiddordeb mewn pethau ysbrydol, ac yr ydym yn fyddar i'w swyn ac yn ddall i'w prydferthwch. Yn wir, rydym fel cyrff marw ynglŷn â phethau Duw (1 Cor. 2:14). Oherwydd hyn, nid ar Dduw nac ar y dystiolaeth y mae'r bai, ond arnom ni a'n hanallu i weld, dirnad a derbyn y dystiolaeth.

Os, am ryw reswm, y bydd y BBC yn methu â darlledu rhaglenni, gallwch feio'r BBC am y ffaith na allwch glywed cerddoriaeth ar eich radio. Ond fedrwch chi ddim beio'r BBC os yw batri eich radio wedi marw – y derbynnydd sydd ar fai, nid y trawsyrrydd.

Yn yr un modd, mae'n rhaid wrth fywyd ysbrydol newydd o'n mewn er mwyn i ni allu derbyn gwirioneddau ysbrydol. Yr unig beth all roi'r bywyd newydd hwnnw i ni yw'r Ysbryd Glân ei hun. A thystiolaeth yr Ysbryd Glân sy'n ein perswadio o wirionedd y Beibl, mai Gair Duw ydyw yn wir, a bod yr Efengyl a gynnigir ynddo'n wir, yn addas ac yn berthnasol.

Mae'n gwneud hyn, nid trwy ryw brofiad cyfriniol, nid trwy sibrwd gwybodaeth gyfrinachol yn breifat, nid trwy ddadl (er bod Cristnogaeth yn gwneud synnwyr ac yn rhesymegol), na thrwy dystiolaeth yr Eglwys, ond trwy daflu golau treiddgar ar, ac yng nghalon y person a thrwy weithio nerth trawsnewidiol yn ei fywyd. Mae'r Ysbryd yn dangos nerth a gwirionedd y Beibl wrth iddo ddangos i'r darllenydd ei wybodaeth a'i ddealltwriaeth ddofn o realiti, natur a pherson y darllenydd, a'i angen a'r ddarpariaeth addas sydd ar ei gyfer, ac wrth newid y darllenydd hefyd.[5]

Mae'r Cristion, felly, wedi ei argyhoeddi o wirionedd Cristnogaeth. Mae'r Ysbryd wedi ei berswadio am wirionedd Cristnogaeth, ac yn dal i'w berswadio. Nid ei fod yn ymwrthod â thystiolaeth wrthrychol mewn unrhyw ffordd; mae'n credu fod yna lawer o dystiolaeth wrthrychol sy'n cadarnhau ac yn gwarantu ei gred (fel y cawn weld). Ond y dystiolaeth fewnol sy'n rhoi iddo'i hyder a'i sicrwydd.

Dyw hyn ddim yn golygu fod y Cristion yn honni ei fod yn gwybod nac yn deall popeth, na chwaith ei fod yn gywir ym mhob peth, ac na all fod yn anghywir. Wrth gwrs, gall y Cristion ei dwyllo ei hun i feddwl felly. Ond y gwir yw ei fod wedi dod wyneb yn wyneb â'r gwirioneddau a ddatguddiwyd iddo, ac wedi ei berswadio a'i argyhoeddi o'u gwirionedd. Ac felly, mae'n eu credu ac yn eu cyffesu.

---

5. J. I. Packer, *Concise Theology*, wedi ei ddarllen ar y we, http://www. monergismbooks.com/pdfs/packerclassic.pdf, tud 9

Pennod 2
Duw

Mae gan bawb ryw syniad am Dduw.

Ond mae'r syniadau hynny'n gwahaniaethu'n enfawr. Sut Un yw E *mewn gwirionedd*?

Efallai ei bod yn ymddangos yn rhyfedd i ni ddechrau'r llyfr hwn trwy drafod datguddiad yn hytrach na dechrau gyda Duw, neu gyda ni ein hunain, neu gyda'r dystiolaeth am Dduw a Christnogaeth. Ond rhaid dechrau gyda datguddiad oherwydd, os ydym i wybod unrhyw beth am Dduw, rhaid i ni wybod sut (os o gwbl) y mae'n ymwneud â ni. Fel arall, ni fyddwn yn gwneud dim mwy na dyfalu.

A dyna mae Cristnogaeth yn ei hawlio – bod Duw *wedi* dangos i ni sut un yw E. Does dim rhaid i ni ddyfalu na dyfeisio.

'Yn y dechreuad creodd Duw y nefoedd a'r ddaear' (Gen. 1:1).

Dyma eiriau mawreddog cyntaf y Beibl – cyhoeddiad pendant fod Duw wedi creu'r bydysawd cyfan, allan o ddim. Nid yw'r Beibl yn dechrau gyda phrawf o fodolaeth Duw er mwyn ceisio perswadio'r amheus. Dyw'r Beibl byth yn ceisio profi bodolaeth Duw. Yn hytrach, mae Duw yno o'r dechreuad – 'Yn y dechreuad ... Duw'.

Mae o leiaf ddau reswm pam nad yw'r Beibl yn ceisio profi bodolaeth Duw.

Yn gyntaf, mae'r Beibl yn dweud wrthym fod rhaid i ni *ddechrau* gyda Duw. Mae meddwl yn gywir – am Dduw, am fywyd – yn golygu dechrau gyda'r rhagdybiaeth fod Duw'n bod: 'Ofn yr ARGLWYDD yw *dechrau* gwybodaeth' (Diar. 1:7). Mae pob meddwl a chred gywir yn dilyn y gwirionedd sylfaenol o fodolaeth Duw.

Fe welwn yn y man fod Duw'n Ysbryd Anfeidrol, Absoliwt, Personol. Ac felly does dim posibl cael unrhyw beth sicrach na mwy sylfaenol na'r Duw hwn. Pe byddai hynny'n bosibl, byddai'r peth *hwnnw* yn dduw. Felly, mae'n rhaid dechrau gyda'r sylfaenol a symud oddi wrth hwnnw at bethau eraill; rhaid i ni ddechrau meddwl a rhesymu gyda Duw, a gweithio ymlaen o'r fan honno.

Yn ail, fel y gwelsom yn y bennod flaenorol, dywed y Beibl wrthym fod pawb yn ddiwahân yn gwybod, beth bynnag, fod Duw'n bod. Serch hynny, er bod pawb ohonom yn gwybod *rhywbeth* am Dduw, nid ydym yn gwybod *digon* amdano i gael ein hachub o'n trybini heb i Dduw ei ddatguddio'i Hunan ymhellach i ni. Ac mae wedi gwneud hynny yn ei Air ysgrifenedig, y Beibl, ac yn ei Fab Iesu Grist.

Beth felly mae Duw'n ei ddweud amdano'i hun? Mae'n dweud mai un Duw sydd (Deut. 6:4) ac nad oes yr un arall sy'n debyg iddo.

Mae llawer o grefyddau'n honni eu bod yn addoli'r un duw â Duw'r Beibl, ond mae'r honiad hwnnw'n cael ei brofi'n ffals pan sylweddolwn fod Duw Cristnogaeth – yr unig wir a bywiol Dduw – yn Drindod fendigaid.

Mae'r Drindod yn ddirgelwch sydd y tu hwnt i'n deall a'n dirnadaeth – a'r tu hwnt i gymhariaeth hefyd. Mae Duw'n unigryw.

Gellir dweud hyn amdano:

- Un Duw sydd (Deut. 6:4; 1 Tim. 2:5).

- Mae Duw'n dri pherson: Tad, Mab, ac Ysbryd Glân (Math. 28:19; 2 Cor. 13:14; Eff. 3:16-19).

- Mae'r tri pherson yn Dduw. Mae'r Tad yn Dduw: Math. 6:8; 7:21; Gal. 1:1. Mae'r Mab yn Dduw: Ioan 1:1-18; Rhuf. 9:5; Col. 2:9; Titus 2:13; Heb. 1:8-10. Mae'r Ysbryd Glân yn Dduw: Marc 3:29; Ioan 15:26; 1 Cor. 6:19; 2 Cor. 3:17.

Mae'n berygl ceisio mynd ymhellach na hynny.

Er nad yw'r gair 'Trindod' ei hun yn y Beibl, y mae'r gwirionedd a gyflëir gan y gair yno'n ddiamau.

Ysbryd yw Duw (Ioan 4:24), sy'n Fod anfeidrol (Ex. 3:14; Job 11:7-9: Salm 145:3) yn ei ogoniant (Act. 7:2), ei fendigedigrwydd (1 Tim. 6:15) a'i berffeithrwydd (Math. 5:48). Mae'n holl ddigonol (Ex. 3:14; Gen. 17:1; Rhuf. 11:35-36), yn dragwyddol (Salm 90:2; Deut. 33:27), yn ddigyfnewid (Mal. 3:6; Iago 1:17), yn anfesuradwy (1 Bren. 8:27; Salm 145:3; Rhuf. 11:34), yn hollbresennol (Salm 139:1-13), yn hollalluog (Dat. 4:8; Gen. 17:1; Math. 19:26), yn gwybod pob peth (Heb. 4:13; Salm 147:5), yn llawn doethineb (Rhuf. 11:33-34; 16:27), yn gwbl sanctaidd (1 Pedr 1:15-16; Ex. 6:3; Dat. 15:4), yn gwbl gyfiawn (Deut. 32:4; Rhuf. 3:5, 16), yn gariad (1 Ioan 4:8), yn gwbl drugarog, graslawn a hirymarhous, ac yn llawn o ddaioni a gwirionedd (Ex. 34:6; Salm 117:2; Deut. 32:4).[6]

Mae'r Duw hwn yn sofran ac yn llywodraethu dros bopeth. Mae'n Greawdwr, yn Gynhaliwr ac yn Waredwr. Fe lefarodd – a daeth y bydysawd i fod. Mae'n cynnal pob peth trwy air ei nerth. Does dim un ddeddf ffisegol yn sefyll ar ei phen ei hun – Duw a'i sefydlodd ac Ef sy'n ei chadw.

Wrth gynnal y byd, mae Duw yn weithredol. Duw sy'n ymyrryd ydyw. Nid yw'r bydysawd yn debyg i gloc, sydd wedi ei weindio gan Dduw ar ddechrau amser a'i adael wedyn i fynd ei hunan, ar hyd ei lwybr ei hun. Mae Duw'n parhau i gyd-weithio pob peth – trwy'r deddfau a sefydlodd. Ac eto, os yw'n dewis gwneud hynny, mae'n cadw'r hawl i weithio uwchben a thu hwnt i'r deddfau hyn.

Mae ei reolaeth dros y bydysawd yn llwyr, ac mae'n rhaglunio popeth i'w ogoniant ei hun ac er daioni i'r rhai sy'n ei garu, ac i'r rhai sydd wedi eu galw yn ôl ei arfaeth (Rhuf. 8:28). Mae rhagluniaeth a rheolaeth Duw y tu hwnt i'n dirnadaeth ni – 'canys fel y mae y nefoedd yn uwch na'r ddaear, felly uwch yw fy ffyrdd i na'ch ffyrdd chwi, a'm meddyliau i na'ch meddyliau chwi' (Es.

---

6. Thomas Charles, *Hyfforddwr yn Egwyddorion y Grefydd Gristionogol*, Pennod 1

55:9). Trwy *ddirgel* ffyrdd mae Duw'n dwyn ei waith i ben.[7] Mae'n gwneud llawer sydd y tu hwnt i'n dealltwriaeth ni – pethau sy'n anodd eu deall, yn galed i'w derbyn, ac na all neb eu hesbonio. Duw yw Duw, ac nid yw'n atebol i neb. Mae'n sofran, ac mae'n bihafio'n sofran – ond nid mewn ffordd fympwyol, ddireswm. Mae Duw'n gwbl ddoeth, yn gwbl hollalluog, ac yn gwbl dda.

Mae Duw'n ddoeth ac yn holl wybodus – mae wastad wedi gwybod pob peth, ac mae'n dal i'w wybod, ac ni all ddysgu dim byd o'r newydd (Salm 104:24; Rhuf. 11:33-36; 16:27).

Mae Duw'n hollalluog; hynny yw, mae Duw'n gallu gwneud beth bynnag y mae am ei wneud, yn y modd y mae'n ewyllysio (Gen. 18:14; Salm 115:3; Jer. 32:17, 26-7; Luc 1:34, 37; Eff. 1:19-20). Dyw hynny *ddim* yn golygu ei fod yn gallu gwneud unrhyw beth – ni all Duw wneud yr hyn sydd yn erbyn ei natur ef ei hun: dweud celwydd (Heb. 6:17-18; Titus 1:2), torri ei addewid (2 Cor. 1:20), ei wadu ei hun (2 Tim. 2:13) na newid (Num. 23:19; 1 Sam. 15:29). Ni all Duw chwaith wneud yr hyn sy'n afresymegol, ac ni all wneud pethau sy'n groes i'w gilydd – fel achosi i 2 a 2 wneud 5, neu greu carreg sy'n rhy fawr iddo ei chodi. Dyma feirniadaeth ddigon cyffredin, ond *ynfyd* – nid mater o allu neu bŵer yw peth felly ond mater o resymeg, ac mae Duw'n Dduw rhesymegol a synhwyrol. Ystyr hollalluogrwydd Duw yw ei fod yn gallu cyflawni, a'i fod yn cyflawni, ei holl ewyllys sanctaidd.[8]

Mae Duw hefyd yn dda. Yng ngeiriau Henri Blocher, "God is utterly, radically absolutely good".[9] Dyma wirionedd a gaiff ei ddysgu'n gyson a digyfaddawd trwy'r Beibl cyfan (Ex. 33:19; Salm 73:1; Salmau 103 a 104 ar eu hyd; Esec. 33:11; Micha 7:18; Math. 5:45, 48; Marc 10:18; Act. 14:17; Rhuf. 8:28; 1 Ioan 4:8). Trwy ei ras cyffredinol, mae Duw'n dda i bawb, y cyfiawn a'r anghyfiawn

7. William Cowper, cyf Lewis Edwards, "Trwy ddirgel ffyrdd" yn yn *Llyfr Emynau y Methodistiaid Calfinaidd a Wesleaidd* (Caernarfon, 1927) Rhif 50

8. Robert Reymond, *A New Systematic Theology of the Christian Faith* (Thomas Nelson, 1998) 192-3

9. Henri Blocher, *Evil and the Cross* (Apollos, 1994) 96

(Math. 5:45). Trwy anfon ei Unig anedig Fab yn Achubwr, mae Duw'n dda wrth y byd yn ei bechod a'i dywyllwch (Ioan 3:16). A thrwy ei ras achubol mae'n dda wrth ei blant mewn modd arbennig (1 Ioan 3:1).

Does dim rhaid dweud pa mor amhoblogaidd yw'r gwirioneddau hyn am Dduw. Gwell gan bobl dduw sy'n wan, yn *soft* ac yn fwy na dim, yn *neis*. Gellir rheoli a mowldio duw o'r fath. Nid yw'r fath dduw'n fygythiad, ac nid yw'n gofyn gormod; gellir ei farnu a'i feirniadu, ei feio, ei esgusodi, neu ei anwybyddu'n ddiogel am nad ydym yn atebol iddo mewn unrhyw ffordd ac am na fyddai'n dweud unrhyw beth yn ein herbyn ni beth bynnag, ac yntau'n dduw mor neis.

Nid dyna Dduw'r Beibl. Mae Duw'r Beibl yn rheoli'n ddoeth yn ôl ei ewyllys ei hun; mae'n dân ysol; ac Ef yw barnwr yr holl fyd. Mae pobl yn hoffi barnu Duw a'i bwyso mewn clorian, ond y gwir yw mai Duw sy'n ein pwyso ac yn ein mesur ni. Cwestiynodd Job gymeriad a ffyrdd Duw; ond pan gafodd gyfle i holi Duw, ni chafodd ateb i'w gwestiynau. Yn hytrach, holodd Duw Job nes iddo orfod tewi o'i flaen (Job 38-41). Yn y pen draw, pwy ydym ni i gwestiynu Duw (Rhuf. 9:20)?

Pennod 3
Dynoliaeth

Beth yw dyn, y bod dynol?[10]

Yn ôl y Salmydd, mae'n greadur rhagorol – â'i statws ond 'ychydig is na'r angylion' (Salm 8:5-8). Ond i'r anffyddiwr, babŵn a chanddo rywfaint rhagor o niwronau yw person dynol yn ei hanfod. Mae'r anffyddiwr yn hoffi pwysleisio mai dim ond dau y cant o wahaniaeth sydd rhwng cyfansoddiad DNA dyn a tsimpansî.

Ie, ond sôn am ddau y cant.

Mae pobl yn hunan ystyriol. Dim ond aelodau o'r ddynoliaeth sy'n codi'r cwestiwn, "Beth ydw i?" Mae hynny ynddo'i hun yn dangos fod y ddynoliaeth yn unigryw.

Mae dyn yn greadur moesol. Pam hynny? Oes ganddo hawl i fod yn foesol? Wedi'r cyfan does dim creadur moesol arall.

Ond mae hefyd yn gymysgwch dryslyd. Fel y dywedodd R. Williams Parry, "Rwy'n wych, rwy'n wael, rwy'n gymysg oll i gyd".[11]

Pam?

Fe welir ateb y Beibl i'r cwestiwn hwn yn bennaf ym mhenodau cyntaf Llyfr Genesis, sy'n datgan bod Duw wedi creu'r ddynoliaeth yn "dda iawn", ac 'ar ei lun a'i ddelw ei hun' (Gen. 1:31, 26–27).[12]

---

10. Yn y bennod hon rwy'n defnyddio'r gair "dyn" i ddisgrifio person dynol unigol (boed wryw neu fenyw) a'r ddynoliaeth. Rwy'n gobeithio na fydd hyn yn tramgwyddo. Y rheswm pennaf yw bod y Beibl ei hun, a llyfr Genesis yn benodol, yn defnyddio'r gair (yn Hebraeg wrth gwrs) yn yr un modd, ac yn chwarae gyda'r gair rhwng Adda fel person unigol, Adda fel cynrychiolydd, a'r ddynoliaeth gyfan.

11. R. Williams Parry, "Gair o Brofiad" yn *R. Williams Parry; Y Casgliad Cyflawn 1905-1950* (Gwasg Gee, 1998) 133

12. Mae dehongli penodau cyntaf Genesis yn bwnc dadleuol iawn, wrth gwrs, â

Mae stamp Duw ar ddyn. Fe'i crëwyd yn gyfiawn, yn foesol, yn ysbrydol. Fe'i crëwyd yn fod crefyddol – mewn perthynas â'i Greawdwr.

Dyma sy'n egluro bod pawb yn gwybod am fodolaeth Duw: mae wedi ei stampio arnom; mae ym mhawb ohonom ymwybyddiaeth o'r dwyfol, wedi ei roi yno gan Dduw ei Hun. Ac o'r herwydd, rydym yn gwybod fod gwahaniaeth rhwng da a drwg.

Fe greodd Duw'r ddynoliaeth mewn perthynas perffaith a dedwydd ag Ef ei hun. Creodd Duw ni i'w addoli a'i fwynhau.[13]

Ar ben hynny, fe greodd Duw ddyn mewn perthynas ffurfiol ag Ef ei hun. Fe wnaeth gyda dyn drefniad a elwir yn **Gyfamod**.[14] Yn y Cyfamod hwn, fe osododd ddyn ar ei brawf, er mwyn dangos mai gwirfoddol yw ei addoliad a'i ufudd-dod. Yn y Cyfamod, addawodd Duw y byddai'r dyn yn cael byw am byth, dim ond iddo ufuddhau. Adda oedd y dyn a gynrychiolai'r ddynoliaeth, a'r prawf o'i ufudd-dod fyddai iddo beidio â bwyta o ffrwyth coeden gwybodaeth da a drwg (Gen. 2:15-17).

Doedd dim rhaid i Dduw greu dyn. Ond wedi iddo ei greu mewn perthynas cyfamodol ag Ef ei hun, byddai dyn wedi ennill yr hawl i fywyd tragwyddol pe byddai wedi ufuddhau – 'Y sawl sy'n cadw ei gofynion a gaiff fyw trwyddynt.' (Rhuf. 10:5). Cyfamod Gweithredoedd oedd y cyfamod hwn, felly.

Ond roedd hefyd ochr arall i'r Cyfamod. Pe byddai Adda'n methu ag ufuddhau, ac yn bwyta o'r ffrwyth, byddai'n marw – marw'n gorfforol, ond marw'n ysbrydol hefyd. Hynny yw, nid yn unig y byddai'r corff yn pydru, ond byddai pob cysylltiad dedwydd

---

dadlau brwd p'un ai dylid esbonio'r penodau'n llythrennol neu'n ffigyrol. Rwy'n trafod y mater ychydig yn ddiweddarch yn y llyfr, ond am nawr, yr unig beth i'w bwysleisio yw bod yn rhaid esbonio'r darn o ddifri, a gweld pa wirioneddau sy'n cael eu dysgu.

13. Mae rhai'n dweud fod hyn yn adlewyrchu'n wael ar Dduw ac yn ei wneud yn megalomaniac. Ond mae'n naturiol i ni addoli y Duw gogoneddus bendigedig, ac yn fraint o'r mwyaf inni gael ei fwynhau – a hynny am byth!

14. Gweler ymhellach Atodiad 1

a bendithiol rhwng dyn a Duw yn dod i ben – am byth. Perthynas o farn a melltith yn unig a fyddai'n bodoli – 'gan farw, ti a fyddi farw' (Gen. 2:17, Beibl William Morgan [BWM]).

Heb reswm na chyfiawnhad yn y byd, gwrthryfelodd dyn (Gen. 3:1-7). Anufuddhaodd, a thorrwyd y Cyfamod a'r berthynas. Cafodd dyn ei fwrw allan o baradwys (Gen. 3:16-19, 23-24).

O ganlyniad i'r Cwymp (fel y gelwir y gwrthryfel hwn), mae'r holl ddynoliaeth dan farn Duw ac wedi colli pob ymwybyddiaeth o'i pherthynas wreiddiol â Duw. Mae pawb yn parhau i fod ar lun a delw Duw, ond mae'r llun wedi ei greithio a'i anharddu. Yn awr, mae pob person yn greadur cymysglyd iawn – yn abl i gyflawni gweithredoedd aruchel a chlodwiw ond hefyd rai bas a chreulon.

Am fod Adda'n cynrychioli'r holl ddynoliaeth yn y prawf hwn, roeddem ni i gyd 'yn Adda'; ac am iddo fethu'r prawf, rydym ni oll yn wynebu marwolaeth gorfforol, ac yn farw'n ysbrydol yn Adda.

Dywed Cristnogaeth mai canlyniad y gwrthryfel hwn, felly, yw marwolaeth. Mae Cristnogaeth yn dysgu fod marwolaeth yn anghywir, yn annaturiol, yn drasiedi. Mae'r Cristion yn cydnabod fod pobl yn *marw*, ac nid yn "ein gadael" neu'n "darfod" fel mae'r ymadroddion poblogaidd heddiw'n hawlio. Mae'r Cristion hefyd yn galaru *am* farwolaeth person. Nid dathlu bywyd yr ymadawedig yn unig (nac yn bennaf hyd yn oed) a wna'r Cristion; mae'n *galaru yn* y farwolaeth. Ac fe wna hynny er bod gan y Cristion (fel cawn weld) obaith yr atgyfodiad a'r bywyd tragwyddol. Oherwydd mae marwolaeth yn parhau i fod yn drasiedi. Hyd yn oed pan oedd ar fin codi Lasarus o'r bedd, fe wylodd Iesu ar lan y bedd – dagrau o alar a dicter tuag at erchylltra a thrasiedi marwolaeth (Ioan 11:33).

Yn Adda, rydym hefyd yn farw'n ysbrydol. Mae ei natur syrthiedig, bechadurus yn cael ei throsglwyddo dros y cenedlaethau, ac mae pob un ohonom yn awr yn cael ein geni mewn pechod (Salm 51:5).

O ganlyniad, mae gennym duedd naturiol tuag at ddrygioni ac yn erbyn Duw. Mae ein natur yn syrthiedig, yn ddrwg, ac yn elyniaethus i Dduw. Mae holl ogwydd ein bwriadau bob amser yn ddrwg (Gen. 6:5). Rydym yn *bechaduriaid*, ac felly rydym yn pechu. Ni allwn newid, a does gennym ddim dymuniad i newid chwaith; rydym yn fodlon ac yn hapus gyda'n cyflwr pechadurus, ac ynddo (1 Cor. 2:14).

Mae'n bwysig ein bod yn deall hyn am gyflwr naturiol y ddynoliaeth, a ninnau'n clywed pobl yn aml heddiw'n dadlau o blaid cyfiawnhau rhyw weithred neu duedd gan ddweud, "Ond dyma sut wyf fi! Cefais fy ngeni fel yma!"

Dyma'r union broblem.

Cawsom bob un ohonom ein geni'n bechaduriaid. Ac felly, dyw ein dymuniadau na'n meddyliau na'n syniadau moesol ddim o angenrheidrwydd yn mynd i gydweld â safonau Duw; ac nid ydynt felly'n dywysyddion dibynadwy.

Nid yw hyn yn golygu fod pob person mor ddrwg ag y gallasai fod – gall pob un ohonom wneud gweithredoedd da, caredig. Ac eto, mae pechod yn ymestyn i bob rhan o'n bodolaeth, gan gynnwys ein meddwl a'n dymuniadau, fel bod pob meddwl a dymuniad yn cael ei wyrdroi i ryw raddau gan bechod; ac y mae ynom oll – bob un ohonom – y gallu i fod yn ddrwg iawn oni bai am ras ataliol Duw.

Nid yw ein "gweithredoedd da" yn ddim ond bratiau budron gerbron Duw (Es. 64:6). Mae hyd yn oed ein gweithredoedd gorau wedi eu staenio a'u llygru mewn rhyw ffordd. A chan nad yw Duw'n derbyn dim byd ond perffeithrwydd, nid yw ein holl weithredoedd naturiol yn ei blesio.

Ein pechod *ni* ydyw hefyd. Ni all yr un ohonom ein hesgusodi ein hunain trwy feio sefyllfa neu amgylchiadau, er ein bod yn ceisio gwneud hyn yn aml. Ceisiwn feio'n rhieni, ein magwraeth, ein genynnau, ein haddysg, ein sefyllfa economaidd, ein cyfleoedd mewn bywyd: unrhyw beth ond ni ein hunain. Ac er bod y pethau hyn yn effeithio ar bob un ohonom, nid dyma ein problem ddyfnaf; ac ni allwn feio'r rhain am ein pechod. Dywedodd yr Iesu un tro, 'O'r galon y daw cynllunio drygionus, llofruddio, godinebu, puteinio, lladrata, camdystiolaethu, a chablu' (Math. 15:16-20). Nid ein sefyllfaoedd yw'r broblem, ond ni ein hunain. Fel y dywedodd y Piwritan, John Owen, nid yw temtasiynau na sefyllfaoedd yn rhoi dim i mewn i berson, dim ond tynnu allan yr hyn oedd eisoes ynddo.

Mae'r chwant i wneud drygioni ynom o'r crud. Ac yr ydym ni'n ei feithrin, yn gadael iddo dyfu ac aeddfedu yn ein meddyliau, yn ei droi o gwmpas a'i anwesu nes iddo fyrlymu o'n mewn a gwneud i ni deimlo fod "rhaid" i ni weithredu'r drwg hwnnw. Weithiau, mae hyn yn digwydd mewn eiliad, weithiau dros amser. Y pwynt yw mai *ein chwant ni* ydyw, ac mai ni ein hunain – a neb na dim arall – sy'n gadael iddo droi'n weithred.

Gan fod pob un ohonom yn gaeth i'n pechod, does dim modd i'r un ohonom edrych ar bechod neu bechodau pobl eraill a meddwl ein bod yn well neu'n fwy cyfiawn na nhw:

> *Yr wyt ti sy'n eistedd mewn barn, pwy bynnag wyt, yn ddiesgus. Oherwydd, wrth farnu rhywun arall, yr wyt yn dy gollfarnu dy hun, gan dy fod ti, sy'n barnu, yn cyflawni'r un troseddau.* (Rhuf. 2:1)

Fel y dywedodd rhyw Gristion doeth rywdro, "There, but for the grace of God, go I".

Yn ein pechod, rydym yn casáu popeth sy'n ymwneud â'r unig wir a'r bywiol Dduw. Wrth naturiaeth, mae dyn yn greadur crefyddol; ac fe fydd, efallai, yn hoff o grefydda ac addoli pob math o dduwiau – ond nid y gwir Dduw. Yn hytrach, bydd yn rhyfela'n ddi-baid yn erbyn Duw a'i ofynion cyfiawn.

Oherwydd hyn oll, rydym oll dan farn Duw. Mae safonau a disgwyliadau Duw'n aros yr un – perffeithrwydd, a dim llai: 'Gwna hyn, a byw fyddi, ond os methi, gan farw, ti a fyddi farw.'

Mae pechod, felly, *yn broblem* – nid yn air neu'n gysyniad i biffian yn ei gylch. Mae digofaint Duw yn real. Nid rhywun llywaeth, sentimental sy'n gwneud popeth i gadw pobl yn hapus yw Duw – mae'n casáu drygioni (*pob* drygioni, gan gynnwys ein drygioni ni), ac mae'n ddig gyda ni. Fe gawn drafferth yn aml i ddirnad pa mor ddrwg yw pechod a chymaint yn union y mae Duw'n ei gasáu. Mae hynny am ein bod yn bechaduriaid ac am ein bod yn byw bob dydd ymhlith pechaduriaid eraill ac yng nghanol pechod. O ganlyniad, rydym yn cyfarwyddo â phechod ac yn ei fychanu. Yng ngeiriau un o gymeriadau'r ffilm, *Se7en*:

> *We see a deadly sin on every street corner, in every home, and we tolerate it. We tolerate it because it's common, it's trivial. We tolerate it morning, noon, and night.*

Ond nid yw Duw'n bychanu pechod. Ac ni fydd yn ei oddef nac yn caniatáu iddo anharddu ei fydysawd am byth. Mae Duw'n mynd i ddelio â phechod. Mae wedi paratoi lle ar gyfer y rhai sy'n gwrthod gwrando: lle, meddai'r Arglwydd Iesu Grist, sy'n llawn 'wylofain a rhincian dannedd' (Math. 13:41-42).

Pechod yw prif broblem y ddynoliaeth – nid diffyg hunangyflawniad, nid unigrwydd, nid tlodi, nid anwybodaeth, nid afiechyd nac unrhyw broblem arall y gallwn feddwl amdani. Er mor real a phoenus a dyrys yw'r holl broblemau hyn, maen nhw'n pylu mewn cymhariaeth â'n prif broblem – ein pechod gerbron Duw.

Nid rhyw chwarae bach yw hyn oll – mae popeth yn y fantol yma. Mae Cristnogaeth yn honni pethau mawr, difrifol. Os mai celwydd ydyw, peth afiach yw byw o dan y bygythiad creulon celwyddog hwn; a gorau po gynted y bydd Cristnogaeth yn marw o'r tir. Ond os yw'n wir, *does dim byd pwysicach mewn bywyd*. Mae'n holl bwysig ein bod yn gwybod beth yw ein sefyllfa, ac yn ei deall. Ac yn bwysicach fyth, rhaid gwybod sut i ddianc rhag y llid sydd i ddyfod.

Gras Duw

Wedi clywed hyn i gyd, sef dadansoddiad negyddol, damniol Cristnogaeth o bob un ohonom fe fuasem, mae'n siŵr, yn disgwyl clywed yn awr beth mae Duw am i ni ei gyflawni er mwy gwneud iawn am ein drygioni; penyd o ryw fath. Dyna yw pob crefydd – dyn yn ceisio plesio ac ennill ffafr Duw. Ond nid dyna a gawn gan Gristnogaeth.

Mae Cristnogaeth yn cyhoeddi *Efengyl*, sef Newyddion Da (dyna ystyr y gair, Efengyl). Newyddion da sydd gan Gristnogaeth, nid cyngor da. Nodwedd arbennig Cristnogaeth yw mai *Duw* sy'n gwneud, sy'n sortio, sy'n trefnu – a hynny er gwaetha'r ffaith mai dyn a achosodd ei broblem ei hun trwy ei wrthryfel a'i bechod.

Dyma le gwelwn ni ffafr Duw tuag atom ni – ei gariad, ei ras a'i drugaredd, yn trefnu rhywbeth addas i ni *bechaduriaid* – yn ein trybini a'n trafferth.

Pennod 4
Cariad Tragwyddol

Un o'r pethau nodweddiadol am 'grefydd' yw pa mor ddisgwyliadwy ydyw. 'Wedi gwneud drwg? Gwnewch i fyny amdano; trïwch yn galetach.'

Un o'r pethau nodedig am y Ffydd Gristnogol yw pa mor gwbl annisgwyl – ac mor wrthreddfol – ydyw.

Dywedodd yr entrepreneur enwog Steve Jobs, sylfaenydd cwmni *Apple*, un tro,

> *So you can't go out and ask people, you know, 'What's the next big thing?' There's a great quote by Henry Ford, right? He said, 'If I'd have asked my customers what they wanted, they would have told me, "A faster horse".'*

Ac mae'r un peth yn wir am yr Efengyl. Pe byddech yn gofyn i bobl beth sydd raid iddyn nhw ei wneud i atgyweirio'r berthynas rhyngddyn nhw â Duw, eu hateb fyddai, "Gwneud penyd a thrïo eto!"

Ond nid dyma ateb Duw, diolch byth.[15]

Mae'n rhaid bod yn gwbl eglur – doedd dim rheidrwydd emosiynol na moesol ar Dduw i wneud unrhyw beth am gyflwr y ddynoliaeth. Roedd Duw'n gwbl fodlon a dedwydd ynddo'i Hunan

---

15. Dyma'r ateb, wrth gwrs, i'r cyhuddiad cyffredin hwnnw nad yw Cristnogaeth yn "berthnasol" bellach. Twyll yw'r gair "perthnasol" wrth gwrs, am mai gwir ystyr y gair i'r cyhyddwyr yw "cytuno â'n safbwyntiau ffasiynol ni, neu cael eich condemnio i fod yn amhoblogaidd". Ond dyw (gwir) Gristnogaeth erioed wedi bod yn ffasiynol. A'r gwir yw mai Duw sydd i benderfynu beth sy'n berthnasol, ac nid ni. Os yw honiadau'r Efengyl yn wir, mae gwrthwynebiadau pitw pobl eu bod yn amhoblogaidd yn wirioneddol amherthnasol.

fel Trindod. Roedd y cariad rhwng y tri pherson yn gwbl berffaith, ac nid oedd rhaid i Dduw gael unrhyw un arall i'w garu er mwyn ei wneud ei hun yn hapus neu'n gyflawn. Ac o ran moesoldeb, byddai wedi bod yn gwbl gyfiawn i Dduw adael yr holl ddynoliaeth yn y cyflwr truenus hwn am byth.

Ond *ni* adawodd Duw'r ddynoliaeth yn y cyflwr truenus yr oedd wedi syrthio iddo oherwydd pechod. Yn hytrach, 'fe garodd Duw y byd cymaint nes iddo roi ei unig Fab, er mwyn i bob un sy'n credu ynddo ef beidio â mynd i ddistryw ond cael bywyd tragwyddol' (Ioan 3:16).

Yn ei sofraniaeth, ac o'i gariad a'i dosturi, penderfynodd Duw achub pechaduriaid er gogoniant i'w enw mawr ei Hun.

Ond arhoswn am foment gan fod yma broblem i ddyn a hefyd, os cawn ei osod fel hyn, problem i Dduw. Problem dyn yw ei bechod: mae bellach, oherwydd ei wrthryfel, yn elyn i Dduw. Mae dyn yn ddyledus i Dduw; mae'n rhaid iddo dalu ei ddyled, ond ni all wneud hynny. Problem Duw yw ei fod Ef nid yn unig yn drugarog a thosturiol ond hefyd yn gwbl gyfiawn a sanctaidd, ac ni all weithredu'n groes i'w gymeriad ei hun. Ni all Duw cyfiawn 'adael yr euog yn ddi-gosb' (Ex 34:7; Num 14:18; Nah. 1:3).

Sut felly y gall Duw gyfiawnhau'r annuwiol?

> O! *ddyfnder rhyfeddod! fe drefnodd y Duwdod*
> *Dragwyddol gyfamod i fyw!*[16]

Nid oedd gwrthryfel dyn yn syrpreis i Dduw – ond y mae ymateb Duw i'r gwrthryfel hwnnw *yn* syrpreis. Roedd Duw wedi rhagweld a rhag-ddioddef y Cwymp; a chyn i'r Cwymp ddigwydd roedd Duw wedi trefnu'r feddyginiaeth trwy wneud cyfamod ag Ef ei Hun. Gwnaed cytundeb rhwng tri pherson y Duwdod, y Tad a'r Mab a'r Ysbryd Glân. Gelwir y cyfamod hwn yn Gyfamod y Brynedigaeth, neu'r Cyngor Bore, neu'r Cyngor Hedd.

---

16. Jane Ellis, "O! deued pob Cristion" yn *Llyfr Emynau y Methodistiaid Calfinaidd a Wesleaidd* (Caernarfon, 1927) Rhif 770

Ynddo, ymrwymodd Duw i achub nifer o bechaduriaid – nifer na allai neb eu rhifo. Ymrwymodd y Tad i baratoi corff dynol i'r Mab ei wisgo ac i anfon yr Ysbryd i gynnal y Mab tra oedd ar y ddaear. Roedd gofyn i'r Mab fyw'n berffaith dan y Gyfraith, a rhoi ei fywyd yn bridwerth dros – ac yn lle – y rhai a roddwyd iddo. Ymrwymodd y Tad i gyfrif pechodau'r etholedigion i'r Mab, ac i gyfrif cyfiawnder pur y Mab iddynt hwythau. Ac ymrwymodd hefyd i godi'r Mab yn ôl yn fyw ac i'w dradyrchafu uwchlaw pob peth, os byddai'r Mab yn cyflawni ei waith yn llawn.

Ymrwymodd y Mab i wisgo cnawd; i gael ei eni'n faban, dan y Gyfraith; i fyw'n gwbl ufudd i Dduw ei Dad, ie, hyd angau; i farw fel troseddwr ar y groes; i ddioddef dros, ac yn lle, eraill; i gymryd eu beiau arno ci hun; i dderbyn eu cosb yn eu lle; i eiriol dros y rhai y byddai'n marw drostynt; ac i'w cyflwyno'n lân a difeius i Dduw yn y Dydd Olaf.

Ymrwymodd yr Ysbryd i gynnal y Mab yn ei ddyddiau ar y ddaear; i gymhwyso ffrwyth marwolaeth Crist i'r etholedigion; ac i'w haileni, eu hargyhoeddi, eu sancteiddio, a'u cadw'n ddiogel nes cyrraedd y nefoedd.

Mewn gair, *ymrwymodd Duw i achub pechaduriaid*.

Gwelwn yma mai Duw sy'n gwneud y cyfan – o'r dechrau hyd y diwedd. Yn wir, eiddo yr Arglwydd yw iachawdwriaeth (Salm 3:8; Jona 2:9).

Beth oedd y cymhelliad y tu ôl i'r weithred fawr hon? Cariad. Fe garodd Duw'r byd am ei fod yn gariad. Ni allwn fynd yn ddyfnach. Yn sicr, doedd dim rhaid i Dduw ein caru. Nid oedd Duw'n brin o unrhyw beth gan ei fod, fel Trindod, wedi bodoli mewn cariad perffaith ddedwydd er tragwyddoldeb. Yn fwy sicr fyth, nid oedd ynom ni unrhyw beth i beri ein bod yn haeddu cael ein caru a'n hachub; dim hyd yn oed potensial. Cariad grasol, pen-arglwyddiaethol oedd yr unig gymhelliad.

Pennod 5
Ceidwad Amserol

Yn Rhufeiniaid 5:6-8, mae Paul yn rhoi ei fersiwn ef o Ioan 3:16:

> *Oherwydd y mae Crist eisoes, yn yr amser priodol, a ninnau'n ddiymadferth, wedi marw dros yr annuwiol. Go brin y bydd neb yn marw dros un cyfiawn. Efallai y ceir rhywun yn ddigon dewr i farw dros un da. Ond prawf Duw o'r cariad sydd ganddo tuag atom ni yw bod Crist wedi marw drosom pan oeddem yn dal yn bechaduriaid.*

Yn yr adnodau hyn, fel yn Ioan, cawn glywed mai cariad Duw oedd y cymhelliad i Grist – y Meseia, yr Eneiniog – ddod i'r byd. Gwelsom i'r cynllun gael ei baratoi yn nhragwyddoldeb ond, wedi trefnu'r gwaith, fe ddaeth yr amser priodol i'r Ceidwad ddod i'r byd.

Marw

Ganed Iesu oddeutu 2,000 o flynyddoedd yn ôl yn y wlad a enwir heddiw 'Israel'. Iddew ydoedd; saer yn ôl ei alwedigaeth, ond bu'n bregethwr teithiol am dair blynedd olaf ei oes, cyn iddo gael ei groeshoelio fel troseddwr cyfraith.

Byddai'r rhan fwyaf o bobl yn derbyn yr holl ffeithiau hyn yn ddigon di-gwestiwn, ond pwy oedd Iesu mewn gwirionedd? A beth am y croeshoeliad hwnnw? Beth ddigwyddodd ar y groes? A beth ddigwyddodd wedi hynny? Dyma gwestiynau pwysig iawn. Yn wir, dyma'r cwestiynau mwyaf pwysig y gall neb eu gofyn. Pwy oedd Iesu Grist, a beth wnaeth e' ar y groes?

Ystyriwn y ddau gwestiwn yn eu tro:

1. Pwy oedd/yw Iesu Grist?

Ceir ateb ardderchog i'r cwestiwn hwn yng nghwestiwn 21 yng Nghatecism Byrraf Cymanfa Westminster:

Pwy yw Prynwr etholedigion Duw?

Yr Arglwydd Iesu Grist yw unig Brynwr etholedigion Duw; yr hwn, ac yntau'n Fab tragwyddol Duw, a ddaeth yn ddyn, ac felly yr oedd, ac y mae'n parhau i fod, yn Dduw a dyn mewn dwy natur wahanol ond yn un person yn dragywydd.

Fel y mae John Murray yn nodi mewn erthygl ddarllenadwy,[17] mae hwn yn ateb rhyfeddol o gynnil ond cywir; a dylid darllen pob gair yn ofalus. Yr oedd Crist yn Dduw er tragwyddoldeb; daeth yn ddyn, heb beidio â bod yn Dduw; ac yn awr y mae'n Dduw ac yn ddyn, a dyna a fydd am byth.

Un arall sydd wedi gallu crynhoi dirgelwch person yr Arglwydd Iesu mewn ffordd gofiadwy yw'r emynydd Ann Griffiths:

Dwy natur mewn un Person
Yn anwahanol mwy,
Mewn purdeb heb gymysgu,
Yn eu perffeithrwydd hwy.[18]

Mae'n Dduw ac yn ddyn – yn Dduw-ddyn; un person, ond dwy natur. Nid *demi-god*, neu *super-man*. Dyma Dduw, a wisgodd gnawd yn ychwanegol i'w Dduwdod.

Mae'n bwysig deall hyn: dyn oedd Iesu o Nasareth, a dyn ydyw heddiw; dyn real; dyn o gig a gwaed. Mae wedi profi beth a olygai i fod yn ddynol: profodd lawenydd a thristwch, galar a phoen, blinder a newyn, temtasiynau ac anawsterau bywyd. O ganlyniad, mae Iesu'n gallu cyd-ddioddef â'n gwendidau, gan iddo gael ei demtio ym mhob peth yn yr un modd â ni, ac eto heb bechod (Heb.

---

17. John Murray, "The Redeemer of God's Elect" *The Collected Writings of John Murray, Cyf 1: The Claims of Truth*, (Banner of Truth, 1976), tt 29-35

18. Ann Griffiths, "O! am gael ffydd i edrych" yn *Llyfr Emynau y Methodistiaid Calfinaidd a Wesleaidd* (Caernarfon, 1927) Rhif 169

4:15). Ond roedd Iesu hefyd yn Dduw, a dyna ydyw o hyd heddiw: a chan mai Duw ydyw, y mae'n anfeidrol, yn berffaith, ac yn Un i'w addoli. Mae Ann Griffiths wedi dweud hyn yn ardderchog hefyd:

Mae'n ddyn i gydymdeimlo
Â'th holl wendidau i gyd;
Mae'n Dduw i gario'r orsedd
Ar ddiafol, cnawd, a byd.[19]

Dyma Iesu o Nasareth, yr Arglwydd Crist. Dyma Iesu hanes a Christ ffydd. Dyma Iesu ffydd, a Christ hanes. Dyma'r Gair a wnaethpwyd yn gnawd ac a drigodd yn ein plith ni (Ioan 1:14).

A dewch i ni fod yn glir ynghylch y gwirioneddau yr oedd Iesu'n eu hawlio amdano'i hun. Hawliai berthynas arbennig â'i Dad (Ioan 4:34; 5:17-24; 10:30); ac yr oedd wedi gwneud hynny er pan oedd yn ddeuddeg oed (Luc 2:42-50). Pwysleisiai nad yr un berthynas oedd ganddo ef â'i Dad ag sydd gan bawb arall â Duw (Math. 11:27; Marc 12:6). Honnai ei fod yn bodoli cyn ei eni ar y ddaear (Ioan 3:31; 8:58). Roedd yn fodlon cael ei addoli gan eraill (Luc 5:8; Ioan 20:28). Hawliai ei fod yn cyflawni disgwyliadau'r Hen Destament (Marc 1:14-15; 12:35-37; Luc 11:29-32). Mynnai mai ef oedd y Meseia hirddisgwyliedig (Math. 12:28, Marc 1:10; 1:15; 8:29; 14:61-62; Luc 17:21). Derbyniai ei ddisgrifio a'i drin fel brenin (Luc 23:42-43; 19:36-40). Proffwydai y byddai'n barnu'r byd (Math. 7:21-23) a mynnai mai ef oedd yr unig ffordd at fywyd a gwirionedd (Ioan 14:6).

Yn wir, gallwn ddweud gyda William Temple am yr unig Iesu sydd gennym dystiolaeth amdano, ei fod yn ffigwr aruthrol sy'n gwneud honiadau anferthol.

Ac yn wyneb y gwirionedd syfrdanol hwn fod Iesu'n hawlio ei fod yn Dduw yn y cnawd, yn Feseia hiraddawedig, ac yn Geidwad i'r holl fyd, y mae ei her i'w ddisgyblion yn parhau hyd heddiw ac yn ymestyn i bob un ohonom: 'A phwy meddwch *chwi* ydwyf fi?'

---

19. Ann Griffiths, "O! am gael ffydd i edrych" yn *Llyfr Emynau y Methodistiaid Calfinaidd a Wesleaidd* (Caernarfon, 1927) Rhif 169

Mae'n rhaid i ni ymateb i hyn. Fel y dywedwyd droeon o'r blaen, does dim modd bodloni ar alw Iesu'n ddyn da, a derbyn *rhan* o'i ddysgeidiaeth neu *rai* o'i eiriau. Os yw Iesu'r person y mae'n hawlio ei fod, yr unig beth a wnaiff y tro yw ein bod yn ei addoli. Ond os nad ydyw'r hyn y mae'n ei hawlio, twyllwr dieflig neu wallgofddyn ydyw, ac un i'w osgoi ar bob cyfrif.

2. Pam y bu farw Crist?

Prin y bu cymaint o ddadlau ac anghydweld ynglŷn ag unrhyw fater â'r cwestiwn hwn. Down yma at galon yr Efengyl. Wrth sôn am farwolaeth Iesu, soniwn am y digwyddiad mwyaf pwysig a rhyfedd yn holl hanes y byd. A dyma gynnig ateb:

> *Mewn ufudd-dod ewyllysgar i'w Dad cyflawnodd holl ofynion y Ddeddf a rhoddodd ei fywyd i lawr gan offrymu ei hun yn aberth. Gwnaeth hyn dros ac yn lle eraill gan gymryd arno'i hun eu pechodau, talu'r ddyled oedd arnynt, derbyn y gosb yr oeddynt yn ei haeddu, a thrwy hynny fodloni Duw, trechu drygioni a'r Un drwg, prynu eu rhyddid, a'u cymodi â Duw.*

Edrychwn ar y cymalau hyn yn eu tro:

i. Mewn ufudd-dod ewyllysgar i'w Dad

Gwelir y dystiolaeth egluraf am berson yr Arglwydd Iesu Grist a'i waith yn ufuddhau i'w Dad yn Efengyl Ioan. Dro ar ôl tro mae Iesu'n sôn am y gwaith y mae'r Tad wedi ei roi iddo: Ioan 5:17-31, 36-37, 43; 6:37-40, 57; 7:28-29, 38-39; 8:16-19, 26-29, 38, 42, 49-54; 9:4; 10:14-18, 25-30, 36-38; 12:23-28, 44-50; 13:3, 20, 31-32; 14:9-14, 16-20, 24-26; 15:8-15, 24-27; 16:7-16, 27-28; 17.

Mae'n hollol amlwg hefyd ei fod wrth ei fodd yn gwneud y gwaith hwn (disgrifiodd wneud gwaith ei Dad fel "fy mwyd i" [Ioan 4:34]) er ei fod hefyd yn waith anodd (gweler er enghraifft, Math. 26:38-42 a 27:46).

Mae'r tensiwn hwn rhwng bodlonrwydd y Mab i wneud y gwaith ac anhawster enfawr y gwaith yn ein hanfon yn ôl at Gyfamod y Brynedigaeth, a'r undod perffaith sydd yno rhwng Personau'r Drindod. Er mai personau gwahanol sy'n cael eu disgrifio'n gwneud y tasgau gwahanol – y Tad yn anfon, y Mab yn dod mewn ufudd-dod – does dim tensiwn rhwng y personau. Nid Tad yn anfon Mab anfoddog; nid Mab yn troi braich Tad cas; ond y Ddau (gyda'r Ysbryd) yn cyd-weithio'n hyfryd: Duw ym mherson y Mab yn dod i'r byd.

ii. Cyflawnodd holl ofynion y Ddeddf

Trwy ufuddhau i'w Dad yr oedd Crist, wrth gwrs, yn cyflawni holl ofynion y Ddeddf – am mai deddf Duw ydoedd (ie, ei ddeddf ei hun). Cyflawnodd y gofynion yn gyfan gwbl, gan fyw'n ddilychwin a phur – ni allai neb bwyntio bys ato a'i gyhuddo o bechod (Ioan 8:46).

Trwy wneud hyn fe fodlonodd Duw. Fe wnaeth yr hyn na fyddem ni fyth yn medru ei wneud wrth iddo gyflawni'r Cyfamod Gweithredoedd. Ac yr oedd am hynny'n haeddu byw.

iii. Rhoddodd ei fywyd i lawr

Un o'r pethau syfrdanol am yr Iesu yw'r ffordd y mae'n sôn am y rheidrwydd iddo farw (gweler Marc 8:31-33; Marc 9:30-32 a Math. 20:17-19). A dyna a ddigwyddodd: rhoddodd ei fywyd i lawr. Nid damwain oedd y groes, ni ddaliwyd Crist na Duw yn annisgwyl, ni charlamodd digwyddiadau allan o reolaeth Duw. Nid methiant oedd y groes chwaith – yn hytrach, fe waeddodd yr Iesu, 'Gorffennwyd!' oddi yno (Ioan 19:30). Nid esiampl (yn unig) oedd y groes. Yn hytrach, gwaith bwriadol, gorffenedig, dirprwyol, achubol, unigryw ydoedd.

iv. Gan offrymu ei hun yn aberth

Roedd aberthau gwaedlyd yn rhan ganolog o'r drefn yn yr Hen Destament. Ond mae'r Llythyr at yr Hebreaid yn dweud wrthym nad oedd yr un o'r aberthau hyn yn medru tynnu ymaith bechod (Heb. 10:4). Darluniau oeddynt (Heb. 10:1). Cysgodion o realiti gweithred Crist. Crist oedd ac ydyw'r gwir Archoffeiriad; ond Crist hefyd oedd yr aberth. Yr oedd Crist yn aberthu ei fywyd Ef ar gyfer eraill (Heb. 9:26). Efe oedd gwir Oen Duw sy'n cymryd holl bechodau'r byd (Ioan 1:29).

v. Gwnaeth hyn dros ac yn lle eraill

Caiff bywyd a marwolaeth Crist ei ddisgrifio yn y Beibl fel un ddirprwyol; hynny yw, *yn lle* eraill. Fe gyflawnodd holl ofynion y ddeddf ac offrymodd ei hun yn aberth *dros eraill*, nid drosto'i hun:

> *Oherwydd Mab y Dyn, yntau, ni ddaeth i gael ei wasanaethu ond i wasanaethu, ac i roi ei einioes yn bridwerth* **dros** *[anti yw'r gair Groeg; "yn lle" yw'r ystyr yn ôl yr arbenigwyr] lawer* (Marc 10:45).

> *Oherwydd hwn yw fy ngwaed i, gwaed y cyfamod, a dywelltir* **dros** *lawer er maddeuant pechodau* (Mathew 26:28).

Dyma y byddai'r Meseia yn ei wneud yn ôl proffwydoliaeth Eseia:

> *Eto, ein dolur ni a gymerodd, a'n gwaeledd ni a ddygodd – a ninnau'n ei gyfrif wedi ei glwyfo a'i daro gan Dduw, a'i ddarostwng. Ond archollwyd ef am ein troseddau ni, a'i ddryllio am ein camweddau ni; roedd pris ein heddwch ni arno ef, a thrwy ei gleisiau ef y cawsom ni iachâd. Rydym ni i gyd wedi crwydro fel defaid, pob un yn troi i'w ffordd ei hun; a rhoes yr ARGLWYDD arno ef ein beiau ni i gyd* (Es. 53:4-6).

Mewn ffilmiau, y styntiwr sy'n wynebu'r perygl a'r seren sy'n derbyn y clod. Er mwyn ein hiachawdwriaeth ni, Iesu sy'n derbyn y gosb a ninnau'n derbyn y breintiau. Efe a wnaeth bopeth *yn ein lle* a *throsom ni.* Ceir nifer o ddarluniau yn y Beibl i ddisgrifio gwaith Crist ar y groes: y darlun o gyfiawnhad o fyd y Gyfraith; y darlun o brynedigaeth o fyd y farchnad gaethweision; a'r darlun o gymod o fyd perthnasau. Cawn ystyried rhai ohonynt yn y man; ond mae'r syniad o ddirprwyaeth yn sylfaenol i bob un ohonynt. Maent i gyd yn dibynnu ar y gwirionedd fod Duw yng Nghrist wedi gwneud y cyfan yn ein lle a throsom. Ef, a neb arall, yw'r Ceidwad (gweler Es. 43:11; Jon. 2:9).

vi. Gan gymryd arno'i hun eu pechodau

Dywed y proffwyd Escia i'r Arglwydd Dduw ddodi ein beiau ni i gyd ar y Meseia (Es. 53:6), ac mae'r Apostol Paul yn dweud wrthym fod Duw wedi gwneud Crist yn bechod drosom (2 Cor. 5:21). Hynny yw, fe *gyfrifwyd* ein holl bechodau ni i Grist. Ar y groes, roedd Duw'n ystyried ei Fab *yn bechod.* Nid oedd yn bechadur, ac ni ddaeth yn bechadur, ond fe ddaeth mor agos â phosibl at hynny heb fod yn bechadur.

vii. Derbyn y gosb yr oeddent yn ei haeddu

Pan osododd yr Arglwydd ein holl feiau ni ar Grist roedd yn rhaid i Grist farw, gan mai cyflog pechod yw marwolaeth (Rhuf. 6:23). *Rhaid* i gyfiawnder wneud ei waith; dyna fu'r drefn o'r dechrau – 'gan farw ti a fyddi farw'. Roedd y gosb yn ddyledus i eraill; nid oedd Crist yn haeddu marw ar gyfrif unrhyw beth yr oedd ef wedi ei wneud. Ond derbyniodd y gosb yn lle eraill, a gwneud hynny yn llawn ac yn fodlon. *Cyfrifwyd* pechodau ei bobl i Grist, ond ni chawsant eu trosglwyddo; yr hyn a drosglwyddwyd oedd canlyniadau cyfreithiol y pechodau hynny.

viii. Talu'r ddyled oedd arnynt

Trwy ei ufudd-dod perffaith yn ei fywyd a'i farwolaeth, fe gyflawnodd Iesu'r Duw-ddyn holl ofynion deddf Duw. A thrwy dderbyn y gosb yn lle eraill fe dalodd y ddyled oedd ar ddynoliaeth i Dduw yn llwyr, fel na allai Duw yn ei holl gyfiawnder ofyn rhagor ganddo. Dileodd 'ysgrifen law yr ordeiniadau, yr hon oedd i'n herbyn ni, yr hon oedd yng ngwrthwyneb i ni, ac a'i cymerodd hi oddi ar y ffordd, gan ei hoelio wrth y groes' (Col. 2:14, BWM).

ix. A thrwy hynny bodloni Duw

Roedd yn rhaid i Dduw achub pechaduriaid mewn modd oedd yn ei fodloni – bodloni ei sancteiddrwydd, ei gyfiawnder, ei drugaredd a'i gariad. Ac ar y groes, bodlonodd Duw ei hun. Bodlonodd Duw ei hun yn llwyr, trwy leddfu ei ddigofaint yn erbyn pechod ei bobl, a'u hachub yn gyfiawn a thrugarog. Talodd Duw, ym mherson ei Fab Iesu, *Iawn* am eu pechodau.

Mae Athrawiaeth yr Iawn, fel y'i gelwir, wedi dod o dan feirniadaeth arbennig gan lawer. Mae rhai wedi ei beirniadu am ddysgu creulondeb i blentyn ar raddfa gosmig ("cosmic child abuse"). Ond mae'n rhaid cofio fod yr Iesu bob amser yn pwysleisio ei fod ef yn *fodlon* gwneud gwaith ei Dad. Ac ar yr un pryd, rhaid cofio nad yw'r Mab yn troi braich ei Dad i'w berswadio – yn erbyn ei ewyllys – i faddau i ni. Yn hytrach, mae'r Tad o'i gariad yn anfon Mab cwbl fodlon at bechaduriaid colledig. Cyfamod cytûn ydyw – Duw yn ei Fab yn cymodi'r byd ag Ef ei hun, ac yn talu'r hyn oedd yn ddyledus gan rai na fedrent fyth eu hachub eu hunain. Trwy wneud hynny y mae Duw yn ei fodloni ei Hun.

Rhaid cofio hefyd mai digofaint cyfiawn, cyson, diwyro at ddrygioni sydd gan Dduw. Nid agwedd fympwyol sydd ganddo; nid Duw gyda phen tost mohono.

Dywed rhai nad ydynt yn hoffi'r syniad fod Duw'n ddig yn erbyn drygioni. Ond mae'n rhaid gofyn i'r bobl hynny beth fyddent yn ei ddymuno yn lle'r syniad hwnnw: Duw sy'n caru drygioni, neu Dduw nad oes ots ganddo am ddrygioni, neu o bosibl Dduw sy'n casáu drygioni ond yn gwneud dim byd amdano? Mae'r opsiynau eraill hyn yn llawer iawn gwaeth. Y broblem, wrth gwrs, yw bod pawb ohonom yn euog, ac yr ydym yn sylweddoli y cawn ninnau hefyd ein cosbi os yw Duw'n casáu a chosbi pechod.

x. Trechu drygioni a'r Un drwg

Cafodd Iesu ei lofruddio. Dyna'r gwirionedd. A dyna'r weithred fwyaf drygionus yn hanes y byd. Dyma ddyn dieuog – yr unig ddyn gwirioneddol ddieuog erioed – yn cael ei fywyd wedi ei dynnu oddi wrtho. Eto i gyd, yn ei ddoethineb syfrdanol fe ddefnyddiodd Duw'r weithred ofnadwy hon i drechu drygioni ei hun unwaith ac am byth. Yn gwbl syfrdanol, trwy wendid, trwy farw, trwy gymryd arno'i hun yr holl ddioddefaint a chosb a digofaint y mae Crist yn fuddugol. Nid yw Iesu'n maeddu'r diafol mewn brwydr ysbrydol trwy arddangos mwy o gryfder. Unig bŵer y diafol yw cyhuddo (Dat. 12:10; Col. 2:14), a chaiff ei gyhuddiadau eu dirymu gan waed iawnol Crist. Ac nid yw drygioni'n cael ei ddileu a'i lyncu gan gariad fel mewn rhyw adwaith cemegol. Yn hytrach, fel dywed Henri Blocher yn ei ymdriniaeth feistrolgar o ddrygioni yn ei lyfr *Evil and the Cross*:

> *Evil is conquered as evil because God turns it back upon itself. He makes the supreme crime, the murder of the only righteous person, the very operation that abolishes sin. The manoeuvre is utterly unprecedented. No more complete victory could be imagined. God responds in the indirect way that is perfectly suited to the ambiguity of evil. He entraps the deceiver in his own wiles. Evil, like a judoist, takes advantage of the power of the good, which it perverts; the Lord, like a supreme champion, replies by using the very grip of the opponent.*[20]

Duw'n defnyddio'r drygioni mwyaf posib i gyflawni'r weithred orau bosib, a thrwy hynny yn trechu drygioni ac yn sicrhau bod daioni a chyfiawnder yn fuddugol.

---

20. Henri Blocher, *Evil and the Cross* (Apollos, 1994), 132

xi. Prynu eu rhyddid

Darlun arall y mae'r Testament Newydd a'r Arglwydd Iesu ei hun yn ei ddefnyddio i ddisgrifio'i waith yw'r farchnad gaethweision:

> Oherwydd Mab y Dyn, yntau, ni ddaeth i gael ei wasanaethu ond i wasanaethu, ac i roi ei einioes yn bridwerth dros lawer (Marc 10:45).

Pridwerth oedd y pris a delid i ryddhau caethweision. Mewn modd tebyg rydym ni, bob un ohonom yn ddiwahân, yn gaeth i bechod: mae pechod yn feistr arnom ni, yn rheoli ein penderfyniadau a'n dymuniadau a'n serchiadau. Mae Iesu'n dweud ei fod wedi dod i'n rhyddhau oddi wrth ein pechod; a'r taliad yw ei fywyd ei hun.

xii. A'u cymodi â Duw

Mae'r Apostol Paul, yn ei Ail Lythyr at y Corinthiaid, yn trafod y wedd hon o waith Duw:

> Duw, yr hwn sydd wedi ein cymodi ni ag ef ei hun trwy Grist a rhoi i ni weinidogaeth y cymod. Hynny yw, yr oedd Duw yng Nghrist yn cymodi'r byd ag ef ei hun, heb ddal neb yn gyfrifol am ei droseddau, ac y mae wedi ymddiried i ni neges y cymod. Felly cenhadon dros Grist ydym ni, fel pe bai Duw yn apelio atoch trwom ni. Deisyf yr ydym dros Grist, cymoder chwi â Duw (2 Cor. 5:18-20).

Mae ein troseddau wedi rhwygo'r berthynas oedd rhyngom â Duw, ac yr ydym wedi ymbellhau o'r herwydd. Mae angen cymod ar y ddwy blaid – ni all Duw gymodi oherwydd ein pechod ffiaidd, ac yr ydym ni'n gwrthod cymodi oherwydd ein pechod gwrthryfelgar. Ond mae Duw yng Nghrist *wedi* 'cymodi'r byd ag ef ei hun'. Mae ffafr a chymdeithas Duw wedi eu hadfer. Yn awr, mae gennym 'heddwch â Duw' (Rhuf. 5:1) ac nid 'yw'r rhai sydd yng Nghrist Iesu dan gollfarn o unrhyw fath' (Rhuf. 8:1).

Atgyfodi

Ond nid dyna ddiwedd y stori chwaith:

Ac yna atgyfododd
 Yn ogoneddus iawn;
Daeth bore teg a hyfryd,
 'N ôl stormus ddu brynhawn:
Y gadwyn fawr a dorrodd
 Ar fore'r trydydd dydd;
Fe goncrodd angau'i hunan:
 O'r carchar daeth yn rhydd.[21]

Ar fore'r trydydd dydd wedi iddo gael ei groeshoclio fe gafodd Iesu ei atgyfodi'n fyw o'r bedd (Mathew 28; Marc 16; Luc 24; Ioan 20 a 21).

Digwyddiad hanesyddol ac atgyfodiad corfforol sydd yma. Yr hyn a geir yma yw nid y disgyblion a'r holl Gristnogion cyntaf yn eu twyllo eu hunain, nid atgyfodiad mewn ysbryd, nid atgyfodiad yn y galon, ond yn hytrach gorff Iesu'n cael ei godi o farwolaeth. Mae'n sicr fod yna wahaniaethau rhwng ei gorff newydd a'r un oedd ganddo gynt, ond Iesu ydoedd.

Wrth gwrs, mae llawer wedi gwadu'r gwirionedd hwn, a dyma rai o'r dadleuon a gynigiwyd er mwyn egluro'r bedd gwag:

1. Nid oedd Iesu wedi marw mewn gwirionedd; ond roedd y Rhufeiniad a'i croeshoeliodd wedi methu â sylwi nad oedd wedi marw wrth iddynt ei dynnu i lawr oddi ar y groes. Ac yna, gyda thyllau yn ei arddyrnau a'i draed a'i ystlys, ymddangosodd Iesu'n fuddugoliaethus i'w ddisgyblion, a hwythau'n llawenhau o'i weld. Aeth Iesu wedyn i fyw'n dawel rywle arall, gyda Mair Magdalen efallai, cyn iddo farw.

---

21. William Williams, "Gwel ar y croesbren acw" yn *Llyfr Hymnau y Methodistiaid Calfinaidd* (Y Gymanfa Gyffredinol, 1897) Rhif 372

2. Roedd rhywrai wedi dwyn y corff: un ai ddisgyblion a barhaodd yn ffyddlon wedi hynny i'r diwedd, er eu bod yn gwybod y gwir; neu Rufeiniaid neu Phariseaid, er y gallasen nhw fod wedi dod â'r corff i'r golwg a dod â Christnogaeth i ben mewn chwinciad.

3. Cred a ddatblygodd yn ddiweddarach oedd yr atgyfodiad, ond bod y stori honno wedi ei gwthio nôl i gyfnod Iesu yn yr efengylau.

Mae'r drydedd ddadl hon yn fwy difrifol na'r ddwy arall, ond yn gwbl ddi-sail. Yn ei Lythyr Cyntaf at y Corinthiaid, mae Paul yn ysgrifennu:

> Oherwydd, yn y lle cyntaf, traddodais i chwi yr hyn a dderbyniais: i Grist farw dros ein pechodau ni, yn ôl yr Ysgrythurau; iddo gael ei gladdu, a'i gyfodi y trydydd dydd, yn ôl yr Ysgrythurau; ac iddo ymddangos i Ceffas, ac yna i'r Deuddeg (1 Cor. 15:3-5).

Mae yma nifer o bwyntiau gwerth eu nodi:

1. Mae'r adran, 'i Grist farw dros ein pechodau ni, yn ôl yr Ysgrythurau; iddo gael ei gladdu, a'i gyfodi y trydydd dydd, yn ôl yr Ysgrythurau; ac iddo ymddangos i Ceffas, ac yna i'r Deuddeg', yn swnio'n debyg iawn i gredo gweddol ffurfiol; ac mae nifer cynyddol o ysgolheigion o'r farn mai dyna ydyw, am y rhesymau canlynol:

   a. Mae yna gydbwysedd o ran y dweud:

      > i Grist farw dros ein pechodau ni,
      >   yn ôl yr Ysgrythurau;
      > iddo gael ei gladdu, a'i gyfodi y trydydd dydd,
      >   yn ôl yr Ysgrythurau;
      > ac iddo ymddangos i Ceffas,
      >   ac yna i'r Deuddeg.

   b. Mae'n enwi *Ceffas* (sef ffurf Balestinaidd enw Pedr), sy'n awgrymu mai o Balestina y mae'r gyffes fach hon yn deillio.

c. Mae'n enwi'r *Deuddeg* (sef y ffurf draddodiadol o gyfeirio at ddisgyblion yr Iesu).

2. Mae Paul yn dweud ei fod wedi derbyn y gyffes – nid fe yw ei hawdur.

3. Y gred gyffredinol yw bod Llythyr Cyntaf Paul at y Corinthiaid wedi ei ysgrifennu cyn yr efengylau, tua O.C. 56.

4. Ond os oedd Paul wedi clywed y credo hwn gan Gristnogion ym Mhalestina pan aeth i Jerwsalem, mae hynny'n mynd â ni'n ôl at gyfnod o fewn deng mlynedd i groeshoeliad Iesu.

Felly, mae hyn yn dangos fod y gred i'r Iesu gael ei atgyfodi o'r bedd yn un sylfaenol sy'n mynd yn ôl i'r dechrau cyntaf.

Yr oedd y ddysgeidiaeth yn annisgwyl i'r Iddewon gan nad oeddent yn disgwyl y byddai'r Meseia'n cael ei atgyfodi o'r bedd. Y mae'r Hen Destament yn dysgu atgyfodiad y meirw wrth gwrs (gweler e.e. Dan. 12:2), ond at ei gilydd nid oedd y genedl yn disgwyl atgyfodiad. Yn wir, yr oedd y ddysgeidiaeth fod Iesu wedi ei atgyfodi – ac yntau wedi ei ddienyddio ar bren ac felly dan felltith Duw (Deut. 21:23) – yn gred atgas a thramgwyddus. Dyma'n rhannol pam yr oedd Saul o Darsus mor ffyrnig yn erbyn y Cristnogion. Roedd dweud fod Iesu wedi ei atgyfodi yn golygu ei fod wedi ei fendithio gan Dduw; ond i Saul, yr oedd dweud fod Duw wedi bendithio un a grogwyd ar bren yn beth cwbl annerbyniol. Ond mewn gwirionedd, yr union beth yr oedd yn ei ddangos oedd bod Duw wedi ei felltithio ar y groes (Deut. 21:23; Gal. 3:13), ond ei fod hefyd, ar yr un pryd, wedi rhoi sêl ei fendith ar berson a gwaith Iesu Grist – ei fywyd, ei farwolaeth ar groes – trwy ei atgyfodi'n fyw o'r bedd.

Mae atgyfodiad corfforol Crist yn hollbwysig.[22] Yn ôl yr Ysgrythur, mae popeth yn dibynnu ar atgyfodiad corfforol yr Arglwydd Iesu. Os na chodwyd Iesu'n gorfforol nid yw marwolaeth na phechod

---

22. Herman Bavinck, John Bolt, a John Vriend, *Reformed Dogmatics: Sin and Salvation in Christ, vol. 3* (Grand Rapids, MI: Baker Academic, 2006), 442.

wedi eu trechu, a Satan yn hytrach na Christ a enillodd mewn gwirionedd. Ond *fe gafodd* Iesu ei atgyfodi, ac y mae arwyddocâd enfawr i hynny:

1. Mae'r atgyfodiad yn brawf mai Iesu yw'r Meseia, ac y caiff Gwas yr Arglwydd ei goroni'n Grist ac yn Arglwydd, yn Dywysog bywyd a Barnwr (Actau 2:36; 3:13-15; 5:31; 10:42);

2. Mae'r atgyfodiad yn sêl o'i fabolaeth ddwyfol a thragwyddol (Actau 13:33; Rhuf. 1:3);

3. Mae'r atgyfodiad yn gadarnhad dwyfol o'i waith fel Cyfryngwr rhwng Duw a'r ddynoliaeth, ac yn gyhoeddiad o nerth a gwerth ei farwolaeth: dyma "Amen!" y Tad ar gri "Gorffennwyd!" y Mab (Actau 2:23-24; 4:11; 5:31; Rhuf. 6:4, 10);

4. Mae'r atgyfodiad yn ddechreuad ar y dyrchafiad a gyflawnodd trwy ei ddioddefaint (Luc 24:26; Actau 2:33; Rhuf. 6:4; Phil. 2:9);

5. Mae'r atgyfodiad yn warant o'n maddeuant a'n cyfiawnhad ni (Actau 5:31; Rhuf. 4:25);

6. Mae'r atgyfodiad yn ffrwd i nifer o fendithion ysbrydol: y rhodd o'r Ysbryd (Actau 2:33), edifeirwch (Actau 5:31), bywyd ysbrydol tragwyddol (Rhuf. 6:4f), iachawdwriaeth yn ei chyfanrwydd (Actau 4:12);

7. Yr atgyfodiad yw egwyddor ac ernes ein hatgyfodiad gogoneddus ni (Actau 4:2; Rhuf. 8:11; 1 Cor. 6:14);

8. Yr atgyfodiad yw sylfaen Cristnogaeth apostolaidd (1 Cor. 15:12f).

Esgyn

Ddeugain niwrnod wedi iddo atgyfodi o'r bedd, tra oedd Iesu gyda'i ddisgyblion ar Fynydd yr Olewydd, 'fe'i dyrchafwyd, a chipiodd cwmwl ef o'u golwg' (Actau 1:9).

Felly y disgrifir esgyniad Iesu i'r nef. Gadawodd Iesu ei ddisgyblion, ac yn wir, y byd. Mae wedi'n gadael ni; mae'r Duw-ddyn yn awr yn eistedd ar ddeheulaw ei Dad, hynny yw, yn teyrnasu yn y gogoniant gyda'i Dad.

Ar adegau, caiff esgyniad Iesu ei israddio i fod yn atodiad bychan ar ddiwedd y stori; ond mewn gwirionedd mae'n rhan annatod o'r stori ac yn dysgu nifer o wirioneddau gogoneddus.

1. Esgynnodd Iesu gan ddangos y modd y byddai'n dychwelyd (Actau 1:11) – fe adawodd yn gorttorol, ac fe ddaw'n ôl yn gorfforol.

2. Esgynnodd er mwyn cwblhau ei ddyrchafiad (Actau 2:33).

3. Esgynnodd er mwyn dechrau ei deyrnasiad yn y Nefoedd (Eff. 1:20-23; 1 Cor. 15:25).

4. Esgynnodd er mwyn dangos fod ei waith aberthol wedi ei gwblhau (Heb. 1:1-3).

5. Esgynnodd er mwyn paratoi lle i ni (Ioan 14:1-3).

6. Esgynnodd er mwyn anfon yr Ysbryd Glân atom ni (Ioan 14:16-18).

7. Esgynnodd er mwyn parhau i eiriol trosom ar ddeheulaw'r Tad (Rhuf. 8:34; Heb. 7:25):

> *Esgynnodd mewn gogoniant llawn*
> *Goruwch y nefoedd fry;*
> *Ac yno mae, ar sail ei Iawn,*
> *Yn eiriol drosom ni.*[23]

Iesu yw'r Gwaredwr a fu farw ac a gyfodwyd, ac a esgynnodd hefyd.

---

23. Robert Owen (Eryron Gwyllt Walia), "Hwn ydyw'r dydd y cododd Crist" yn *Llyfr Emynau y Methodistiaid Calfinaidd a Wesleaidd* (Caernarfon, 1927) Rhif 347

Eiriol

Weithiau, fe ofynnir y cwestiwn, "Beth mae'r Iesu'n ei wneud nawr?". Mae'r ateb wedi ei roi eisoes uchod: mae'n eiriol drosom ar ddeheulaw'r Tad. Yn wir, yn ôl y Llythyr at yr Hebreaid, mae Iesu'n byw *bob amser* i eiriol drosom (Heb. 7:25, BWM). Ac yng ngeiriau'r emyn hwn:

> *Ar orsedd ei drugaredd*
> *Mae'n dadlau yn y ne'*
> *Ei fywyd a'i farwolaeth*
> *Anfeidrol yn fy lle.*[24]

Nid bod Iesu'n gorfod troi braich Tad cas a dadlau'n ddi-baid er mwyn perswadio'r Tad i ddangos rhywfaint o drugaredd. Mae'r Tad fel petai'n gwenu'n ddi-baid ar y Mab, ac yn dragwyddol fodlon ynddo ac yn yr Iawn y mae wedi ei dalu a'r Iachawdwriaeth y mae wedi ei hennill.

Ac y mae hynny'n gysur enfawr i ni. Ar ein taith, cwympo ganwaith i'r un bai yw ein hanes ni, ond gwyddom 'os bydd i rywun bechu, y mae gennym Eiriolwr gyda'r Tad, sef Iesu Grist, y cyfiawn' (1 Ioan 2:1).

---

24. Morgan Rhys, "Fyth, fyth, rhyfedda' i'r cariad" yn *Llyfr Emynau y Methodistiaid Calfinaidd a Wesleaidd* (Caernarfon, 1927) Rhif 167

Pennod 6
Canlyniadau Mewn Hanes

Ar sail gwaith dirprwyol yr Iesu y mae Duw'n arllwys nifer o fendithion ar bechaduriaid, o'i ddewis sofran Ef mewn hanes.

Rydym wedi gweld mai 'eiddo yr Arglwydd yw iachawdwriaeth' ac mai Duw sy'n gwneud popeth o'r dechrau i'r diwedd o ran achubiaeth pechadur. Yn ymarferol, mae hynny'n cynnwys galw, ail-eni, rhoi edifeirwch a ffydd, cyfiawnhau, neilltuo, mabwysiadu, cadw a gogoneddu. Ceisiwn drin pob un o'r rhain yn eu tro.

Galw

Y peth cyntaf a wna Duw yn uniongyrchol i'r Cristion yw ei alw'n effeithiol.[25] Wrth gwrs, trwy bregeth neu lyfr neu sgwrs, caiff pechaduriaid aml i wahoddiad i edifarhau a chredu'r Efengyl. Ond nid dyna sydd dan sylw yn y fan yma. Weithiau, bydd Duw – gan amlaf trwy gyfrwng yr alwad gyffredinol uchod – yn

---

25. Dyw hyn ddim yn digwydd mewn faciwm. Cyn hyn mae Duw wedi bod yn rhaglunio cefndir y Cristion i'w baratoi: rhieni, ffrindiau, eglwys, profiadau ayyb. Fel canodd Williams:

> Rhaid oedd bod rhagluniaeth ddistaw,
>   Rhaid oedd bod rhyw arfaeth gref,
> Yn fy rhwymo, heb im wybod,
>   Wrth golofnau pur y nef
>   O! Ragluniaeth,
>   Ti sy'n trefnu'r ddaear faith.

(William Williams, "Boed fy mywyd oll yn ddiolch" yn *Llyfr Emynau y Methodistiaid Calfinaidd a Wesleaidd* (Caernarfon, 1927) Rhif 571)

galw'r pechadur mewn ffordd bwerus a llwyddiannus i ymateb i'r gwahoddiad ac i gredu yn yr Arglwydd Iesu Grist.

Mae hon yn alwad sofran ac effeithiol. Mae Duw'n galw pwy bynnag a fyn, ac y mae'r person hwnnw a elwir wastad yn ymateb yn gadarnhaol. Nid gorfodi person yn erbyn ei ewyllys a wneir, ond ennill a pherswadio person i gredu: mae Duw'n newid ewyllys y person o fod yn wrth-Dduw i fod yn addolwr gwirfoddol.

Cawn enghraifft o'r hyn sy'n digwydd yn Llyfr yr Actau:

> *Ac yn gwrando yr oedd gwraig o'r enw Lydia, un oedd yn gwerthu porffor, o ddinas Thyatira, ac un oedd yn addoli Duw. Agorodd yr Arglwydd ei chalon hi i ddal ar y pethau yr oedd Paul yn eu dweud.* (Actau 16:14)

Duw sy'n agor calon Lydia. Mae hithau'n dal ar y pethau y mae Paul yn eu dweud. Mae Paul yn pregethu'r gair yn syml ac eglur, heb driciau na thechnegau dynol; ac y mae Duw'n defnyddio'i eiriau i ennill Lydia. Dyma a welwn drwy'r Testament Newydd: Paul, er enghraifft, yn pregethu ac yn ymresymu, a rhai pobl yn credu ac eraill yn gwrthod. A'r gwahaniaeth yw galwad effeithiol Duw.

Cyfiawnhau

Mae Duw, ar sail gwaith Crist, yn *cyfiawnhau'r* pechaduriaid hynny y mae'n eu galw.

Beth yw ystyr 'cyfiawnhad'?

Term o fyd y gyfraith yw 'cyfiawnhad': cyhoeddiad fod y diffynnydd – yr un sydd yn y doc ac ar ei brawf – yn gyfiawn. Cyfiawnhau person yw'r gwrthwyneb i'w gondemnio: *Pan fyddo ymrafael rhwng dynion, a dyfod i farn i'w barnu; yna cyfiawnhânt y cyfiawn, a chondemniant y beius.* (Deut. 24:1, BWM)

O fewn Cristnogaeth, felly, mae Duw'n cyfiawnhau person trwy gyhoeddi fod y pechadur hwnnw'n gyfiawn yn ei olwg. Yn fwy penodol, "cyhoeddiad grasol gan Dduw yw cyfiawnhad ei fod yn maddau holl bechodau'r pechadur a'i fod yn ei dderbyn fel pe bai'n gyfiawn yn ei olwg, a hynny yn unig ar sail cyfiawnder Crist a gaiff ei gyfrif iddo, ac a dderbynnir ganddo trwy ffydd yn unig".[26]

Weithiau, fe ddefnyddir yr ymadrodd "dod i berthynas â Duw" fel petai'n gyfystyr â'r gair "cyfiawnhau", ond mae hynny'n gamarweiniol am nifer o resymau.

Yn gyntaf, mae pob person ar wyneb daear mewn perthynas â Duw – nid dim ond Cristnogion. Y broblem yw eu bod mewn perthynas o farn.

Yn ail, *cyhoeddiad* gan Dduw'r Barnwr *ynglŷn â'r* pechadur yw cyfiawnhad ac nid gwaith *yn* y pechadur. Nid yw'r pechadur yn teimlo dim pan gaiff ei gyfiawnhau; ac y mae i'r gair "perthynas" elfen emosiynol, brofiadol nad oes i'r gair "cyfiawnhad".

Ac yn drydydd, a bod yn fanwl gywir, *canlyniad* i gyfiawnhad yw'r newid yn y berthynas (statws) rhwng Duw a'r pechadur. Nid yw'r berthynas rhwng y barnwr a'r diffynnydd yn newid mewn llys barn pan yw'r barnwr yn cyhoeddi'r ddedfryd ei fod yn ddieuog. Nid yw'r barnwr yn mabwysiadu'r diffynnydd nac yn dod yn ffrindiau ag ef. Ond caiff y diffynnydd ei gyhoeddi'n ddieuog a'i ystyried yn gyfiawn gan y barnwr. Yn yr un modd yn yr Efengyl, cyhoeddiad o faddeuant pechodau a chyfrifiad o gyfiawnder Crist yn unig yw cyfiawnhad ei hun. Daw'r newid yn y berthynas o ganlyniad i'r cyhoeddiad. Fel dywed yr Apostol Paul, 'Gan ein bod *wedi* ein cyfiawnhau trwy ffydd, y mae gennym heddwch tuag at Dduw' (Rhuf. 5:1).

Eto i gyd, y mae'r ymadrodd "dod i berthynas â Duw" yn pwyntio at y broblem sydd rhwng Duw a dyn sef, sut gall pechadur sydd dan farn Duw ddod yn iawn â Duw?

Ni all Duw gyfiawnhau'r annuwiol heb fod iawn (Ex. 34:7; Num. 14:18; Nahum 1:3). Ond gan fod Crist wedi ennill iachawdwriaeth i

---

26. *Catecism Byrraf Cymanfa Westminster*, Cwestiwn 33

bechaduriaid trwy ei fywyd a'i farwolaeth a'i atgyfodiad, gall Duw gyfiawnhau'r annuwiol gan arddangos ei drugaredd a'i gyfiawnder yr un pryd (gweler Rhuf. 3:26). Mae Crist wedi cyflawni pob peth y mae Duw yn ei ofyn gennym. Lle methodd Adda, llwyddodd Crist (1 Cor. 15:22).

Ar sail hyn, felly, y mae Duw'n cyfrif cyfiawnder Crist i gredinwyr. Y mae'n eu gweld bellach ym mherffeithrwydd ei Fab ac yn maddau iddynt eu holl bechodau – maddeuant rhad, llwyr ac am byth.

Mae'n bwysig cofio mai *cyfrif* cyfiawnder Crist iddynt y mae Duw, ac nid ei gyfrannu neu ei drosglwyddo iddynt. Nid trosglwyddo priodoleddau moesol un person i berson arall sydd yma; yn hytrach, *canlyniadau cyfreithiol* sy'n cael eu trosglwyddo wrth i Grist gymryd y cyfrifoldeb a'r atebolrwydd am ein pechodau. Ac felly, mae'r pechadur sydd wedi ei gyfiawnhau yn gyfiawn ac yn bechadur *yr un pryd*. Ni ddaw'r Cristion yn gyfiawn yn ei gymeriad a'i ymarweddiad, ond daw i safle cyfiawn gerbron Duw. Mae pob Cristion yn parhau i fod yn gymysgedd: mae'n bechadur sydd yn aml yn pechu, ac weithiau'n gallu syrthio i gyflawni gweithredoedd ofnadwy; y mae'r un pryd yn bechadur sy'n cael ei gyfrif yn gwbl gyfiawn gan Dduw – mor gyfiawn â Christ ei Hun.

Daw'r cyfiawnder hwn yn eiddo i ni *drwy ffydd*. Mae'r pechadur yn pwyso ac yn gorffwys ar Grist a'i waith drosto ac yn ei le. Y ffydd hon yw'r sianel neu'r offeryn y cyfrifir cyfiawnder Crist i ni drwyddi. Sianel ydyw yn hytrach na sail: nid ein ffydd sydd yn ein hachub. Nid ein gwaith neu'n rhan ni yn y cyfiawnhad hwn yw ffydd, ond yn unig y modd y derbyniwn ni'r cyfiawnder a gyfrifir i ni. Llai fyth ydyw ffydd yn amod i ni ei gyflawni cyn y cawn ein cyfiawnhau. Yn hytrach, rhodd ydyw (Eff. 2:8).

Ac fe ddaw'r cyfiawnder hwn yn eiddo i ni drwy ffydd *yn unig*. Dau air bach yw 'yn unig', ond maent yn holl bwysig. Nid ffydd *a* rhywbeth arall – fel ffydd ac ufudd-dod, neu ffydd a ffyddlondeb – ond *ffydd yn unig*: (*sola fide* yn Lladin). Bid siwr, mae'r ffydd honno nad yw'n ei dangos ei hun trwy weithredoedd da yn ffydd ffals ac yn farw (Iago 2:17), ond ffydd yn unig yw'r sianel y cyfrifir cyfiawnder Crist i ni drwyddi.

Dyma wirionedd ac athrawiaeth ogoneddus. Mae'n athrawiaeth hollbwysig am ei bod yn dysgu nad moesoldeb yw sail Cristnogaeth, ond newyddion da. Dyma newyddion da yn wir – gwirionedd i'w gredu, llawenhau ynddo a'i ledaenu. Nid dysgu bod Cristnogion yn well na neb arall a wna'r Ffydd Gristnogol, ond cyhoeddi bod ganddynt Waredwr sydd wedi gwneud y cyfan drostynt. Dyw Cristnogion *ddim* yn well na neb arall. Ac mae'n drasiedi pan fo pobl yn gwrthod ystyried neges yr Efengyl am eu bod yn meddwl mai "bod yn dda" yw Cristnogaeth, ac yn dadlau "nad yw Cristnogion cystal â hynny" a "phwy yw Cristnogion i fcirniadu eraill 'ta beth?" Tristwch pethau yw nid bod y bobl hyn yn anghywir eu barn am Gristnogion (maent yn aml yn dweud y gwir!), ond eu bod mor anghywir am yr Efengyl.

Mac hon yn athrawiaeth unigryw. Mae pob crefydd arall yn dysgu cyfiawnhad trwy weithredoedd, neu o leiaf trwy ffydd a gweithredoedd. Moesoldeb sydd ganddynt, nid Efengyl; cyngor da, nid newyddion da. Mae'n ffordd gwbl wahanol o blesio Duw. Mae crefydd moesoldeb yn dysgu y gallwn ni ennill ffafr Duw, a thrwy hynny ennill iachawdwriaeth trwy wneud rhywbeth; dim ond Cristnogaeth Feiblaidd sy'n dweud bod iachawdwriaeth yn rhodd gan Dduw ar sail gwaith unigryw Crist, ac mai trwy ffydd yn unig y daw i ni.

Mae hefyd yn athrawiaeth fregus iawn. Mae'n hawdd iawn iddi fynd ar goll neu iddi gael ei gwyrdroi. Ar hyd y canrifoedd, yn wir, mae wedi ei gwrthod, ei gwyrdroi, a phethau eraill wedi eu hychwanegu ati'n ddi-baid. Mae'n mynd yn erbyn y graen i dderbyn bod ein cyfiawnhad yn dibynnu'n llwyr ar Dduw " heb ofyn dim i mi".[27] Rhaid brwydro i gadw'r athrawiaeth hon yn sail i'r Efengyl Gristnogol. Dyma'r unig sail a saif; ac fel y dywedwyd lawer tro, dyma'r athrawiaeth y mae'r Eglwys yn sefyll neu'n disgyn arni.

---

27. William Williams, "Yn Eden, cofiaf hynny byth" yn *Llyfr Hymnau y Methodistiaid Calfinaidd* (Y Gymanfa Gyffredinol, 1897) Rhif 98

Dros y canrifoedd, mae llawer wedi gwrthwynebu'r athrawiaeth hon ac wedi dadlau yn ei herbyn ar fwy nag un sail.

Un ddadl gyffredin yw bod yr athrawiaeth yn hybu byw mewn modd anfoesol ac annuwiol: wedi'r cyfan, medde'r ddadl, os yw person wedi ei dderbyn gan Dduw trwy ffydd yn unig, does dim rheswm na dim cymhelliad i'r person hwnnw fyw'n sanctaidd ac yn ufudd i Dduw. Mae'r Apostol Paul ei hun yn rhagweld y gwrthwynebiad hwn, wrth gwrs:

> Beth, ynteu, sydd i'w ddweud? A ydym i barhau mewn pechod, er mwyn i ras amlhau? (Rhuf. 6:1).

Does dim rhyfedd, felly, i Dr Martyn Lloyd-Jones ddweud fod y ffaith bod rhai gwrandawyr yn gofyn y cwestiwn hwn wrth glywed yr athrawiaeth yn dangos ei bod yn cael ei phregethu'n ffyddlon:

> The true preaching of the gospel of salvation by grace alone always leads to the possibility of this charge being brought against it. There is no better test as to whether a man is really preaching the New Testament gospel of salvation than this, that some people might misunderstand it and misinterpret it to mean that it really amounts to this, that because you are saved by grace alone it does not matter at all what you do; you can go on sinning as much as you like because it will redound all the more to the glory of grace. That is a very good test of gospel preaching. If my preaching and presentation of the gospel of salvation does not expose it to that misunderstanding, then it is not the gospel.[28]

Ond camddealltwriaeth yw hyn, wrth gwrs, gan nad yw'r cyfiawnhad yn digwydd mewn gwactod (neu *vacuum*), nac ar ei ben ei hun. Mae'r person y mae Duw yn ei gyfiawnhau yn cael ei sancteiddio hefyd; mae Duw'n gweithio *yn* y credadun yn ogystal â gwneud cyhoeddiad *amdano*, a'r gwaith hwnnw yn newid ewyllys a dymuniadau'r credadun.

Dadl arall a wneir yn erbyn yr athrawiaeth yw ei bod yn

---

28. D. Martyn Lloyd-Jones, *Romans. Exposition of Chapter 6: the New Man* (Banner of Truth, 1972) 8

gwrthddweud yr hyn y mae Iago'n ei ddysgu yn ei Lythyr yntau:

> *Y ffŵl, a oes rhaid dy argyhoeddi mai diwerth yw ffydd heb weithredoedd? Onid trwy ei weithredoedd y cyfiawnhawyd Abraham, ein tad, pan offrymodd ef Isaac, ei fab, ar yr allor? Y mae'n eglur iti mai cydweithio â'i weithredoedd yr oedd ei ffydd, ac mai trwy'r gweithredoedd y cafodd ei ffydd ei mynegi'n berffaith. Felly cyflawnwyd yr Ysgrythur sy'n dweud, "Credodd Abraham yn Nuw, ac fe'i cyfrifwyd iddo yn gyfiawnder"; a galwyd ef yn gyfaill Duw. Fe welwch felly mai trwy weithredoedd y mae rhywun yn cael ei gyfiawnhau, ac nid trwy ffydd yn unig. Yn yr un modd hefyd, onid trwy weithredoedd y cyfiawnhawyd Rahab, y butain, pan dderbyniodd hi'r negeswyr a'u hanfon i ffwrdd ar hyd ffordd arall? Fel y mae'r corff heb anadl yn farw, felly hefyd y mae ffydd heb weithredoedd yn farw* (Iago 2:20-26).

Yma, mae Iago'n cyhoeddi'n ddigon eglur mai 'trwy weithredoedd y mae rhywun yn cael ei gyfiawnhau, ac nid trwy ffydd yn unig'. Beth all fod yn eglurach? Onid yw hyn yn dangos fod yr athrawiaeth o gyfiawnhad trwy ffydd yn unig yn anghywir?

Ond wrth edrych ar y cyd-destun, gwelwn mai cyfiawnhau'r credadun gerbron y byd, gerbron pobl eraill, sydd gan Iago mewn golwg, nid ei gyfiawnhau gerbron Duw. Mae gweithredoedd y credadun yn arddangosiad a phrawf o ddilysrwydd ei ffydd, ac yn ganlyniad angenrheidiol, anorfod i'r ffydd honno. Mae'r ffydd gywir yn dwyn ffrwyth mewn bywyd; mae cyfiawnhad (gerbron Duw) yn arwain at sancteiddio (a ddaw i'r amlwg gerbron pobl). Fel y dywedodd Martin Luther (mae'n debyg), 'Cawn ein cyfiawnhau trwy ffydd yn unig, ond nid yw'r ffydd sy'n achub fyth yn unig'.

Gwrthwynebiad arall a geir yw bod yr athrawiaeth yn awgrymu nad oes rhaid i Gristion fyth ofyn am faddeuant, tra bod y Testament Newydd yn amlwg yn dweud fod rhaid gwneud hynny. Ond mae'r gwrthwynebiad yn cymysgu rhwng barn Duw a'i ddisgyblaeth Dadol. Yn wir, 'nid oes yn awr ddim damnedigaeth i'r rhai sydd yng Nghrist Iesu' (Rhuf. 8:1) ac y 'mae gennym heddwch tuag at Dduw' (Rhuf. 5:1) ac ni all neb fyth gymryd y pethau hyn oddi wrth y credadun – ni chaiff fyth ei gondemnio gan Dduw. Eto i gyd, oherwydd y pechod sy'n parhau i fyw ynddo (Rhuf. 7:14-25; Gal. 5:17) mae'r Cristion yn dal i bechu'n gyson ac yn ddifrifol, ac mae'n rhaid iddo gael maddeuant bob dydd gan ei Dad Nefol fel rhan o'r broses o sancteiddio.

Canlyniad i'n cyfiawnhad yw heddwch â Duw (Rhuf. 5:1). Does dim gelyniaeth bellach, does dim condemniad na damnedigaeth bellach (Rhuf. 8:1). Ac er gwaethaf pawb a phopeth ni fydd hyn yn newid byth bythoedd. Rhaid deall nad yw parhad ein cyfiawnhau yn dibynnu ar ein ffyddlondeb na'n sancteiddrwydd ni. Mae cyhoeddiad Duw'n para hyd dragwyddoldeb.

Mabwysiad

Bendith bellach a ddaw i'r Cristion yw mabwysiad, sef cael ein derbyn gan Dduw yn fab neu'n ferch iddo, cael ein gwneud yn blant i'r Goruchaf:

> *Y rhai y mae Duw yn eu cyfiawnhau y mae efe yn eu mabwysiadu trwy Iesu Grist iddo ei hun; y mae yn eu derbyn hwy yn blant, ac yn rhoddi rhyddid a rhagorfreintiau plant iddynt. Y mae yn rhoddi ei enw arnynt, ac ysbryd mabwysiad ynddynt; a rhyddid iddynt i ddyfod yn hyderus at orseddfainc y gras; a nerth i lefain Abba Dad. Y mae efe yn tosturio wrthynt, yn darparu iddynt, yn eu dysgu, eu hamddiffyn: a phan y byddo yn rhaid, yn eu ceryddu fel eu Tad; ond ni fwrw efe hwy allan: y mae yn eu selio hyd ddydd prynedigaeth. Plant ydynt, ac etifeddion hefyd.*[29]

Dyma fendith sy'n uwch na chyfiawnhad hyd yn oed – cael ein galw'n blant, cael enw Duw arnom, a chael bod yn etifeddion iddo! Does dim syndod i'r Apostol Ioan ddweud mewn rhyfeddod: *Gwelwch pa fath gariad y mae'r Tad wedi ei ddangos tuag atom: cawsom ein galw yn blant Duw* (1 Ioan 3:1).

---

29. *Cyffes Ffydd y Methodistiaid Calfinaidd*, 1823 Pennod 25, *Am Fabwysiad*

Mae'r gred sy'n dweud fod pawb yn ddiwahân yn blant i Dduw yn athrawiaeth na cheir mohoni yn y Beibl. Mae Ioan, yn ei Efengyl y tro hwn, yn dweud wrthym mai dim ond y rhai sy'n credu yn enw'r Arglwydd Iesu sy'n cael yr hawl i ddod yn blant Duw (Ioan 1:12); ac mae'r Arglwydd Iesu ei hun yn dweud yn ddigon eglur nad oes neb yn dod at y Tad ond trwyddo Ef (Ioan 14:6). Bendith i gredinwyr yn unig yw cael bod yn blant i Dduw.

Pennod 7
Cadw Hyd Byth

Yn ogystal â gwneud rhywbeth *i'r* pechadur (galw, cyfiawnhau a mabwysiadu) mae Duw hefyd, yn ei ras, yn gwneud gwaith *yn* y pechadur; ac yn y Testament Newydd fe welwn fod y gwaith hwn yn cael ei briodoli'n bennaf i'r Ysbryd Glân.

Pwy yw'r Ysbryd Glân?[30] Mae'n werth nodi mai "pwy" yw'r cwestiwn priodol ac nid "beth". Person yw'r Ysbryd, ac nid dylanwad neu bŵer. Mae'r Beibl yn eglur ei fod yn Berson (Ioan 14:16, 17, 26; 15:26; 16:7-15; Rhuf. 8:26); bod ganddo ddeallusrwydd (Ioan 14:26), teimladau (Es. 61:10; Eff. 4:30) ac ewyllys (Act. 16:7; 1 Cor. 12:11); ei fod yn siarad, yn chwilio, yn tystiolaethu, yn gorchymyn, yn datguddio, yn ymdrechu, yn eiriol; ac fe wahaniaethir rhwng ei berson â'i bŵer (Luc 1:35; 4:14; Act. 10:38; 1 Cor. 2:4).

Efe yw trydydd person y Drindod sy'n deillio (*proceeding*) o'r Tad a'r Mab (Ioan 15:26; 16:7; Rhuf. 8:9; Gal. 4:6).

Yn gyffredinol, tasg yr Ysbryd yw cymhwyso a chyflawni pethau yn y greadigaeth ac yn iachawdwriaeth pechaduriaid (Gen. 1:13; Job 26:13; Luc 1:35; Ioan 3:34; 1 Cor. 12:4-11; Eff. 2:22).

Trwy'r hyn a elwir 'Gras Cyffredinol', mae'r Ysbryd yn atal drygioni ac yn cadw trefn a chyfiawnder o fewn cymdeithas, fel nad yw cymdeithas yn dirywio fel y byddai'n ei wneud heb y gras hwn. Fel y dywed yr Arglwydd Iesu, 'y mae ef yn peri i'w haul godi ar y drwg a'r da, ac yn rhoi glaw i'r cyfiawn a'r anghyfiawn' (Math.

---

30. Louis Berkhof, *A Summary of Christian Doctrine* (Banner of Truth, 1978) 40

5:45). Neu fel y dywedodd rhywun arall, mewn ffordd fwy smala, ac eto'n ddigon agos ati hefyd:

> *The rain, it raineth on the just*
> *And on the unjust fella;*
> *But mainly on the just, because*
> *The unjust steals the just's umbrella.*

Gydag iachawdwriaeth pobl mae'r Ysbryd, trwy Ras Achubol Duw, yn bywiocáu ac yn cadw'r pechadur.

Ail-enedigaeth

Rydym eisoes wedi gweld bod Duw'n galw'n effeithiol. Mae'n rhaid iddo wneud hynny gan fod y pechadur yn farw'n ysbrydol. Ac mor fawr yw awdurdod Duw fel bod y pechadur marw'n ymateb i'r alwad, fel yr ymatebodd Lasarus i alwad Iesu iddo ddod allan o'r bedd. Mae'r Ysbryd, ynghyd â'r galw, yn bywiocáu – yn ail-eni – y pechadur ac yn ei alluogi i ymateb i'r alwad. Yn y weithred hon, mae egwyddor bywyd newydd yn cael ei gosod mewn person, ac mae holl anian a thuedd yr enaid yn cael ei sancteiddio a'i newid i ddelw Duw. Mae'n newid sylfaenol sy'n effeithio ar yr holl berson (1 Cor. 2:14; 2 Cor. 4:6; Phil. 2:13; 1 Ped. 1:8). Mae'n newid sy'n digwydd mewn moment – nid proses ydyw (1 Ioan 3:14). Mae'n newid cyfrinachol a dirgel nad yw byth yn cael ei weld yn uniongyrchol – dim ond ei effeithiau sydd i'w gweld.

Gwaith yr Ysbryd, a'r Ysbryd yn unig, yw'r adenedigaeth hon, ac nid ydym ni'n cydweithredu â Duw yn y gwaith o gwbl (Ioan 1:13; Act. 16:14; Ioan 3:5,8). Gwaith uniongyrchol yr Ysbryd ar yr enaid ydyw; a gwaith cwbl angenrheidiol hefyd (Ioan 3:3, 5, 7; 1 Cor. 2:14; Gal. 6:15).

Mae'r Beibl yn rhoi nifer o enwau gwahanol i'r gwaith a'r newid hwn:[31] *ailenedigaeth*, am fod pobl yn cael eu geni eto o Dduw (1 Pedr

---

31. Thomas Charles, *Hyfforddwr* cwestiynau 148, 149, 136

1:23; Ioan 3:8); *atgyfodiad*, am fod yr enaid, sy'n farw mewn pechod, yn cael ei fywhau yn ysbrydol (Col. 2:13; Eff. 2:1); *creadigaeth newydd*, am na all dim byd ond gallu anfeidrol Duw ei gwblhau (Eff 2:10; 2 Cor 5:5, 17); *enwaediad y galon* (Deut. 30:6 a 10:16); *rhoi calon ac ysbryd newydd* (Esec. 36:25-27 a 11:19; Jer. 32:39); *rhoi'r gyfraith yn y meddwl, a'i hysgrifennu yn y galon* (Heb. 8:10).

Caiff yr enaid sydd wedi ei ail-eni ei uno â Christ gan yr Ysbryd (2 Cor. 5:17) wrth i'r Ysbryd greu yn yr enaid ffydd i ddod at Grist a'i dderbyn (Eff. 1:18, 19; Rhuf. 10:17 a 1:19; Col. 2:12). Mae'r Ysbryd yn gwneud hyn trwy argyhoeddi'r enaid o bechod (Ioan 16:8), trwy amlygu Iesu Grist yn Iachawdwr digonol i bechadur (Ioan 16:14; Math. 16:17; 1 Cor. 2:10), a thrwy ei nerthu i ymddiried yng Nghrist am iachawdwriaeth (1 Cor. 12:3).

Sancteiddhad

Nid yw'r Ysbryd yn gadael y credadun wedi iddo ei ail-eni; yn hytrach mae'n parhau i weithio ar ei galon a'i fywyd ac yn ei *sancteiddio*.

Yn arferol, meddylir (a hynny'n gywir) am sancteiddio fel gwaith yr Ysbryd, ond rhaid cofio fod Grist wedi marw i ennill sancteiddrwydd i ni. Yn y bennod ar *Sanctification* yn ei glasur o lyfr, *Holiness*, mae J. C. Ryle yn gwneud y pwynt hwn yn dda:

> *He who supposes that Jesus Christ only lived and died and rose again in order to provide justification and forgiveness of sins for His people, has yet much to learn. Whether he knows it or not, he is dishonoring our blessed Lord and making Him only a half Saviour. The Lord Jesus has undertaken everything that His people's souls require: not only to deliver them from the guilt of their sins, by His atoning death; but from the dominion of their sins, by placing in their hearts the Holy Spirit; not only to justify*

them – but also to sanctify *them. He is, thus, not only their "righteousness," but their "sanctification" (1 Cor 1:30).*[32]

Mae'n mynd ymlaen i ddyfynnu pum adnod i brofi ei bwynt:

Er eu mwyn hwy yr wyf fi'n fy nghysegru fy hun, er mwyn iddynt hwythau fod wedi eu cysegru yn y gwirionedd (Ioan 17:19). *Carodd Crist yntau'r eglwys a'i roi ei hun drosti i'w sancteiddio a'i glanhau* (Eff. 5:25, 26). *Rhoddodd ef ei hun drosom ni i brynu rhyddid inni oddi wrth bob anghyfraith, a'n glanhau ni i fod yn bobl wedi eu neilltuo iddo ef ei hun ac yn llawn sêl dros weithredoedd da* (Titus 2:14). *Ef ei hun a ddygodd ein pechodau yn ei gorff ar y croesbren, er mwyn i ni ddarfod â'n pechodau a byw i gyfiawnder* (1 Pedr 2:24). *Fe'ch cymododd yng nghorff ei gnawd trwy ei farwolaeth, i'ch cyflwyno'n sanctaidd a di-fai a di-fefl ger ei fron* (Col. 1:22).

Medd Ryle am yr adnodau hyn: 'Os yw geiriau'n meddwl unrhyw beth, maen nhw'n dysgu bod Crist yn ymgymryd â sancteiddrwydd yn ogystal â chyfiawnhad ei bobl'.

Mae John Calfin yn pwysleisio'r un gwirionedd gan nodi ein bod, trwy ein hundeb â Christ yn derbyn "gras deublyg: sef, wrth gael ein cymodi â Duw trwy ddieuogrwydd Crist, cawn Dad grasol yn y nef yn lle Barnwr; ac, yn ail, wrth gael ein sancteiddio gan ysbryd Crist cawn feithrin bywyd di-fai a phur".[33]

Mae'n bwysig nodi'r gwirionedd hwn am ei fod yn ateb arall i'r cyhuddiad fod athrawiaeth cyfiawnhad trwy ffydd yn unig yn hybu bywyd anfoesol.

Felly, beth yw sancteiddhad?

Er bod y Testament Newydd yn defnyddio'r gair mewn mwy nag un ystyr, craidd ystyr y gair yw'r broses o neilltuo, neu gysegru; Duw'n neilltuo neu'n cysegru'r credadun.

---

32. J. C. Ryle, 'Sanctification' yn *Holiness* (Evangelical Press, adargraffiad 1989) 16 (pwyslais yn y gwreiddiol)

33. John Calfin, *Bannau y Grefydd Gristionogol* 2.11.1

Mae Catecism Byrraf Cymanfa Westminster yn ei osod fel hyn:

Beth yw sancteiddhad?

Gwaith o eiddo rhad ras Duw yw sancteiddhad, trwy yr hwn y cawn ein hadnewyddu yn ein holl berson i ddelw Duw, a chawn ein galluogi'n fwyfwy i farw i bechod a byw i gyfiawnder.[34]

Sylwer mai Duw yr Ysbryd sy'n "galluogi'r" credadun i farwhau pechod a byw i Dduw. Gwaith Duw yw sancteiddhad. Mae gan bob un ohonom y *cyfrifoldeb* i fod yn sanctaidd, ond does gan neb ohonom y *gallu*. Does neb yn ei sancteiddio ei hun.

Mae'r broses o sancteiddhad i raddau pell iawn yn ddirgelwch i ni – hyd yn oed i'r rhai sy'n cael eu sancteiddio. Ond gellir dweud rhai pethau. Mae'r Ysbryd yn gweithio yn ei bobl:

1. Yn rhad, heb ddim ynom ni i'w gymell: 'Dyro imi eto orfoledd dy iachawdwriaeth, a chynysgaedda fi ag ysbryd ufudd' (Salm 51:12).

2. Yn rhydd, yn ôl ei ewyllys ei hun: 'Y mae'r gwynt yn chwythu lle y myn, ac yr wyt yn clywed ei sŵn, ond ni wyddost o ble y mae'n dod nac i ble y mae'n mynd. Felly y mae gyda phob un sydd wedi ei eni o'r Ysbryd' (Ioan 3:8; gweler hefyd 1 Cor. 12:11; Exod. 33:19; Rhuf. 9:15).

3. Gyda nerth anorchfygol: 'Canys nid arfau gwan y cnawd yw arfau ein milwriaeth ni, ond rhai nerthol Duw sy'n dymchwel cestyll. Felly yr ydym yn dymchwel dadleuon dynol, a phob ymhoniad balch sy'n ymgodi yn erbyn yr adnabyddiaeth o Dduw, ac yn cymryd pob meddwl yn garcharor i fod yn ufudd i Grist.' (2 Cor 10:4– 5; gweler hefyd Eff 1:19, 20).[35]

Dylai hyn fod yn gysur enfawr ac yn destun diolch a moliant i bob Cristion – nid yw ei sancteiddrwydd yn dibynnu arno fe neu arni hi ei hun. Mae'r Ysbryd *yn* ein sancteiddio yn ei ffordd ei hun ac yn ei amser ei hun, ac ni all neb na dim ei rwystro.

---

34. *Catecism Byrraf Cymanfa Westminster*, Cwestiwn 35

35. Thomas Charles, *Hyfforddwr* cwestiwn 171

Mae dwy ran i sancteiddhad – bywiocáu a marwhau.

Trwy nerth yr Ysbryd mae'r Cristion yn cael ei alluogi i "fyw i gyfiawnder", i fyw fwyfwy yn ufudd i Gyfraith Duw ac i ymdebygu'n fwyfwy i'w Waredwr. Mae ei gymeriad yn newid. Mae gwaith yr Ysbryd ar y Cristion yn dwyn ffrwyth:

> *Ffrwyth yr Ysbryd yw cariad, llawenydd, tangnefedd, goddefgarwch, caredigrwydd, daioni, ffyddlondeb, addfwynder, hunanddisgyblaeth* (Gal. 5:22).

Mae'r tri ffrwyth cyntaf yn sôn yn arbennig, efallai, am ein hagwedd tuag at Dduw wedi ei seilio ar gariad, ac yn dwyn llawenydd a thangnefedd; mae'r tri nesaf yn disgrifio'r berthynas rhwng y Cristion a'i gyd-ddyn, yn dangos goddefgarwch, caredigrwydd a daioni; a'r tri olaf yn sôn am gymeriad y Cristion, yn ffyddlon (hynny yw, dibynadwy), yn addfwyn a chanddo hunanddisgyblaeth.

Mae pob un o'r nodweddion yn cael eu meithrin gan yr Ysbryd yn y Cristion. Ac maen nhw'n effeithio ar bob rhan o'i fywyd. Mae'n broses boenus o araf, ond mae'n sicr yn digwydd.

Ar yr un pryd, caiff y Cristion ei alluogi gan yr Ysbryd i farwhau'r pechod sy'n parhau i fodoli ynddo. Daw i gasáu'n fwyfwy'r pechod hwnnw a dysgu brwydro yn ei erbyn.

Mae'r Ysbryd Glân yn parhau i weithio ar y Cristion holl ddyddiau ei fywyd gan ei ddiddanu a'i gysuro, ei argyhoeddi a'i nerthu, gyda ffyddlondeb ac amynedd syfrdanol. Ac er gwaethaf pechod ffiaidd y Cristion, mae ei fuddugoliaeth a'i barhad hyd y diwedd yn sicr; nid oherwydd unrhyw nerth ynddo ef, ond yn unig oherwydd gras anfeidrol Duw ei Hun:

> *Oherwydd, cyn eu bod hwy, fe'u hadnabu, a'u rhagordeinio i fod yn unffurf ac unwedd â'i Fab, fel mai cyntaf-anedig fyddai ef ymhlith pobl lawer. A'r rhai a ragordeiniodd, fe'u galwodd hefyd; a'r rhai a alwodd, fe'u cyfiawnhaodd hefyd; a'r rhai a gyfiawnhaodd, fe'u gogoneddodd hefyd* (Rhuf. 8:29-30).

Gogoneddiad

Pen draw'r broses yw gogoneddu'r Cristion: Duw'n trawsnewid ein cyrff ffisegol meidrol i'r cyrff ffisegol tragwyddol hynny y byddwn yn byw ynddynt am byth:

> *Felly hefyd y bydd gyda golwg ar atgyfodiad y meirw. Heuir mewn llygredigaeth, cyfodir mewn anllygredigaeth. Heuir mewn gwaradwydd, cyfodir mewn gogoniant. Heuir mewn gwendid, cyfodir mewn nerth. Yn gorff anianol yr heuir ef, yn gorff ysbrydol y cyfodir ef. Os oes corff anianol, y mae hefyd gorff ysbrydol* (1 Cor. 15:42-44).

Mae pawb yn mynd i farw rhyw ddydd; does neb yn dianc, er cymaint y ceisiwn osgoi wynebu'r realiti hwn: 'Gosodwyd i ddynion eu bod i farw un waith, a bod barn yn dilyn hynny' (Heb. 9:27). 'Y mae y duwiol a'r annuwiol yn ddarostyngedig i farw, y naill fel y llall.'[36] 1. Ond nid dyma fydd y diwedd: fe fydd pawb yn cael eu hatgyfodi yn y dydd diwethaf – boed gyfiawn neu anghyfiawn – i roi cyfrif o'u hunain gerbron Crist y Barnwr (Ioan 5:22).

Fe fydd yn farn gyffredinol, holl gynhwysfawr; bydd yn farn gyfiawn, ac yn farn a fydd yn penderfynu ar bob peth, am byth ac yn dragwyddol. Caiff rhai eu dedfrydu i "gosbedigaeth dragwyddol" ac eraill eu gwahodd i fyned i mewn i lawenydd eu Harglwydd, i deyrnasu gydag Ef, a hynny'n ddi-baid ac am byth.

Roedd Iesu'n aml yn rhybuddio ynghylch y farn: gwnâi hynny yn amlach na neb arall. Eto i gyd, nid yw wedi datguddio pryd y bydd y dydd hwnnw, er mwyn i ni beidio â bod yn ddiofal, a bod yn hytrach yn wyliadwrus ac yn barod bob amser.

---

36. *Cyffes Ffydd y Methodistiaid Calfinaidd*, 1823 Pennod 41, Am Angau, a Sefyllfa Dynion ar ôl Marw

Rhan 2: Byw'r Ffydd

Pennod 8
Ymateb i'r Alwad

Rydym wedi gweld mai gwaith Duw yw iachawdwriaeth: Duw sydd wedi ei threfnu; Duw sy'n cyhoeddi pethau am bechadur ac yn newid ei statws; Duw sy'n gweithio yng nghalon y pechadur ac yn newid ei gyflwr. Ond caiff yr iachawdwriaeth hon ei chyflwyno i bechaduriaid yn yr Efengyl Gristnogol, a thrwyddi y mae Duw'n gofyn ac yn ennyn ymateb pobl mewn cyfnod a man arbennig.

Unwaith eto, daw'r cynnig gan Dduw i berson ar ffurf cyfamod. Ond y mae hwn yn gyfamod gwahanol iawn i'r un a wnaeth Duw ag Adda. Yn y cyfamod hwnnw, y telerau oedd 'Gwna hyn, a byw fyddi'. Ond *Cyfamod Gras* a gaiff ei gyflwyno'r tro hwn. Daw Duw at y gwrandäwr mewn gras gan ddweud rhywbeth tebyg i hyn:

Fe wnaf gyfamod gyda thi (a'th blant) (Act. 2:38-39 a 10:31). Dyma'r sefyllfa; rwyt ti wedi methu â gwneud yr hyn rwyf wedi ei ofyn gennyt ti, rwyt ti wedi torri pob un o'm gorchmynion, a dwyt ti'n haeddu dim ond cael dy dorri i lawr a'th fwrw o'm golwg. Ond rwyf fi wedi paratoi ffordd i'th achub. Yn wir, rwyf wedi gwneud popeth drosot, heb ofyn dim i ti. Rwyf wedi anfon fy Mab i'r byd i fyw ac i farw dros, ac yn lle, pechaduriaid fel ti. Mae wedi gwisgo cnawd, ac mae wedi ufuddhau i mi ym mhob peth – bu'n ufudd hyd angau, ie, angau'r groes. Fe ddioddefodd holl lid a digofaint y Duwdod, a chymryd holl gosb pechaduriaid arno'i hun. Bu farw, do, ond fe atgyfodais ef o'r bedd yn fyw. Fe esgynnodd i'r nef, ac yma mae yn awr yn eistedd ar fy neheulaw yn eiriol dros droseddwyr fel ti.

A dyma'r addewid: oherwydd gwaith fy Mab rwy'n cynnig iachawdwriaeth – bywyd tragwyddol – i ti. Mae hynny'n golygu: maddau dy bechodau, dy gyfiawnhau, dy dderbyn, dy wneud yn blentyn ac etifedd, dy sancteiddio a'th lanhau, a'th gadw a'th gynnal yn y byd nes dy fod yn cyrraedd y nefoedd lle byddi'n treulio tragwyddoldeb gyda mi.

Mae popeth yn barod. Does dim rhaid i neb ennill hyn – mae fy Mab eisoes wedi ennill y cwbl. Rhodd ydyw i bwy bynnag sy'n edifarhau am ei bechodau (sef, cyfaddef ei bechod a'i fethiant, rhoi'r gorau i bob ffordd arall, a throi ataf fi) ac yn credu F'addewid trwy bwyso ac ymddiried yn unig yng Nghrist (ei fod Ef yn Waredwr addas a digonol i rai fel ti). Mewn geiriau eraill: cred, a chadwedig fyddi.

Mae'r gwahoddiad i *bawb* sy'n credu. Ac mae'r gwahoddiad yn gwbl ddidwyll – nid yw Duw'n llawenhau ym marwolaeth neb, ond mae'n dymuno i bawb i droi ato a byw (Esec. 33:11). Y trasiedi yw bod pawb yn ddieithriad wrth natur yn gwrthod y gwahoddiad: does ganddynt ddim dymuniad i droi at Dduw (1 Cor. 2:14). Felly, mae pawb yn ddi-esgus; a does gan neb le i gwyno ynglŷn â Duw.

Yn wir, dim ond etholedigion Duw sy'n ymateb i'r gwahoddiad: dim ond y rhai y mae Duw'n gweithio yn eu calonnau ac yn eu haileni sy'n ymateb i'r gwahoddiad.

Edifeirwch

Ac y maen nhw'n ymateb; maen nhw'n cael eu hargyhoeddi ac yn cael eu troi'n gyfan gwbl o ran eu hagwedd a'u golygiad. Gair y Beibl am y troi hwn yw 'edifeirwch'. "Gras achubol yw edifeirwch, trwy'r hwn mae pechadur, gan wir synhwyro ei bechod, a dealltwriaeth o drugaredd Duw yng Nghrist, gyda galar a chasineb at ei bechod, yn troi ohono at Dduw, yn llawn bwriad ac ymdrech i ufuddhau o'r newydd."[37]

Mae'r awydd i newid yn ddidwyll. Ond mae'r pechadur yn sylweddoli na all newid – ddim mwy nag y gall person newid lliw

---

37. *Catecism Byrraf Cymanfa Westminster*, Cwestiwn 87

ei groen nac y gall llewpard gael gwared â'i frychni (Jer. 13:23) – a bod arno angen rhywun arall i'w achub.

Caiff olwg newydd, eglur a phoenus ar bechod. Fe wêl fod pechod yn wirioneddol ddrwg. Daw i gasáu pechod am yr hyn ydyw, yn hytrach na dim ond ofni y caiff y pechod hwnnw ei ddarganfod. Mae'n casáu ei bechodau cudd yn ogystal â'r rhai y gŵyr pawb arall amdanynt. Fe wêl hefyd ei fod ef ei hun yn ddrwg, yn wirioneddol ddrwg. Nid yw'n ceisio'i wneud ei hun yn waeth nag ydyw; ond mae'n cyfaddef fod ei ddrygioni'n real ac yn wrthun o flaen y Duw glân a sanctaidd. Nid sioe o alaru am bechod sydd ei hangen ond sylweddoliad, yn nyfnder y galon, ein bod wedi pechu'n fawr yn erbyn Duw (gweler Salm 51 a Joel 2:13).

Yn wyneb hyn oll, mae'r pechadur yn sylweddoli bod arno angen maddeuant a Gwaredwr – maddeuant am ei fod wedi pechu mor ffiaidd yn erbyn Duw, a Gwaredwr am nad oes obaith yn y byd iddo wneud yn iawn am ei ddrygioni. Mae'n sylweddoli nad teimlo'n well amdano'i hun yw ei angen, na chwaith ryw fath o hunangyflawniad. Y mae'r berthynas fwyaf sylfaenol oll – rhyngddo fe a Duw – wedi ei thorri'n deilchion oherwydd ei bechod; a chyn pob peth arall y mae'n *rhaid* ei hadnewyddu.

Pan ddaw'r pechadur i weld hyn oll, fe wêl mor fawr yw ei angen ac mor fawr yw ei waredigaeth, ac mor fawr yn benodol yw ei Waredwr. Fel y dywedodd John Newton ar ddiwedd ei oes, pan oedd ei gof yn pylu, *"Although my memory's fading, I remember two things very clearly: I am a great sinner and Christ is a great Saviour"*.

I'r anghredadun sydd heb ei argyhoeddi, bydd yr holl sôn hwn am bechod ac edifeirwch yn hurt, yn annifyr, rhywbeth ych a fi. Ond i'r Cristion, mae'n wirionedd dwfn a real.

Mae edifeirwch yn ddigwyddiad parhaus: rydym yn edifarhau o'r newydd yn barhaol, dro ar ôl tro ar ôl tro.

Gwnawn hyn trwy ras Duw. Yn wir, "gras achubol yw edifeirwch" a dim ond trwy ras y cawn ni'r dymuniad a'r nerth i droi oddi wrth ein pechod at Dduw. Y gwir trist yw bod pob un ohonom wrth natur wedi ein clymu'n dynn wrth ein pechod; a hyd nes y bydd gras Duw yn ein galluogi i droi, byddwn yn gwrthod gadael y pechod hwnnw, hyd yn oed wedi i ni weld ei hagrwch a'r hyn y mae'n ei wneud i ni. Roedd William Williams, Pantycelyn wedi deall hyn:

> Dwed i mi, a wyt yn maddau
> Cwympo ganwaith i'r un bai?
> Dwed a ddeui byth i galon
> Na all gynnig 'difarhau?[38]

Yr Arglwydd ei hun sy'n ein troi (Salm 80:19; Galarnad 5:21).

Ffydd

Ymateb arall (neu, efallai'n fwy cywir, ran arall o'r ymateb) i alwad Duw trwy'r Efengyl yw *ffydd yn yr Arglwydd Iesu* fel y caiff ei gynnig yn yr Efengyl, yn Waredwr i bwy bynnag a gredo ynddo.

Beth yw ffydd?[39]

Yn gyffredinol, credu tystiolaeth Duw yn ei Air yw ffydd; ond yn fwy penodol, ffydd gyfiawnhaol yw credu tystiolaeth Duw yn benodol am ei Fab, ac ymorffwys arno am iachawdwriaeth:

> *Y mae'r sawl nad yw'n credu Duw yn ei wneud ef yn gelwyddog, am nad yw wedi credu'r dystiolaeth y mae Duw wedi ei rhoi. A hon yw'r dystiolaeth: bod Duw wedi rhoi inni fywyd tragwyddol. Ac y mae'r bywyd hwn yn ei Fab* (1 Ioan 5:10–11).

Mae tair elfen i'r ffydd hon[40] – y deallusol, yr emosiynol a'r ewyllysiol. Yn gyntaf, mae gan bob un sydd â ffydd ryw gymaint o ddealltwriaeth o'r gwirionedd a ddatguddiwyd yng Ngair Duw,

---

38. William Williams, "Dros bechadur buost farw" yn *Llyfr Emynau y Methodistiaid Calfinaidd a Wesleaidd* (Caernarfon, 1927) Rhif 594

39. Thomas Charles, *Hyfforddwr* cwestiwn 137

40. Daw llawer o'r hyn sy'n dilyn o Louis Berkhof, *A Summary of Christian Doctrine* (Banner of Truth, 1978) 123-4.

a rhyw gymaint o afael ar wirioneddau sylfaenol yr Efengyl. Yn ail, mae'r gwirioneddau hyn yn argyhoeddi'r credadun, ac yntau'n cydsynio â hwy: mae'r gwirionedd yn cydio ynddo. Ac yn drydydd, mae'r credadun yn ymddiried yng Nghrist fel Arglwydd a Gwaredwr, yn ildio'i hunan euog a brwnt i Grist, ac yn gorffwys yn llwyr arno am bardwn a bywyd.

Yn gynwysedig yn ein ffydd y mae'r gydnabyddiaeth mai Iesu yw'r *unig* Waredwr, a bod Iesu'n Waredwr cwbl addas a digonol i rai fel fi: mae'n ei gynnig ei hun yn Waredwr i mi, ac rwyf innau'n ei dderbyn.

Yn y pen draw, gwrthrych ffydd achubol yw Iesu Grist a'r addewid o achubiaeth ynddo Fe (Ioan 3:16, 18, 36; 6:40; Act. 10:43; Rhuf. 3:22; Gal. 2:16).

Nid peth dynol yw'r ffydd hon, ond rhodd gan Dduw (1 Cor. 12:8, 9; Gal. 5:22; Eff. 2:8). Eto i gyd, yr ydym ni yn ei hymarfer, a chaiff plant Duw eu hannog yn barhaus i wneud hynny (Rhuf. 10:9; 1 Cor. 2:5; Col. 1:23; 1 Tim. 1:5; 6:11).

Yma, mae'n rhaid pwysleisio nad yw ymrwymiad yn rhan o ffydd. Hynny ydi, nid yw ffydd yn waith mewn unrhyw ffordd, ac nid oes yr un rhan o ffydd yn waith. Mae'r Cristion *yn* ymroi i'w Waredwr ac i fyw'n addas i'w alwedigaeth, bid siwr; ond ymateb diolchgar yw'r ymroi hwnnw – nid yw'n rhan o'r ffydd ei hun. Nid yw ffydd yn weithredol – gorffwys ydyw, pwyso ydyw, ymddiried ydyw, ond nid ymroi. Ynddi hi ei hun, does gan ffydd ddim nerth na rhinwedd. Nid ein ffydd na grym ein ffydd sy'n ein cadw, ond gwrthrych ein ffydd – Iesu ei Hun. Nid ni sy'n gafael mewn rhaff, ac yn gorfod ein dal ein hunain rhag syrthio. Yn hytrach, pwyso ar wal ydym, a'r wal sy'n ein cadw rhag cwympo i'r llawr.

Tröedigaeth

Mae'n briodol i nodi yma'r berthynas rhwng edifeirwch a ffydd ar y naill law, ac ailenedigaeth ar y llall. Ni chawn ein haileni trwy ein ffydd na thrwy ein hedifeirwch; yr ydym yn hytrach yn edifarhau ac yn credu am ein bod wedi'n hail-eni. Mae'n anorfod bod y person sydd wedi ei aileni yn ymateb – nid am fod ei natur neu ei ewyllys wedi ei threisio, ond am fod sbarc y bywyd ysbrydol a ddaw yn yr aileni'n tanio o'i fewn ddiddordebau ac ewyllys a dymuniadau newydd. Gallwn wahaniaethu rhwng ailenedigaeth a ffydd ac edifeirwch, ond ni allwn eu gwahanu oddi wrth ei gilydd; y mae'r tri'n perthyn yn annatod i'w gilydd. 'Tröedigaeth' yw'r term a roddir i'r tri pheth hyn gyda'i gilydd.

Er bod y tri pheth yn gyffredin i bob tröedigaeth, y mae amgylchiadau pob tröedigaeth yn wahanol i'w gilydd.

Profiad rhai yw tröedigaeth sydyn iawn, mewn moment; o fewn eiliad, mae'r cen yn disgyn o'r llygaid ysbrydol, a daw popeth yn eglur. Weithiau mae'r newid yn fawr – y cymeriad yn cael ei drawsnewid mewn modd sylfaenol a syfrdanol, dros nos. Mae hanesion am lowyr yn ystod Diwygiad 1904-05 yn dychwelyd i'r pwll ar fore Llun wedi cael tröedigaeth ar y Sul, a'r ceffylau ddim yn eu hadnabod am fod eu ffordd o siarad ynghyd â'u hagwedd gyffredinol wedi newid cymaint.

Profiad eraill yw tröedigaeth dros gyfnod. Efallai na allant bwyntio at foment arbennig, ond gallant gofio cyfnod pan nad oeddent yn credu a chyfnod pan oeddent wedi dod i gredu. Efallai fod pethau wedi gwawrio arnynt yn araf.

Mae'n bosib hefyd fod rhai wedi cael tröedigaeth ond heb ei chofio, ond yn gwybod ei fod wedi digwydd. Mae'r safbwynt hwn yn ddadleuol mewn llawer o gylchoedd, ond y mae iddo sail Feiblaidd ac y mae'n brofiad i lawer o Gristnogion – yn enwedig i Gristnogion sydd wedi eu geni i deuluoedd Cristnogol.

Mae pobl a aned i deulu Cristnogol wedi clywed yr Efengyl o'r crud; ac mae'n siwr fod llawer ohonynt wedi derbyn y gwirioneddau a glywsant o'r dechreuad – heb erioed wadu nac ymwrthod â'r gwir. Wrth dyfu, maent wedi dod i ddeall bod yn rhaid cael gafael yn y Gwaredwr drostynt eu hunain, ac wedi gwneud hynny trwy ras Duw. Mewn achos felly, mae'n amhosibl dweud pryd cafodd y credadun dröedigaeth, llai fyth pryd y cafodd ei aileni; ond ni ellir gwadu'r ffaith ei fod wedi ei aileni.

Mae'r Beibl yn eglur yn ei ddysgeidiaeth ei bod yn bosibl i blentyn ifanc gael ei aileni. Yn Luc 1:41, dywedir fod Ioan Fedyddiwr wedi llamu yng nghroth Elisabeth pan gyfarchodd Mair hi: roedd yr Ysbryd Glân yn amlwg ar waith yn Ioan cyn iddo gael ei eni. Mae'r Salmydd yn eglurach fyth; 'Canys ti a'm tynnaist o'r groth: gwnaethost i mi obeithio pan oeddwn ar fronnau fy mam. Arnat ti y'm bwriwyd o'r bru: o groth fy mam fy NUW ydwyt.' (Salm 22:9-10; gweler hefyd Salm 71:6). A dywed Eseia, 'Yr Arglwydd a'm galwodd o'r groth; o ymysgaroedd fy mam y gwnaeth goffa am fy enw' (Es. 49:1).

Yn achos credinwyr fel hyn, mae'r newid rhwng y "cynt" a'r "wedyn" yn mynd i fod yn anweladwy – ond dyw hynny ddim yn ei wneud yn afreal. Ond y mae'n gallu gwneud pethau'n anodd i'r rhai sydd wedi profi hyn wrth i lawer o bobl fynnu eu bod yn tystio i ryw brofiad mawr, ysgytwol cyn eu bod yn barod i'w derbyn fel Cristnogion: bron mai 'cyfiawnhad trwy brofiad' yw'r gofyn ac nid 'cyfiawnhad trwy ffydd yn unig'. Anaml y gofynnir i blant Cristnogion sydd wedi arddel y Ffydd o'u plentyndod sôn yn gyhoeddus am eu profiad – llawer mwy poblogaidd yw'r tystiolaethau hynny sy'n sôn am yr hen fywyd anfoesol ac am newid sydyn, dramatig.

Ond yr un nerth goruwchnaturiol sy'n rhoi calon newydd i'r 'ddau fath' o Gristion – mae calon naturiol y plentyn a aned i deulu Cristnogol yr un mor dywyll a chaled a gelyniaethus ag unrhyw galon.

Y *ffaith* o dröedigaeth sy'n bwysig, nid pa mor ddramatig ydyw. Bod wedi cael y profiad sy'n bwysig, nid bod wedi teimlo neu hyd yn oed gofio'r profiad. Nid yr emosiwn yw'r profiad. Y cwestiwn mawr o hyd yw, 'A ydym wedi edifarhau a chredu yn yr Arglwydd Iesu Grist?' Crist sy'n ein hachub; nid ein profiad neu'n profiadau.

Pennod 9
Ymuno â'r Eglwys

Wedi ymateb i'r gwahoddiad i edifarhau a chredu'r Efengyl mae'n rhaid i'r Cristion 'fyw yn addas i'r alwedigaeth' (Eff. 4:1). Rhaid byw'r bywyd Cristnogol yn unigol a phersonol, ond nid oes rhaid ei fyw mewn unigrwydd. Mae pob Cristion yn rhan o gymdeithas, 'cymdeithas y saint', pobl Dduw, Eglwys Iesu Grist. Mae pob pechadur sy'n cael ei eni o'r newydd yn dod yn aelod o'r Eglwys hon (yn rhinwedd yr aileni), ond mae disgwyl i bob Cristion ymuno ag eglwys leol ac ymlynu wrthi.

Nodau'r Eglwys

Cynulleidfa o bobl yw'r Eglwys. Nid adeilad sy'n gwneud Eglwys, ond pobl wedi ymgynnull ynghyd. Ac er bod nifer fawr o gynulleidfaoedd ar draws y byd, un Eglwys sydd; un gynulleidfa fyd-eang; 'un Eglwys sanctaidd, gatholig ac apostolaidd' fel y dywed Credo Nicea. Un Eglwys ydyw, wedi ei chysegru a'i gwahanu oddi wrth y byd (yn 'sanctaidd'); un Eglwys ar draws y byd, yn cynnwys pobl o bob llwyth ac iaith a chenedl (yn 'gatholig'); ac un Eglwys wedi ei seilio ar awdurdod ac athrawiaeth yr apostolion (yn 'apostolaidd').

Er mai un Eglwys sydd, y mae iddi ddwy wedd – gwedd anweledig a gwedd weledig: yn anweledig, yr Eglwys trwy olwg Duw; ac yn weledig, yr eglwys trwy olwg dyn. Etholedigion Duw – y gwir Gristnogion – yw unig aelodau'r "Eglwys anweledig". I Dduw yn unig y mae hon yn wybyddus, ac ni roddwyd i ni'r hawl i ddweud "Mi wela' i â'm llygad bach i ... yr etholedigion", a cheisio didoli rhwng y defaid a'r geifr yn ôl rhyw ddirnadaeth honedig o'n heiddo ni. Proffeswyr y Ffydd a'u plant yw aelodau'r "eglwys weledig" (Act. 2:38-39; Eff. 6:1 a 4). Os oes rhywun yn proffesu edifeirwch a ffydd yn yr Arglwydd Iesu, a hynny'n ymddangos yn ddidwyll, mae'r person hwnnw (ac unrhyw blant o'i eiddo) i'w hystyried yn aelodau o'r eglwys – os na fydd iddo "trwy ei esgeulustod, ei ddifeddiannu o freintiau teyrnas nefoedd, neu fod i'r plant eu hunain ddiystyru eu braint, neu dyfu'n wawdwyr erlidgar, i'w bwrw allan, gan ddangos nad oeddent erioed wedi perthyn i'r eglwys anweledig".[41]

Wrth gwrs, ceir mewn gwirionedd bob math o gynulliad a chynulleidfa, a cheir pobl yn gwneud pob math o "broffes". Mae'n deg gofyn felly pa beth (neu pa bethau) sy'n nodweddu gwir eglwys leol. Beth yw nodau eglwys? Cawn beth o'r ateb yn yr hyn a elwir y 'Comisiwn Mawr' (Math. 28:19-20), sef y dasg a'r gwaith a roddodd yr Iesu i'r un disgybl ar ddeg cyn iddo esgyn i'r nefoedd:

> *"Rhoddwyd i mi," meddai, "bob awdurdod yn y nef ac ar y ddaear. Ewch, gan hynny, a gwnewch ddisgyblion o'r holl genhedloedd, gan eu bedyddio hwy yn enw'r Tad a'r Mab a'r Ysbryd Glân, a dysgu iddynt gadw'r holl orchmynion a roddais i chwi. Ac yn awr, yr wyf fi gyda chwi yn wastad hyd ddiwedd amser."*

Yma, gwelwn fod yr Iesu'n addo bendithio'r apostolion a'u gwaith wrth iddyn nhw fedyddio, dysgu ei air a disgyblu dilynwyr yn unol â'i orchmynion. Yn gyffredinol felly, mae nodau eglwys yn cynnwys: (i) pregethu'r Gair yn ffyddlon; (ii) gweinyddu'r sacramentau; a (iii) disgyblu, sef adeiladu'r aelodau yn y Ffydd. Lle ceir y pethau hyn, ceir eglwys.

Gweithgareddau'r Eglwys

Mae gan yr eglwys dri phrif weithgaredd: addoli Duw, bwydo'r saint a chenhadu i'r byd – dyma ABC yr eglwys, fel petai.

---

41. *Cyffes Ffydd y Methodistiaid Calfinaidd* 1823, Pennod 35, Am yr Eglwys

Addoli

Dyma'r gweithgaredd cyntaf, a'r prif weithgaredd. Bydd yr Eglwys yn parhau i addoli pan na fydd raid i ni gael ein bwydo bellach (o leiaf, nid yn yr un ffordd), a phan fydd pob cenhadaeth wedi dod i ben.

O'r dechrau'n deg, gwelwn fod credinwyr yn ymgynnull ynghyd ac 'yn parhau yn athrawiaeth ac yng nghymdeithas yr apostolion, ac yn torri bara, ac mewn gweddïau' (Act. 2:42).

O'r dechrau hefyd, mae'r Eglwys wedi ymgynnull yn neilltuol ar ddydd cyntaf pob wythnos, sef Dydd yr Arglwydd (Act. 20:7; 1 Cor. 16:1-2; Dat. 1:10). Mae hyn mor sylfaenol fel bod awdur y Llythyr at yr Hebreaid yn cymell ei ddarllenwyr i beidio ag esgeuluso eu cydgynulliad (Heb. 10:25). Mae yna rywbeth swyddogol, ffurfiol felly am yr eglwys leol yn cyfarfod i addoli yn wythnosol ar Ddydd yr Arglwydd.

Ond sut mae addoli?

Dyma bwnc sydd wedi achosi llawer iawn o anghydfod yn hanes Cristnogaeth; ac wrth i ni ddweud unrhyw beth ar y pwnc mae rhywun yn siwr o gael ei dramgwyddo. Serch hynny, rhaid dweud rhywbeth.

Y peth cyntaf y gellir ei ddweud yw mai Duw ei hun sy'n dweud sut mae ef i gael ei addoli. Ar yr olwg gyntaf, mae hwn yn swnio'n osodiad digon diniwed ac annadleuol; ond mewn gwirionedd, ychydig o bobl sy'n ystyried fod gan Dduw unrhyw ddiddordeb yn y *modd* y caiff ei addoli – cyn belled â'i fod yn cael ei addoli. Nid yw'n croesi meddwl llawer y gall rhai ffyrdd o addoli fod yn atgas neu'n wrthun gan Dduw.

Mae hyn yn bwysig iawn yn ymarferol, am ei fod yn awgrymu fod llawer yn gofyn y cwestiwn anghywir wrth ystyried sut i addoli a beth i'w ddefnyddio mewn addoliad. Yn rhy aml o lawer, y cwestiwn cyntaf a ofynnir heddiw yw, "Pa fath o addoliad sy'n mynd i fod yn boblogaidd? Pa fath o addoliad fydd yn denu pobl (ac yn arbennig bobl ifanc)?" Mewn gwirionedd, y cwestiwn y dylem wastad ei ofyn yw, "Pa fath o addoliad sy'n plesio Duw?"

Yn y Deg Gorchymyn, mae Duw ei hun yn dweud wrthym sut y dylem ei addoli. Yn y gorchymyn cyntaf, cawn wybod *pwy* yr ydym i'w addoli – Duw, ac Ef yn unig. Yn yr ail, cawn wybod *sut* – nid trwy greu delwau o unrhyw fath. Nawr, nid am ddelwau ffisegol yn unig y mae'r Gorchymyn yn sôn. Dan drefn yr Hen Destament, fe osododd Duw reolau ynglŷn â sut i'w addoli, ac nid oedd neb i dynnu oddi wrthynt nac ychwanegu atynt (Deut. 12:32; 1 Sam. 15:13-23). A cawn enghreifftiau o unigolion yn ceisio addoli Duw, a Duw'n eu gwrthod am eu bod yn defnyddio ffurfiau nad oedd ef wedi eu gorchymyn. Yn Lefiticus 10:1-2 cawn hanes Nadab ac Abihu, meibion Aaron yr archoffeiriad, yn dod â 'thuser a rhoi tân ynddynt a gosod arogldarth arno; yr oeddent felly'n cyflwyno o flaen yr ARGLWYDD dân estron nad oedd yr ARGLWYDD wedi ei orchymyn. Daeth tân allan o ŵydd yr ARGLWYDD a'u hysu, a buont farw gerbron yr ARGLWYDD.' Yn y fan hyn, y pwynt yw nad cyflwyno *ffurf o addoliad a oedd wedi ei wahardd gan Dduw* oedd bai Nadab ac Abihu, ond cyflwyno rhywbeth *nad oedd Duw wedi ei orchymyn*. Yr egwyddor Ysgrythurol felly yw mai dim ond yr hyn y mae Duw wedi ei orchymyn sy'n dderbyniol ganddo – mae'n gas ganddo unrhyw fath arall o "addoliad". Yn ymarferol, felly, *dylem osgoi unrhyw addoliad (o ran ei ffurf neu gynnwys) nad yw wedi ei orchymyn gan Dduw yn ei Air.*

Trwy Air Duw, gwelwn mai deialog yw addoliad lle mae Duw â ninnau'n cyfathrebu â'n gilydd. Ond nid sgwrs rhwng dau berson ar yr un lefel â'i gilydd ydyw: Duw sy'n cael ei addoli, a ninnau sy'n ei addoli. Duw ei hun sy'n pennu ffurf yr addoliad. Duw sy'n cyhoeddi ein bod ni'n cael dod i offrymu clod yn y lle cyntaf. Oni bai fod Duw'n ein galw, byddai unrhyw offrwm o'n heiddo ni'n atgas yn ei olwg am nad yw ein cyfiawnderau gorau ni'n ddim ond bratiau budron. Ond yn ei ras, *y mae* Duw'n ein galw ni – mae ganddo rywbeth i'w ddweud, ac y mae am i ni ei glywed a gwrando arno. Dyna pam fod yr alwad i addoli ar ddechrau'r oedfa mor bwysig, mae'n rhoi cyfreithlondeb i'n cynulliad fel cymdeithas o addolwyr.

Yn yr addoliad mewn oedfa, daw neges yr Arglwydd atom trwy ei Air ysgrifenedig wrth iddo gael ei ddarllen (a'i ganu) ac yn arbennig trwy'r bregeth wrth i'r Gair gael ei esbonio a'i gymhwyso. Mae'r Gair yn gynhwysfawr ac yn cynnwys (os yw'n cael ei esbonio a'i gymhwyso'n effeithiol) y Gyfraith a'r Efengyl, condemniad a maddeuant. Mae'r Gair yn argyhoeddi ac yn adeiladu, gan atgoffa'r credadun o'i bechod a'i ffaeleddau a'r maddeuant llwyr sydd yng Nghrist ei Waredwr ffyddlon. A chaiff y credadun ei gryfhau trwy'r Gair.

Yn ein tro, rydym ninnau'n gwrando, yn derbyn mewn ffydd, ac yn ymateb i ras Duw trwy weddïo am faddeuant a sancteiddrwydd, trwy ganu clod i'n Harglwydd mawr, trwy gyfranogi o Swper yr Arglwydd mewn ffydd, a thrwy gyfrannu'n hael i'r casgliad.

Ar ddiwedd yr oedfa, daw'r Fendith. Nid gweddi mo'r Fendith. Nid ni sy'n gofyn i Dduw ein bendithio – ond Duw sy'n cyhoeddi trwy eiriau'r pregethwr ei fod ef *yn ein bendithio* a'n bod ninnau'n cael gadael yr oedfa mewn heddwch ac o dan ei fendith ef. Mewn oedfa, Duw sy'n cael y gair cyntaf a Duw hefyd sy'n cael y gair olaf.

Un o nodweddion yr oedfaon a geir yn y Testament Newydd yw eu symlrwydd. Does dim ffws na rhwysg – 'popeth yn weddus ac mewn trefn' (1 Cor. 14:40), 'mewn ysbryd ac mewn gwirionedd' (Ioan 4:23), gyda pharchedig ofn (Heb. 5:7) a diolchgarwch (Phil. 4:6).

Gan ein bod yn gorfod addoli Duw mewn ysbryd a gwirionedd, a chan nad oes neb ond y rhai a ddaw mewn ffydd yng Nghrist yn cael eu derbyn, mae'n dilyn mai dim ond y saint – gwir Gristnogion – sy'n addoli mewn gwirionedd (1 Cor. 2:14). Mewn gwirionedd, mae unrhyw un arall sy'n bresennol, er iddynt i bob ymddangosiad wneud yn union fel pawb arall, ar y tu allan ac yn edrych i mewn ar yr hyn sy'n digwydd. Fe geir y syniad hwn o rai ar y tu allan mewn mwy nag un man yn y Testament Newydd (1 Thes. 4:12; Col. 4:12; 1 Cor. 14:23-25). O ganlyniad, os mai Cristnogion yw'r unig rai sy'n gallu addoli mewn gwirionedd, ac os yw Duw'n fanwl am y modd y caiff ei addoli, nid ydym i newid addoliad i siwtio'r rhai "sydd ar y tu allan". Fe ddylem fod yn gwrtais a chroesawgar at ddieithriaid sydd o'r tu allan i deulu'r Ffydd, ac fe ddylem esbonio iddynt beth sy'n digwydd os byddant yn yr oedfa; ond ni ddylid newid yr addoliad er eu mwyn.

Bwydo

Ail weithgaredd yr Eglwys yw bwydo'r saint a'u hadeiladu yn y Ffydd. Dechrau'r daith, nid y diwedd, yw dod yn Gristion; ac wedi cychwyn, mae'n rhaid i'r Cristion wrth gynhaliaeth ar y daith, i'w nerthu a'i gryfhau i fyw'n ffyddlon yn y byd. I'r perwyl hwn, mae'r Testament Newydd yn annog arweinwyr yr Eglwys i borthi'r defaid (Ioan 21: 15, 16, 17; 1 Pedr 5:2). Tasg yr Eglwys yw bwydo'r defaid, nid goglais y geifr – mae addoliad i fod er clod i Dduw ac er adeiladaeth yr Eglwys, sef y Gymuned Gyfamodol, ac nid er mwyn difyrru rhai o'r tu allan.

Mae'r Apostol Paul yn trafod hyn yn ei lythyr cyntaf at y Corinthiaid:

> *Dilynwch gariad yn daer, a rhowch eich bryd ar y doniau ysbrydol, yn enwedig dawn proffwydo. Oherwydd y mae'r sawl sydd yn llefaru â thafodau yn llefaru, nid wrth bobl, ond wrth Dduw. Nid oes unrhyw un yn ei ddeall; llefaru pethau dirgel y mae, yn yr Ysbryd. Ond y mae'r sawl sy'n proffwydo yn llefaru wrth bobl bethau sy'n **eu hadeiladu a'u calonogi a'u cysuro**. Y mae'r sawl sy'n llefaru â thafodau yn ei adeiladu ei hun, ond y **mae'r sawl sy'n proffwydo yn adeiladu'r eglwys**. Mi hoffwn ichwi i gyd lefaru â thafodau, ond yn fwy byth ichwi broffwydo. Y mae'r sawl sy'n proffwydo yn well na'r sawl sy'n llefaru â thafodau, os na all ddehongli'r hyn y mae'n ei ddweud, **er mwyn i'r eglwys gael adeiladaeth.***
>
> *Gan eich bod chwi, felly, a'ch bryd ar ddoniau'r Ysbryd, **ceisiwch gyflawnder** o'r rhai sy'n **adeiladu'r eglwys**.*
>
> *Beth amdani, ynteu, gyfeillion? Pan fyddwch yn ymgynnull, bydd gan bob un ei salm, ei air o hyfforddiant, ei ddatguddiad, ei*

lefaru â thafodau, ei ddehongliad. **Gadewch i bob peth fod er adeiladaeth.**

Oherwydd gall pawb ohonoch broffwydo, bob yn un, er mwyn i bawb **gael addysg a chysur** (1 Cor. 14: 1-5, 12, 26, 31).

Mae popeth o fewn yr addoliad i fod *er adeiladaeth yr eglwys* – sef y proffeswyr (dim ond y gwir gredinwyr fydd yn cael eu hadeiladu mewn gwirionedd, wrth gwrs, ond dim ond Duw sy'n gwybod yn iawn pwy ydynt).

Felly, a ddylai'r pregethwr a'r addoliad yn gyffredinol anwybyddu anghredinwyr trwy hyd yn oed beidio â phregethu'n genhadol at rai nad ydynt yn proffesu?

Na, ddim o gwbl. Os yw'r di-gred yno fel gwyliwr, ar y tu allan yn edrych i mewn heb gymryd rhan yn yr addoliad mewn gwirionedd, gall yr Ysbryd Glân er hynny ddefnyddio'r addoliad i'w argyhoeddi:

Felly, pan ddaw holl aelodau'r eglwys ynghyd i'r un lle, os bydd pawb yn llefaru â thafodau, a phobl heb eu hyfforddi, neu anghredinwyr, yn dod i mewn, oni ddywedant eich bod yn wallgof? Ond os bydd pawb yn **proffwydo**, *ac anghredadun neu rywun heb ei hyfforddi yn dod i mewn,* **fe'i hargyhoeddir** *gan bawb, a'i ddwyn i farn gan bawb; daw pethau cuddiedig ei galon i'r amlwg, ac felly bydd yn syrthio ar ei wyneb ac yn addoli Duw a dweud, "Y mae Duw yn wir yn eich plith"* (1 Cor. 14:23-25).

Yma, mae'r pregethwr yn agor y Gair, yn ei esbonio ac yn hyfforddi'r gynulleidfa, ac y mae'r Ysbryd yn argyhoeddi'r rhai di-gred fel eu bod *yn dod* i addoli Duw.

Yn ogystal â'r Gair, mae'r Arglwydd Iesu wedi rhoi i'w Eglwys ddau sacrament – bedydd a'r Cymundeb (neu Swper yr Arglwydd) – i'n hadeiladu a'n cryfhau yn y Ffydd. Cawn gyfle i feddwl rhagor am y sacramentau yn ddiweddarach.

Cenhadu

Trydydd gweithgaredd yr Eglwys yw cenhadu ac argyhoeddi'r byd. Gan yr Eglwys yn unig y mae'r Efengyl, ac iddi hi y rhoddwyd y ddyletswydd a'r fraint o'i chyhoeddi i'r byd, a hynny mewn diolchgarwch gostyngedig, heb ymffrost o gwbl. Wedi'r cyfan, nid yw'r Eglwys ond cymdeithas o bechaduriaid newynog a thlawd sy'n cael dweud wrth bechaduriaid newynog a thlawd eraill lle i gael bwyd a dillad.

Fel y gwelsom eisoes, y mae'r hawl a'r ddyletswydd yn deillio o orchymyn yr Iesu yn adnodau olaf Efengyl Mathew (ceir geiriau cyfatebol ym Marc 16:15 ac yn Llyfr yr Actau 1:8):

> *Daeth Iesu atynt a llefaru wrthynt: "Rhoddwyd i mi," meddai, "bob awdurdod yn y nef ac ar y ddaear. Ewch, gan hynny, a gwnewch ddisgyblion o'r holl genhedloedd, gan eu bedyddio hwy yn enw'r Tad a'r Mab a'r Ysbryd Glân, a dysgu iddynt gadw'r holl orchmynion a roddais i chwi. Ac yn awr, yr wyf fi gyda chwi yn wastad hyd ddiwedd amser"* (Math. 28:18-20).

Mae'r adnodau hyn yn aml yn cael eu hesbonio heddiw fel gorchymyn i bob Cristion unigol, iddynt fod yn "ddisgyblion sy'n gwneud disgyblion eraill" trwy dystiolaethu a chenhadu. Ond os edrychwn ar y cyd-destun, gwelwn mai i'r un disgybl ar ddeg yn benodol y mae'r comisiwn, ac nid i holl ddilynwyr Iesu. Gallasai'r Arglwydd yn hawdd fod wedi aros er mwyn siarad â'r 'mwy na phum cant o'i ddilynwyr' (y cyfeirir atynt yn 1 Cor. 15:6) er mwyn rhoi'r comisiwn iddynt i gyd, ond nid dyna a wnaeth. Wrth edrych eto ar y dasg, gwelwn mai tasg i arweinwyr ydyw – maent i wneud disgyblion (neu ddisgyblu) trwy eu bedyddio a'u dysgu. Nid yw'n gwneud synnwyr i ddisgwyl i bob disgybl wneud hyn; ac nid dyna sy'n digwydd mewn gwirionedd.

Felly, mae gan arweinwyr yr Eglwys ddyletswydd arbennig i genhadu; y maent hwy wedi eu hanfon i wneud y swydd. Gwelir hyn nid yn unig yn y Comisiwn Mawr ond yn Llythyr Paul at y Rhufeiniaid:

Oherwydd, yng ngeiriau'r Ysgrythur, "bydd pob un sy'n galw ar enw yr Arglwydd yn cael ei achub, pwy bynnag yw." Ond sut y mae pobl i alw ar rywun nad ydynt wedi credu ynddo? Sut y maent i gredu yn rhywun nad ydynt wedi ei glywed? Sut y maent i glywed, heb fod rhywun yn pregethu? Sut y maent i bregethu, heb gael eu hanfon? (Rhuf. 10:13-15).

Y peth pwysig i'w nodi yma yw bod y pregethwr *wedi ei anfon*. Dyw Paul ddim yn disgwyl i bawb wneud y gwaith. Yn yr un modd, mae'r Arglwydd Iesu'n galw ar gredinwyr i 'ddeisyf felly *ar Arglwydd y cynhaeaf anfon* gweithwyr i'w gynhaeaf' (Math. 9:38). Mae'n waith anodd a chaled, ond yn waith anrhydeddus: 'Dyma air i'w gredu: 'Pwy bynnag sydd â'i fryd ar swydd arolygydd, y mae'n chwennych gwaith rhagorol" (1 Tim. 3:1).

Nid yw'r Ysgrythur serch hynny'n gwahardd Cristnogion "cyffredin" rhag cenhadu. I'r gwrthwyneb, mae'n annog iddynt wneud hynny er na roddir yr un gorchymyn iddynt ag a roddir i arweinwyr yr Eglwys. (Fe ddychwelwn at y mater o genhadu gan Gristnogion yn unigol yn ddiweddarach.)

Yn y Testament Newydd, gwelwn arweinwyr yr Eglwys yn pregethu'r Efengyl ac yn ymresymu gydag anghredinwyr mewn llawer o lefydd gwahanol – mewn tai annedd, wrth y deml, mewn synagogau, mewn marchnadoedd ac mewn llefydd cyhoeddus eraill, megis yr Areopagus yn Athen (Act. 3:11; 5:20; 10:27; 11:12; 13:5, 14, 42--44; 16:13; 17:17, 22; 18:7-11; 28:23, 30-31); yn wir, mewn unrhyw le y caent gyfle.

Mae arweinwyr hefyd yn cenhadu wrth bregethu fel rhan o addoliad yr eglwysi.

Yn yr addoliad hwnnw, mae'r di-gred yno fel gwyliwr, ar y tu allan yn edrych i mewn; nid yw'n cymryd rhan yn yr addoliad, ond y mae'n clywed Gair Duw'n cael ei ddarllen a'i egluro. Ac y mae'r Ysgrythur 'wedi ei hysbrydoli gan Dduw ac yn fuddiol i hyfforddi, a cheryddu, a chywiro, a disgyblu mewn cyfiawnder' (2 Tim. 3:16). Mae'n bwerus, yn 'llymach na'r un cleddyf daufiniog, ac yn treiddio hyd at wahaniad yr enaid a'r ysbryd, y cymalau a'r mêr; ac y mae'n barnu bwriadau a meddyliau'r galon' (Heb. 4:12).

Er nad yw'r addoliad na'r bregeth *wedi eu hanelu* at y di-gred, gall yr Ysbryd ddefnyddio'r Gair i'w argyhoeddi. Ac y mae'n gwneud hynny. Os yw'r pregethwr yn esbonio'r Gair yn ffyddlon, bydd yn sôn am ddeddf Duw a'r Efengyl, am ein pechod a barn Duw, ac am y maddeuant a'r rhyddhad a ddaw trwy ein Gwaredwr, Iesu Grist. Fe fydd yn herio pob un o'i gynulleidfa – proffeswyr, plant, gwrandawyr – i'w holi eu hunain yng ngoleuni'r Gair. Bydd yn cymell credinwyr i gymhwyso'r gwirioneddau a glywant trwy eu dwyn i gof, eu cyfrif a'u hawlio iddynt eu hunain (e.e. Rhuf. 6:11; Eff. 2:11; 5:20; 6:11; Phil. 4:8), ac yn cymell y di-gred i gymodi â Duw trwy edifarhau a chredu'r Efengyl (2 Cor. 5:20; Marc 1:15).[42]

Ysbrydolrwydd yr Eglwys

Cymdeithas ysbrydol yw'r Eglwys, a neges ysbrydol sydd ganddi.

Mae ganddi dasg a chenhadaeth benodol, wedi ei rhoddi iddi gan yr Arglwydd Iesu ei hun: *Ewch i'r holl fyd a phregethwch yr Efengyl* (Marc 16:15). Llysgennad dros Grist yw'r Eglwys (2 Cor. 5:20), ac fel pob llysgennad, does gan yr Eglwys ddim hawl i fynd ymhellach na'r awdurdod a gafodd gan yr Un a'i hanfonodd.

Dywedodd yr Iesu nad oedd ei deyrnas ef o'r byd hwn (Ioan 18:36), ac fe wahaniaethodd rhwng eiddo Cesar ac eiddo Duw (Luc 20:25). Ystyr "Cesar" yn y cysylltiadau hyn yw'r wladwriaeth, y gyfraith, gwleidyddiaeth: dyna diriogaeth Cesar, ond nid dyna diriogaeth yr Eglwys *fel Eglwys*. Mae'r ddwy deyrnas dan lywodraeth Duw, wrth gwrs, ond mewn ffyrdd gwahanol. Corff ysbrydol yw'r Eglwys, ac arfau ysbrydol sydd ganddi (2 Cor. 10:4); corff bydol yw'r wladwriaeth, a'r cleddyf yw ei harf (Rhuf. 13:4).

---

42. Er mwyn eglurder, dylid nodi nad wyf yn dadlau yn erbyn oedfaon efengylu yn arbennig ar gyfer anghredinwyr, dim ond dweud fod cwrdd wythnosol yr eglwys ar Ddydd yr Arglwydd *ar gyfer yr eglwys*, sef Cristnogion, ac nid anghredinwyr.

Mae Cristnogion yn aelodau o'r ddwy deyrnas – yr ysbrydol a'r ddinesig, tra bod anghredinwyr yn aelodau o'r ddinesig yn unig. Nid corff gwleidyddol yw'r Eglwys, ac nid creu teyrnas wleidyddol yw ei gwaith. Does gan y Testament Newydd ddim i'w ddweud am systemau gwleidyddol gwahanol. Mae'n wir ei fod yn gorchymyn i bobl wneud daioni i bawb (Gal. 6:10), i fod yn halen a goleuni yn y byd (Math. 5:13-16), i ofalu am y tlodion (Iago 1:27) ac ati, ond gorchymyn i *aelodau'r Eglwys* i wneud hynny ydyw, nid gorchymyn i'r wladwriaeth wneud (neu beidio â gwneud), ac nid gorchymyn i'r Eglwys i ddweud wrth y wladwriaeth i wneud chwaith.

Rhan o dasg ysbrydol yr Eglwys wrth gwrs yw pregethu barn Duw ar anghyfiawnder – pob anghyfiawnder – ond ateb yr Eglwys i farn Duw yw edifeirwch a chredu'r Efengyl – nid gwell systemau gwleidyddol.

Ar adegau, fe glywn rai'n dadlau y dylai'r Eglwys ymagweddu at wladwriaethau yn yr un modd ag y gwnai proffwydi'r Hen Destament; ond anwybyddu'r ffaith mai theocratiaeth oedd yr Hen Israel fyddai hynny. Hynny yw, system wleidyddol oedd yn cael ei rheoli gan Dduw trwy ei offeiriaid a'i broffwydi oedd hi, wedi ei seilio ar ddeddfau a chosbau caeth iawn. Ac ychydig, dybiwn i, fyddai'n dymuno cael yr un drefn wlidyddol heddiw.

Felly, gan mai llysgenhadon i'r Brenin mawr yw gweinidogion yr Efengyl ac arweinwyr eglwysi, eu tasg yw cyhoeddi 'holl gyngor Duw' (Act. 20:27, BWM) – a dim mwy na hynny! – i bwy bynnag sy'n gwrando. Bydd hynny'n cynnwys y Gyfraith, sef yr hyn y mae Duw'n ei ddisgwyl gennym ni, a'r Efengyl, sef yr hyn y mae Duw wedi ei wneud trosom ni. Wrth fynd trwy'r Ysgrythur, bydd y pregethu'n cynnwys dysgeidiaeth y Beibl ar nifer o bynciau fel sancteiddrwydd bywyd, perthynas gweithwyr a'u cyflogwyr, ein hagwedd at arian a'r tlodion, perthnasau rhywiol ac ati. Wedi clywed y ddysgeidiaeth, tasg y Cristion unigol yn ôl ei ryddid, ei ddoethineb, ei gydwybod a'i sefyllfa ei hun, fydd cymhwyso'r ddysgeidiaeth i faterion gwladwriaethol, gwleidyddol fel erthyliad, caethwasiaeth, gwladwriaeth les, deddf priodas ac ati.

Bydd Cristnogion yn ymateb yn wahanol i'w gilydd: bydd rhai'n tueddu i'r dde yn wleidyddol ac eraill i'r chwith. Mae'r safon foesol bersonol wedi ei datguddio, a chaiff (neu fe ddylai gael) ei chyhoeddi o'r pulpud, a chaiff yr aelodau eu disgyblu gan yr eglwys ynddi. Ni ddatguddiwyd yr union ffordd o weithredu gwahanol bolisïau gwleidyddol gan fod hynny wedi ei adael i ddoethineb Cristnogion unigol.

Gwedd arall ar ysbrydolrwydd yr Eglwys yw ei bod yn noddfa o'r byd. Mae'r Eglwys yn y byd, ond dyw hi ddim o'r byd (Ioan 17:15-16), ac y mae modd cael ynddi noddfa o'r byd. Mae J. Gresham Machen yn trafod hyn ar ddiwedd ei glasur, *Christianity and Liberalism*. Mae'n werth dyfynnu'n helaeth ohono:

> *Weary with the conflicts of the world, one goes into the Church to seek refreshment for the soul. ... Alas, too often, one finds only the turmoil of the world. The preacher comes forward, not out of a secret place of meditation and power, not with the authority of God's Word permeating his message, not with human wisdom pushed far into the background by the glory of the Cross, but with human opinions about the social problems of the hour or easy solutions of the vast problem of sin. Such is the sermon. ... Thus the warfare of the world has entered even into the house of God, and sad indeed is the heart of the man who has come seeking peace. Is there no refuge from strife? Is there no place of refreshing where a man can prepare for the battle of life? Is there no place where two or three can gather in Jesus' name, to forget for the moment all those things that divide nation from nation and race from race, to forget human pride, to forget the passions of war, to forget the puzzling problems of industrial strife, and to unite in overflowing gratitude at the foot of the Cross? If there be such a place, then that is the house of God and that the gate of heaven.*[43]

43. J. Gresham Machen, *Christianity and Liberalism* (Eerdmans, adargraffiad 1990) 179-180

Nodweddion yr Eglwys

Casgliad o bechaduriaid yw'r Eglwys. Dyna'r gwirionedd yn blwmp ac yn blaen. Ysbyty ysbrydol. A daw hynny â'i broblemau yn y byd hwn. Mae cynulleidfa eglwys leol yn gymysg iawn o ran oedran, cefndir, diddordebau ac incwm. Ar adegau, bron na ellir dweud mai'r unig beth sy'n gyffredin rhwng dau aelod o fewn yr un eglwys yw pechod a gras.

Ac mae hyn yn beth da.

O'r cychwyn cyntaf, gwelwn fod yr Eglwys yn goresgyn gwahaniaethau sydd mor aml yn rhwystro cymdeithas yn gyffredinol. Gyda'i gilydd yn eglwys Philipi, roedd Lydia a'i theulu (o haen uchel mewn cymdeithas, ac yn eithaf cefnog), ceidwad y carchar a'i deulu (o haen is yn y gymdeithas, ac yn gymeriad mwy garw, o bosib), a'r ferch y bwriwyd cythraul ohoni (yn ôl pob tebyg, merch â digon o broblemau emosiynol ganddi). Dyna gymysgedd! A dyna anodd fyddai cael cymdeithas rhwng y rhain. Amhosibl, efallai, oni bai am ras.

Ond pam ymuno ag eglwys leol o gwbl?

Mae'r Cristion wedi ei uno â Christ trwy ffydd, ac mae hynny'n golygu ei fod mewn cymundeb gyda chorff Crist, sef yr Eglwys. Does dim Cristnogaeth felly sy'n bodoli ar wahân i'r eglwys leol, weledig. A pheth cwbl ddieithr i'r Testament Newydd yw Cristion nad yw'n ymuno ag eglwys leol nac yn rhan o'i chydgynulliad.

Teulu yw'r Eglwys. Pan ddaw person yn Gristion, caiff alw Duw yn Dad, yr Arglwydd Iesu Grist yn frawd hynaf, a chyd-gredinwyr yn frodyr a chwiorydd yn y Ffydd. Mae cymdeithas yr Eglwys er ein budd ac yn fendith i bob un ohonom. O fewn cymundeb yr Eglwys, yr ydym yn hybu ac yn cysuro'n gilydd wrth fyw ein bywydau fel pererinion ar daith. Er gwaethaf yr anawsterau a all godi, mae cwmni'r brodyr a'r chwiorydd yn hoff gennym; mae'r cymundeb yn real, yn fyw, yn agos.

Mae'r Testament Newydd yn ein hannog i beidio â '[ch]efnu ar ein cydgynulliad ein hunain, yn ôl arfer rhai, ond annog ein gilydd' (Heb. 10:25). Dyma le cawn ein bwydo – yn y Gair a'r sacramentau. Ac er ei fod yn ddadleuol heddiw i ddweud y fath beth, y mae lle cryf i gredu fod y Testament Newydd yn gweld y cyfarfod cyhoeddus yn bwysicach na'r addoliad preifat. Yn ogystal â'r anogaeth uchod, cofiwn mai i'r ddau neu dri sydd *wedi ymgynnull* yn enw Crist y mae'r addewid y byddai ef gyda hwy yn y canol (Math. 18:20). Ac mae'n gwneud synnwyr yn hanesyddol hefyd, gan nad oedd gan y rhan fwyaf o Gristnogion ar draws y canrifoedd Feibl i'w ddarllen, hyd yn oed os oeddent yn gallu darllen; rhaid oedd iddynt felly ymgynnull i glywed y Gair yn cael ei gyhoeddi.

Mae rhai'n ceisio bychanu'r cydgynulliad gan ddadlau eu bod yn gallu addoli trwy wneud pethau eraill, fel cymryd rhan mewn chwaraeon a chyfrannu at elusennau ac ati. Mae rhai hyd yn oed yn dadlau fod hynny'n ffordd well o dystiolaethu i'r byd. Ond esgus yw peth felly; tân estron, mathau o "addoliad" nad yw'r Un sy'n cael ei addoli, wedi gofyn amdanynt.

Nodwedd o gyd-ymgynnull yw *ei fod yn dystiolaeth* i'r byd. Mewn rhai rhannau o'r byd, wrth gwrs, mae addoli'n anghyfreithlon ac nid doeth yw dangos eich bod yn mynd i addoli. Ond dyna'r union bwynt – *mae'r mynychu yn dystiolaeth*.

Mewn gwledydd sy'n caniatáu'r hawl i gyfarfod i addoli (fel ein gwlad ni), gall Cristnogion dystiolaethu mewn modd eglur iawn trwy ddangos eu hagwedd at gyd-ymgynnull. Wrth beidio â gwneud gweithgareddau eraill (rhai digon dilys ynddynt eu hunain, a rhai y byddai'r Cristnogion o bosibl yn eu mwynhau unrhyw bryd arall) ar "Ddydd yr Arglwydd", er mwyn glynu wrth ein cydgynulliad, mae Cristnogion yn dangos mor bwysig a gwerthfawr yw hwnnw iddynt.

Pennod 10
Ymarfer y Ffydd: Byw'n Gywir

Newyddion yw'r Efengyl. Gwirionedd wedi ei seilio ar ffeithiau hanesyddol. Felly, nid yw sôn am "fyw'r Efengyl" yn gwbl gywir, er bod yr ymadrodd yn ddigon poblogaidd. Serch hynny, mae'r Cristion i fod i fyw mewn ymateb i'r Efengyl ac i ymarfer ei ffydd.

Sut felly y mae'r Cristion i fyw? Oes yna ffordd gywir? Oes disgwyl iddo fyw mewn rhyw ffordd arbennig? A yw yn awr i ddilyn rhestr o reolau neu a ydyw, am mai trwy ras y cafodd ei gadw, yn rhydd i fyw unrhyw ffordd y mae'n dewis?

Byw'n Ffyddlon

Mae'r Cristion wedi ei garu'n rhyfeddol gan Dduw yn a thrwy Efengyl Gras ein Harglwydd Iesu Grist. Ac mae'r cariad hwnnw yn ei dro yn ennyn y cariad anwylaf yn y Cristion at Grist. O ganlyniad, mae'r Cristion nawr yn dymuno plesio ei Brynwr a'i Waredwr, ac mae diolchgarwch a llawenydd yn ei "yrru i wneud gweithredoedd da cyn i'r syniad fod rhaid iddo eu cyflawni groesi ei feddwl" (Herman Bavinck). Yn awr, mae am fyw mewn ffordd sy'n "addas i'w alwedigaeth" ac mae am wybod, felly, beth mae'r Arglwydd Crist yn ei ofyn ganddo.

Mae'r Cristion yn rhydd: y mae yn wir wedi ei ryddhau gan Grist (Ioan 8:31-38), a hynny am byth (Heb. 9:12). Yn wyneb hyn, mae Cristnogion yn cael eu galw i sefyll yn gadarn yn y rhyddid hwnnw (Gal. 5:1), ond i beidio ag arfer eu rhyddid yn gyfle i'r cnawd; yn hytrach trwy gariad i fod yn weision i'w gilydd (Gal. 5:13).

Dyma eironi Efengyl Gras: mae'r Cristion yn rhydd ac yn ymostwng i Gyfraith Crist yn ewyllysgar, o wirfodd calon ac yn llawen.

Mae'r Cristion yn debyg i'r gaethferch honno a ryddhawyd gan ddyn cyfoethog mewn marchnad gaethweision ac a lynodd yn agos ato o'r foment y cafodd ei rhyddhau. Pan ofynnodd y dyn iddi pam yr oedd yn ei ddilyn, a hithau bellach yn rhydd, atebodd ei bod am aros gyda'r un a'i rhyddhaodd. Dyma agwedd y Cristion – mae nawr yn rhydd i ufuddhau i orchmynion ei Arglwydd am mai gorchmynion ei annwyl Waredwr ydynt.

Mae'r Cristion yn rhydd o ofynion y Gyfraith fel ffordd o ennill iachawdwriaeth (Rhuf. 3:19; 6:14-15; Gal. 3:24-25); mae'n rhydd o ofynion seremonïol a gwladol yr Hen Gyfamod (Gal. 5:11-12; Act. 10:9-16, 34-35); mae'n rhydd o gondemniad y Gyfraith (Rhuf. 5:1; 8:1); mae'n rhydd o rym pechod a'i arglwyddiaeth (Ioan 8:34-36; Rhuf 6:14-23); ac mae'n rhydd o ofergoeliaeth ac asgetiaeth (1 Tim. 4:1-5; 1 Cor. 6:12-13; 8:7-13; Act. 10: 9-16, 34-35). *Ac oherwydd y rhyddid hwn*, mae'r Cristion yn rhydd i ufuddhau i orchmynion Crist (Ioan 14:15, 21; 13:27; Iago 1:25); yn rhydd i ymwadu â'r hunan (Math. 16:24; Rhuf. 6:18, 22; Rhuf. 7:6) ac yn rhydd i wneud daioni a gwasanaethu eraill (Gal. 5:13-14).

Mae'r Gyfraith yn dda, yn sanctaidd a phrydferth, ac yn datgan gofynion a disgwyliadau Duw i'r Cristion. Yn ei dro, mae'r Cristion yn hoff ohoni – mae'n gwybod ei bod yn gyfiawn, ac mae'n dymuno ac yn ceisio ufuddhau iddi. Y broblem yw bod y Cristion yn methu ag ufuddhau iddi ac yn cwympo'n aml. Ar ben hyn, mae'r gyfraith yn ddi-flewyn ar dafod, yn ddidostur a di-stop. Mae fel swnyn cyhuddgar cyson sy'n cyd-gerdded â'r Cristion ar ei daith yn y byd. Does ganddi ddim gair o gymorth i'r Cristion, dim dymuniad, na nerth i'w helpu. Mae'n ddigalon a rhwystredig i'r Cristion – *Y dyn truan ag ydwyf! Pwy a'm gwared i o'r corff hwn a'i farwolaeth?* (Rhuf. 7:24).

Mae'r Cristion yn rhedeg at yr Efengyl am ryddhad: yn gyntaf, mae Crist wedi cyflawni'r Gyfraith drosto ac yn ei le – ac mae cyfiawnder Crist wedi ei gyfrif i'r Cristion; yn ail, mae'r Ysbryd *yn* ei sancteiddio, yn ei alluogi'n raddol i faeddu pechod, ac mae'r Cristion yn edrych ymlaen at gael rhyddhad llawn rhyw ddydd.

Ar yr un pryd, fe ŵyr y Cristion hefyd nad oes gan y Gyfraith ddim awdurdod i'w gosbi gan fod Crist wedi derbyn y gosb yn llawn drosto. Nid yw Duw cyfiawn yn gallu cosbi eto'r eilwaith.

Eto i gyd, nid bygythiadau afreal, diddannedd sydd gan y Gyfraith. Nid bygythiadau fel arwydd yn dweud, "Gwyliwch y llewod" ar y Sgwâr ym Mlaenau Ffestiniog. I bob ymddangosiad, mae modd bod yn iawn yng ngolwg pawb arall, ond heb gael y peth byw (Heb. 6:4-6); mae modd bod yn y Cyfamod yn allanol, ond heb fod o fewn ei rwymau. Mewn geiriau eraill, mae modd bod yn rhagrithiwr. Mae'r bygythiadau'n real. A rhaid i ni chwilio'n hunain a thaflu ein hunain o'r newydd ar ras ein Gwaredwr – does gan neb ohonom le i ymffrostio nac i deimlo'n hunanfodlon.

Ond y mae'r gwir Gristion, yn llawn diolchgarwch am yr achubiaeth rasol, yn dymuno byw'n ufudd a ffyddlon i'w Waredwr, a thrwy ras a gwaith penarglwyddiaethol yr Ysbryd Glân y mae o hyd yn "symud peth ymlaen".[44]

Beth yw'r Gyfraith felly? Am ba ddeddfau neu orchmynion y mae'r Iesu'n sôn wrth gyfeirio at "ei orchmynion"? Nid yw'r cwestiwn hwn mor hawdd i'w ateb ag y byddech o bosibl yn ei ddisgwyl. Ond mentraf gynnig yr ateb hwn: Cyfraith Foesol Duw fel y mae honno wedi ei chrynhoi yn y Deg Gorchymyn a'i hesbonio yng ngoleuni'r Testament Newydd.

Nawr, mae'n wybyddus fod yr Hen Destament yn llawn o ddeddfau a gorchmynion, ond mae nifer fawr o'r rhain bellach wedi eu dileu. Yng ngeiriau Thomas Charles yn ei Hyfforddwr:

> *"Heblaw'r Deg Gorchymyn – a elwir y Gyfraith Foesol, am eu bod yn rheol o foesau da ac yn gosod allan yr hyn sy'n rhwym*

---

44. William Williams, "Rwy'n ofni f'nerth yn ddim" yn *Llyfr Emynau y Methodistiaid Calfinaidd a Wesleaidd* (Caernarfon, 1927) Rhif 435

ar bob dyn i ymddwyn yn gyfiawn ac yn ddi-fai tuag at Dduw a phobl ym mhopeth ac sy'n parhau am byth – rhoddodd Duw hefyd i'r Iddewon trwy Moses Gyfraith Farnedigaethol yn ddeddf gwlad, a farnai ar bob achos rhwng y bobl a'i gilydd; a'r Gyfraith Seremonïol yn rheol o'r aberthau a'r pethau cysgodol oedd yn perthyn i wasanaeth y deml ac ati. Yr oedd y cyfreithiau hyn yn weithredol i'r Iddewon yn unig, ond y mae'n addysgiadol i ninnau eu chwilio'n ddyfal, a'u hystyried."[45]

Dim ond y Gyfraith Foesol sy'n parhau mewn grym felly. A mwy na hyn hefyd, yn nyddiau ei gnawd fe esboniodd yr Iesu'r gofynion moesol hyn mewn ffordd ysbrydol ac eithafol, a hynny'n fwyaf arbennig yn y Bregeth ar y Mynydd.

Beth yw gofynion y Testament Newydd felly?

Dywed yr Iesu wrthym mai'r ddau orchymyn mawr yw caru Duw, a charu dyn (Math. 22:37–40), ac mae'r Apostol Paul yn dweud wrthym fod yr holl Gyfraith wedi ei mynegi'n gyflawn mewn un gair, sef yn y gorchymyn, 'Câr dy gymydog fel ti dy hun' (Gal. 5:14).

Swm y Gyfraith, felly, yw Cariad; sef caru Duw â'n holl galon, a charu ein cymydog fel ni ein hunain.

Ond beth yw Cariad?

Mae'n werth gofyn y cwestiwn am fod pob math o weithredoedd, agweddau a sefyllfaoedd yn cael eu hamddiffyn a'u cyfiawnhau o dan faner "cariad" y dyddiau hyn. A gwelwn yn fuan iawn fod syniad y Beibl am gariad yn wahanol iawn i syniad y byd modern. Ie, teimladau o gynhesrwydd at arall neu eraill ydyw, ond teimladau sy'n amlygu eu hunain mewn gweithredoedd er daioni a lles i arall neu eraill dan gyfarwyddyd Duw ei hun. Mae lle cryf i amau nad yw ein cymdeithas wastad yn cyfrif lles y person arall yn rhan o'r diffiniad – dim ond i'r graddau y mae lles y person hwnnw'n cyd-fynd â'n dymuniadau ni.

Ond problem fwyaf diffiniad ein cymdeithas ni o gariad yw nad yw'n derbyn mai Duw sydd i ddiffinio beth yw cariad, a pha

45. Thomas Charles, *Hyfforddwr*, Troednodyn i Gwestiwn 183

bethau y dylem eu caru a pha bethau y dylem eu casáu. O'r herwydd, mae'r gair a'r cysyniad o "gariad" yn dod ddi-ystyr, gyda phobl yn defnyddio'r gair yn yr un ffordd ag y mae Humpty-Dumpty yn defnyddio geiriau yn *Through the Looking Glass* gan Lewis Carroll: *"'When I use a word,' Humpty Dumpty said in rather a scornful tone, 'it means just what I choose it to mean — neither more nor less.'"* Duw sy'n rhoi ystyr i "gariad". Mae Duw *yn* gariad (1 Ioan 4:16) – dyna'i gymeriad – ond nid yw Duw'n caru popeth: mewn gwirionedd, y mae'n casáu pob drygioni â chas perffaith. Yn ei gariad, nid bod yn "neis" a "goddefgar" o bawb a phopeth yn ddi-wahân y mae Duw. Yn yr un modd, ni ddylem ninnau chwaith garu'r hyn sy'n ffiaidd neu'n hyll yng ngolwg Duw. Mae "Cariad" yn cael ei lygru pan fo rhywun yn caru drygioni neu'r hyn y mae Duw yn ei wahardd; dyw gweithred ddrwg ddim yn cael ei glanhau neu ei chysegru am fod rhywun yn ei charu.

Felly, beth yw ystyr 'caru Duw'? Unwaith eto, fe drown at Thomas Charles am help:[46]

(1) gweld yn Nuw'r fath ogoniant a chyflawnder, fel ein bod yn ei ddewis ef yn gyfran, etifeddiaeth ac Arglwydd inni am byth, yn ôl y gorchymyn cyntaf: 'Na chymer dduwiau eraill ar wahân i mi' (Ex. 20:3);

(2) addoli Duw'n ddyfal, mewn ysbryd a gwirionedd, yn ôl meddwl Duw ei hun, ac nid yn ôl ein dychymyg ein hunain, yn ôl yr ail orchymyn: 'Na wna iti ddelw gerfiedig' (Ex. 20:4-6);

(3.) anrhydeddu Duw, ei enw, ei ogoniant a'i achos yn ein calonnau, yn ôl y trydydd gorchymyn: 'Na chymer enw'r ARGLWYDD dy Dduw yn ofer' (Ex. 20:7);

(4) neilltuo'n gydwybodol ran o'n hamser, yn enwedig y Saboth, i addoli Duw yn gyhoeddus, ac i ddwyn ei achos ymlaen yn ein calonnau ac yn y byd, yn ôl y pedwerydd gorchymyn: 'Cofia'r dydd Saboth, i'w gadw'n gysegredig' (Ex. 20:8);

---

46. Daw'r hyn sy'n dilyn o Thomas Charles, *Hyfforddwr* Pennod 11, Swm y Gyfraith

A beth yw ystyr 'caru cymydog'?

(1) caru, anrhydeddu, ac ufuddhau i'n rhieni; ymddwyn yn ostyngedig, gan barchu pawb o'n gwell, yn ôl y pumed gorchymyn: 'Anrhydedda dy dad a'th fam, er mwyn amlhau dy ddyddiau yn y wlad y mae'r ARGLWYDD yn ei rhoi iti' (Ex. 20: 12; Rhuf. 13:7);

(2) peidio casáu person ein cymydog, na'i niweidio ar air na gweithred, ond ceisio ei les a'i ddedwyddwch mewn corff ac enaid, yn ôl y chweched gorchymyn: 'Na ladd. Bydd pob un sy'n ddig wrth ei frawd yn atebol i farn' (Math. 5: 22);

(3) peidio halogi ein hunain, na bod yn foddion trwy air na gweithred i halogi diweirdeb [purdeb] ein cymydog, yn ôl y seithfed gorchymyn: 'Na odineba. Pob un sy'n edrych mewn blys ar wraig eisoes wedi cyflawni godineb â hi yn ei galon' (Math. 5:28);

(4) peidio niweidio ein cymydog, ond ceisio'i les yn ei feddiannau bydol, fel yr eiddynt ein hunain, yn ôl yr wythfed gorchymyn: 'Na ladrata. Bydded gofal gan bob un ohonoch, nid am eich buddiannau eich hunain yn unig ond am fuddiannau pobl eraill hefyd' (Phil. 2:4; 1 Cor. 13:5);

(5) tystiolaethu'r gwir wrth ein cymydog, ac am ein cymydog, yn ôl y nawfed gorchymyn: 'Na ddwg gamdystiolaeth yn erbyn dy gymydog' (Diar. 12:17 a 19:5);

(6) bod yn fodlon ar ein sefyllfa ein hunain, a gwylio'n calonnau rhag chwennych unrhyw beth yn bechadurus sy'n eiddo i eraill; ond dysgu i lafurio'n gywir, i geisio ennill ein bywoliaeth, ym mha bynnag alwedigaeth y rhyngo bodd i Dduw ein galw, yn ôl y degfed gorchymyn: 'Na chwennych dŷ dy gymydog, na'i wraig, na'i was, na'i forwyn, na'i ych, na'i asyn, na dim sy'n eiddo i'th gymydog' (Ex. 20:17).

Mae'r gorchymyn i garu yn eang – caru a gwasanaethu pawb, ac yn drylwyr – caru a gwasanaethu i'r eithaf, gan ymwadu â ni'n hunain. Mae'r Iesu'n mynnu hyn: 'Os myn neb ddod ar fy ôl i, rhaid iddo ymwadu ag ef ei hun a chodi ei groes a'm canlyn i' (Math. 16:24).

Beth yw ystyr "ymwadu â'r hunan"? Yng ngeiriau Thomas Charles, "mae person yn ymwadu â'i hunan pan fydd yn ymwrthod â'i hun yn llwyr ac yn gwbl am iachawdwriaeth, ac yn ymddiried yng Nghrist yn unig; sef yn ymwrthod â'i gyfiawnder, ei ddoethineb a'i nerth ei hun; a hefyd yn ymwrthod â'i esmwythdra, ei ogoniant a'i elw ei hun, er mwyn Crist". Mae'n mynd ymlaen i bwysleisio "na all Crist fod i ni'r pethau y mae ynddo'i hun, ac fel y caiff ei gyflwyno yn yr Efengyl, heb yr ymwadiad yma, am ei fod yn amhosib i ni lynu wrthym ni'n hunain ac wrth Grist ar yr un pryd; oherwydd hyn ni all neb fod yn gadwedig heb ymwadu ag ef ei hun o'i wirfodd, yn ffyddlon ac yn barhaus".[47]

Dyma'r alwad i'r Cristion. Nid ni sydd i ddewis beth yw'r safon. Eiddo Crist ydym yn awr. Caethweision iddo ydym (1 Cor. 7:22; Eff. 6:6; Rhuf. 6:22; 1 Pedr 2:16): caethweision ewyllysgar.

Nid cin bod yn medru cadw'r gofynion hyn, wrth gwrs; mae'n pechod ni mor gryf fel ein bod yn methu'n rheolaidd. Eto ac eto fe *redwn ôl at yr Efengyl am ryddhâd*: mae Crist wedi ymwadu ag ef ei hun yn llwyr ac wedi cyflawni'r cyfan drosom ac yn ein lle, ac mae'r Ysbryd *yn* ein sancteiddio.

Ac o'r sylweddoliad hwnnw a'r maddeuant a ddaw drwy'r Efengyl cawn ein sbarduno i ufuddhau a charu o'r newydd.

Yn gyntaf, wrth gwrs, mae ein cariad at y rhai sydd agosaf atom, sef ein teulu (Eff. 5:22; 6:4; Col. 3:18-21), ein brodyr a chwiorydd yn y Ffydd (1 Ioan 4:20-21; 2:9-11) a'n cymdogion (Marc 12:31; Rhuf. 13:8-9).

Nid caru'r rhai sy'n ein caru ni sydd yma; ni ddylai ein cariad ni at eraill ddibynnu ar eu cariad hwy – neu ddiffyg cariad – atom ni. Yr ydym i garu'r rheini sy'n gas neu'n lletchwith neu'n gwneud drwg yn ein herbyn (Math. 5:43-48).

Pobl eraill y mae'r Testament Newydd yn dweud wrthym y

---

47. Thomas Charles, "Gwadu" yn *Geiriadur Ysgrythurol* (Hughes and Son, Wrexham, 1893)

dylem eu parchu yw ein penaethiaid, ein cyd-weithwyr a'r rhai sy'n gweithio i ni (Eff. 6:5-9; Col. 3:22 – 4:1). Ac, yn wir, mae gan y Testament Newydd dipyn i'w ddweud wrthym am ein hagwedd at ein gwaith a'n swyddi.

Yr ydym i weithio'n dda ac yn galed (2 Thes. 3:10-12). Mae gwaith yn alwedigaeth. Ac y mae ein hagwedd at waith yn dystiolaeth fawr i'r rhai o'n cwmpas.

Mae gwaith, yn ôl y Beibl, yn dda ac yn anrhydeddus. Sefydlwyd gwaith cyn y Cwymp pan oedd dyn yn ei stad ddiniwed a dibechod. Nid cosb mohono (Gen. 2:15). Felly, mae pob gwaith gonest a moesol yn anrhydeddus yng ngolwg Duw: mae gwaith gwasaidd neu isel yr un mor anrhydeddus â gwaith sy'n cael ei gyfrif yn bwysig ac yn awdurdodol; gwaith â llaw mor anrhydeddus â gwaith academaidd; a gwaith seciwlar mor anrhydeddus â gwaith cysegredig.

Mae'r syniad Beiblaidd yn wahanol iawn i'r syniad cyffredin modern. I lawer heddiw, rhywbeth i'w osgoi ar bob cyfrif yw gwaith. A gall y Cristion gwympo i'r demtasiwn o feddwl yn yr un ffordd am waith. Ceir yr awgrym weithiau mai draenen anffodus angenrheidiol yn ein bywyd yw gwaith a rhywbeth i'w osgoi os yn bosibl, ac mai gwir bwrpas y Cristion wrth fynd i'r gwaith yw cenhadu wrth ei gyd-weithwyr. Yn ôl y ddadl hon, nid yr alwedigaeth ei hun yw'r gwir waith da ond cornelu cyd-weithiwr ar ganol ei ddisgled neu baned a dechrau tystio wrtho am y Ffydd. Ond mae hyn yn gwbl anghywir. Mae agwedd y Cristion at waith *yn* dystiolaeth fawr: mae'n cenhadu (i ddechrau) *wrth* iddo weithio'n dda a chydwybodol, a'r gwaith *ynddo'i hun* yn clodfori Duw.

Ceir hanes (stori neu chwedl o bosibl?) am Martin Luther sy'n dangos yn eglur iawn y gwahaniaeth rhwng y ddwy agwedd hyn at waith. Gofynnwyd iddo unwaith beth fyddai'n ei wneud pe byddai'n gwybod fod y byd yn dod i ben y diwrnod canlynol. Dyma'i ateb: "Mi faswn i'n plannu coeden". Beth oedd e'n ei feddwl? Ei bwynt oedd hyn, byddai'n parhau i wneud ei briod waith, am mai dyna oedd ei ddyletswydd. Nawr, mae'n werth gofyn i ni ein hunain, beth fyddai'n hateb ni i'r cwestiwn? A fyddem ni'n dweud, mynd i'r gwaith, mynd i'r swyddfa, mynd i'r ysgol yn ôl ein harfer am mai dyna ein dyletswydd, neu geisio gwneud rhywbeth mwy "ysbrydol"?

Mae'n gwestiwn byw'r dyddiau hyn sut mae Cristnogion i drin ac ymwneud â phobl nad ydynt yn Gristnogion. Gyda "gwledydd cred" (*Christendom*) yn diflannu, a chymdeithas yn troi'n gynyddol wrth-Gristnogol (neu o leiaf yn wrthwynebus i'w moesoldeb hi), mae'n rhaid gofyn a ddylai Cristnogion gilio o'r byd, neu dderbyn ei safonau a'i werthoedd, neu rywbeth yn y canol. Y gwir yw, nid yw'n gwestiwn newydd. Mae Cristnogion wedi gorfod wynebu'r un broblem ar hyd y canrifoedd. Ac mae cyfarwyddyd ar gael yn y Testament Newydd.

Yn gyffredinol, gallwn ddweud y dylai Cristnogion fod yn ddinasyddion da (1 Ped. 2:13-17; 3:13-17). Mae yna ryddid mawr ynglŷn â'r ffordd o wneud hynny, ond os nad yw'r wladwriaeth yn gofyn i ni wneud rhywbeth sydd yn erbyn gofynion Duw (Act. 4:19) dylem fod yn weision da i'n gwlad, gan 'ymostwng i'r awdurdodau sy'n ben' (Rhuf. 13:1-7; 1 Pedr 2:13-17).

Mae hyn yn wir hyd yn oed os nad yw'r wlad yn debyg i'r hyn yr hoffwn iddi fod. Mae'n werth cofio i'r Testament Newydd gael ei ysgrifennu yn nyddiau'r Ymerodraeth Rufeinig, nid mewn democratiaeth rydd. Ac os oedd disgwyl i blant Duw bryd hynny fod yn ddinasyddion da ac ymostyngol, mwy o lawer yw ein dyletswydd ni i fod felly.

Golyga hyn ein bod yn cyd-fyw gyda rhai nad ydynt yn Gristnogion yn y byd sydd ohoni. Dywedodd Crist wrthym ein bod 'yn y byd ond nid o'r byd' (gweler Ioan 17:14-15). Rydym i fyw yn y byd, yn wir fe gawn ein hanfon i'r byd (Ioan 17:18), felly does dim cwestiwn o gilio nac ymgadw rhag y byd. Ond nid ydym o'r byd chwaith – y mae ein safonau a'n dymuniadau'n wahanol. Rydym yn y byd ond nid ydym i garu'r byd (1 Ioan 2:15) – hynny yw, nid ydym i garu *pethau pechadurus bywyd* (nid y byd ffisegol, na'r pethau da y mae Duw'n eu rhoi i ni). Ac os nad ydym yn 'caru'r byd' fe fyddwn am ofalu nad ydym yn 'dilyn cyngor y drygionus, nac yn ymdroi hyd ffordd pechaduriaid, nac yn eistedd ar sedd gwatwarwyr' (Salm 1:1).

Mae'n amlwg fod yma densiwn rhwng byw yn y byd a pheidio â bod ohono. Sut mae rhyddhau'r tensiwn a chydbwyso'r ddau beth yma'n gywir?

Un peth y gallwn ei ddweud yw ein bod, 'hyd y mae ynom', i fyw 'mewn heddwch gyda phob dyn' (Rhuf. 12:18). Gwaetha'r modd, mae rhai Cristnogion fel petaent yn ymfalchïo mewn gwisgo lletchwithdod fel bathodyn, gan hawlio fod hynny (yn eu tyb hwy) yn brawf o'u ffyddlondeb i'r Efengyl a'u gwrthodiad i gyfaddawdu gyda neb ynglŷn ag unrhyw beth. Rhaid deall nad yw'r Testament Newydd byth yn gofyn i ni gyfaddawdu ein Ffydd. Er hynny, mae'n bosibl ar brydiau bod yn ffyddlon a byw mewn heddwch â phobl, fel y gwnai'r Cristnogion cynnar yn Jerwsalem (Act. 2:47). A dylem ninnau hefyd ymdrechu i gadw'r heddwch.

Â hyn mor bell â pheidio â chael agwedd feirniadol nac, mewn un ystyr, feirniadu rhai nad ydynt yn Gristnogion.

Gallwn ystyried yn gyntaf hoff adnod y gwrth-Gristion, sef Mathew 7:1-2:

> *Peidiwch â barnu, rhag ichwi gael eich barnu; oherwydd fel y byddwch chwi'n barnu y cewch chwithau eich barnu, ac â'r mesur a rowch y rhoir i chwithau.*

Nawr, heb os, er gwaetha'r farn gyffredinol a glywir heddiw, nid dweud y mae'r adnodau hyn na ddylai'r Cristion fyth ddweud fod rhywun yn pechu, neu ddatgan bod gweithred bechadurus yn anghyfiawn neu'n anfoesol. Ond, beth yw ystyr yr adnodau? Beth yw ystyr "barnu" yn y cyd-destun hwn?

Mae mwy nag un ystyr i'r gair "barnu". Gall feddwl:

1. rhoi, ynganu neu ddatgan barn ar fater, er enghraifft, "Rwy'n barnu mai dyma'r afal mwyaf blasus a gefais erioed";

2. sefyll mewn barn, fel mewn llys barn, a chondemnio rhywbeth a dweud ei fod yn ddrwg;

3. cael agwedd feirniadol at ryw berson neu bethau.

Mae'n amlwg o'r cyd-destun mai'r trydydd ystyr, sef cael agwedd feirniadol, sydd mewn golwg gan Iesu yma. Condemnio a wna'r agwedd feirniadol barhaol at eraill sy'n sylwi'n barhaus ar eu beiau a'u methiannau, a'r cyhuddwyr gyda'u beiau eu hunain sydd yn fwy o lawer na beiau'r rhai a gyhuddir ganddynt. Does yr un ohonom mewn sefyllfa i feirniadu "brychau" neb arall, gan fod gennym ni oll ein "trawstiau" ein hunain. Ein lle ni yw tynnu'r trawst o'n llygad ein hunain, cyn tynnu'r brycheuyn o lygad ein cyfaill (Math. 7:3-5).

Ceir adnod ddiddorol hefyd yn 1 Corinthiaid 5:12. Yn yr adran honno o'r llythyr, mae'r Apostol Paul yn trafod achos aclod o'r eglwys sydd mewn perthynas rhywiol â gwraig ei dad (sydd ddim yn aelod o'r eglwys). Mae Paul yn dweud wrth aelodau'r eglwys yng Nghorinth y dylen nhw ddisgyblu'r aelod (y Cristion), ond na ddylent farnu'r un sydd oddi allan i'r eglwys gan mai 'Duw fydd yn barnu'r rhai sydd oddi allan' (1 Cor. 5:12-13). Beth yw ei bwynt yma? Unwaith eto, nid yw Paul yn dweud fod gweithred yr un oddi allan yn dderbyniol, ond nad oes ganddo ef na'r eglwys yr awdurdod i eistedd mewn barn ar y person hwnnw; nid nhw sydd i gondemnio'r person hwnnw. Nid yw hynny o fewn cylch eu hawdurdod hwy am nad yw'r wraig honno'n Gristion nac yn aelod o'u heglwys.

Y gwir yw bod yr Apostol, a'r Testament Newydd yn gyffredinol, yn trin credinwyr ac anghredinwyr yn wahanol; mae ganddynt ddisgwyliadau gwahanol i'r Cristion. Mae'r Cristion wedi profi gras Duw yn ei fywyd; mae wedi ei eni o'r newydd gan Ysbryd Glân Duw; ac *oherwydd hyn* y mae ei anian, ei agweddau, ei dueddiadau i gyd wedi newid. Felly, mae'r disgwyliadau'n wahanol yn awr, ac fe ddaw'r Cristion o dan ddisgyblaeth yr eglwys.

Ond nid moesoldeb yw Cristnogaeth. Nid byw yn foesol dda, neu gadw safonau moesol nodweddiadol Gristnogol sy'n gwneud neb yn Gristion: er bod angen byw yn foesol dda ar ôl dod yn Gristion. Mae'n bwysig peidio â drysu'r mater. Mae'r neges a'r bywyd Cristnogol yn dechrau gydag ail-enedigaeth, edifeirwch am bechod, a ffydd yn y Gwaredwr cyn bod sôn am weithredoedd da a moesoldeb.

Felly, os dychmygwn berson yn ein gwaith neu ddosbarth ysgol neu goleg yn byw mewn ffordd sy'n amlwg yn torri Cyfraith Dduw – perthynas rywiol amhriodol, dyweder – dylem geisio byw mewn heddwch ag ef gymaint ag y gallwn, gan fod yn gwrtais, yn ffeind, a'i garu heb agwedd feirniadol – yn ein meddwl yn ogystal ag yn ein hagwedd a'n sylwadau. Dyw e ddim yn atebol i ni, a dydyn ni ddim yn atebol i Dduw amdano na throsto.

Serch hynny, os yw'r person hwnnw'n gofyn ein barn am ei ffordd o fyw, ein dyletswydd yw dweud fod y berthynas yn torri Cyfraith Duw. Does wybod beth fyddai'r ymateb wrth gwrs: gwawd, casineb, colli swydd hyd yn oed, neu argyhoeddiad; mae'r ymateb yn amherthnasol. Ond mae'r ateb ynddo'i hun yn annigonol ac yn gamarweiniol heb geisio dweud rhagor.

Nid "Ddylet ti ddim cyflawni'r pechod hwn" yw'r neges (gyntaf) i rywun nad ydyw'n Gristion (er bod hynny'n wir, wrth gwrs), ond "rhaid iti edifarhau o'th gyflwr pechadurus (sy'n cynnwys y pechod arbennig hwnnw, ond nid dim ond hwnnw chwaith) a chredu'r Efengyl". Rhaid ceisio esbonio bod ein natur a'n cyflwr cyfan yn euog o flaen Duw, a bod rhaid cael Gwaredwr i'n hachub yn hytrach na gobeithio yn ein gweithredoedd da ein hunain. Ac i wneud hynny, mae'n rhaid cwestiynu rhagdybiaethau sylfaenol yr anghredadun, a herio ei fydolwg. Rhaid herio ei gredoau mwyaf creiddiol, credoau megis ei hunaniaeth, ei awtonomi a'i annibyniaeth gerbron Duw, a'i allu hyd yn oed i ddewis rhwng da a drwg.

Cawn drafod hyn ymhellach yn nhrydedd ran y llyfr.

Mae llawer iawn o lyfrau ac erthyglau yn pwyso'n daer ar bob Cristion i genhadu'n bersonol. Ond mewn gwirionedd, nid yw'r rheidrwydd i genhadu person i berson yn cael ei orchymyn yn benodol yn y Testament Newydd i bob Cristion. Gwelwn orchmynion pendant i arweinwyr eglwysig (Math. 28:18-20 a'r cyfan o'r llythyrau at Timotheus a Titus); ceir enghreifftiau o bobl yn tystiolaethu'n ddigymell a naturiol i'r Gwaredwr (Luc 2:17; 24:33-35; Ioan 4:29; Act. 8:4); ac y mae'r Apostol Paul yn llawenhau pan fo hyn yn digwydd (Phil. 1:12-14); ond ni chawn yr un gorchymyn penodol. Yn hytrach, o ran y gofynion i Gristnogion, mae byw'n sanctaidd yn cael ei orchymyn yn gyson, ynghyd â bod yn ddinasyddion da, heddychlon a gweithgar. Ond fel cawn weld dylem hefyd, pan ddaw cyfle, *fod yn barod* i sôn am ein gobaith a *chymryd y cyfle* yn llawn heb wadu na heb gywilydd, gan ddweud yn onest, yn gwrtais, yn ddidwyll a didwyll, a chan dderbyn yr ymateb yn raslon.

Gan nad oes gorchymyn penodol i genhadu, ni ddylai neb roi mwy o bwysau ar gredinwyr nag a wna'r Beibl trwy, er enghraifft, ofyn faint maent wedi cenhadu'n ddiweddar, neu wneud i bobl deimlo'n euog wrth sylweddoli cyn lleied y maent wedi ei rannu ag anghredinwyr dros yr wythnos ddiwethaf er enghraifft, neu fesur ysbrydolrwydd credinwyr yn ôl eu gweithgaredd efengylu. Serch hynny, dylai'r Cristion fod yn barod ym mhob sefyllfa i dderbyn pob cyfle (Col. 4:4) i sôn am Grist, yr Efengyl a'i gred, heb wadu Crist (Math. 10:33), heb gywilyddio (Rhuf. 1:16), a gwneud hynny'n ddewr (Phil. 1).

Mae'r Testament Newydd yn ein cymell i ateb unrhyw ymholwr gan 'roi rheswm am y gobaith sydd gennym' (1 Ped. 3:15-16), ac i wneud hynny'n gwrtais, gonest ac eglur, heb dwyll na dichell, nid yn ymosodol nac yn fygythiol, gan gymryd pob cyfle yn gywir a didwyll, a bod yn fodlon i dderbyn unrhyw ddifwyno yn rasol.

Mae'n bwysig nad ydym yn gosod ar gyd-gredinwyr fwy o bwysau nag a wna'r Beibl ar unrhyw fater. Gwelsom eisoes mai'r Gyfraith – sef Ewyllys ddatguddiedig Duw – yw unig safon foesol y Cristion. Y tu hwnt i'r Gyfraith, mae gan y Cristion ryddid cydwybod, rhyddid i wneud fel y mynno, heb i neb ei farnu (Rhuf. 14:1-4). Mae yna lawer o faterion nad oes gan y Beibl unrhyw safbwynt yn eu cylch, y naill ffordd na'r llall; ac y mae gan bob Cristion yr hawl a'r ddyletswydd i ddilyn ei gydwybod. Mae hyn yn cynnwys pethau fel y calendr eglwysig, alcohol, ffilmiau, chwaraeon a gwleidyddiaeth.

Yn achos gwleidyddiaeth dywedodd yr Iesu, 'Fy mrenhiniaeth i nid yw o'r byd hwn' (Ioan 18:36), ac mae'r Testament Newydd yn dawel ar faterion gwleidyddol gan wahaniaethu rhwng eiddo Cesar ac eiddo Duw. Yr ydym i dalu 'eiddo Cesar i Gesar' (Math. 22:21), ond ni ddywedir sut yr ydym i wneud hynny. Ac felly, mae'n fater i ddoethineb a rhyddid y Cristion unigol.

Ond dylid cofio hefyd na ddylai'r un Cristion fflawntio'i ryddid yng ngŵydd cyd-grediniwr os yw hynny'n mynd i'w dramgwyddo (Rhuf. 14:13-15).

Un peth y mae'r Testament Newydd yn ei ddysgu, ond sy'n cael ei anwybyddu neu o leiaf ei esgeuluso heddiw, er ei fod yn berthnasol i'r hyn a ddywedwyd uchod, yw y dylem geisio byw'n dawel (1 Thes. 4:11-12; 2 Thes. 3:10-12). Mewn gwirionedd, fe ddylem roi ein bryd ar hyn! Nawr, dyma ddysgeidiaeth annisgwyl o bosibl, a dysgeidiaeth sy'n amhoblogaidd os nad yn annerbyniol heddiw. Yr agwedd a'r athrawiaeth boblogaidd heddiw yw anelu at "wneud gwahaniaeth", byw'n gynhyrfus, ceisio trawsnewid y byd. I'r perwyl hwnnw, fe bwysir ar Gristnogion i ymuno ag ymgyrchoedd neu sefydliadau (crefyddol neu wleidyddol fel arfer) er mwyn gosod stamp Cristnogol ar y byd. Ond mae disgwyl i bob Cristion wneud hyn yn anysgrythurol. Mae gan Gristion hawl i fyw ei fywyd yn dawel gan wneud yr hyn sydd raid iddo ei wneud pan fo materion yn codi, gan adael y trawsnewid i Dduw ac i Gristnogion sydd â diddordeb mewn gwneud hynny fel rhan o'u rhyddid yn yr Efengyl. Nid gwahardd ymwneud â bywyd cyhoeddus mo hyn, na hyd yn oed ei feirniadu, ond beirniadu'r safbwynt sy'n ei wneud yn ddyletswydd i bob Cristion. Ni ddylid, felly, roi pwysau ar neb i wneud pethau tebyg i'r rhai a nodwyd uchod, nac awgrymu fod y Cristnogion 'cyhoeddus' hynny'n fwy duwiol a ffyddlon na'r rhai sy'n byw'n dawel.

Byw'n Amyneddgar

Yn amlach na pheidio, mae bywyd yn ddigon anodd. Dywedodd y digrifwr Woody Allen, "Life is full of misery, loneliness and suffering and it's all over much too soon". Gosododd y Diwygiwr John Calfin y mater ychydig yn wahanol: "Dylai pawb y mae'r Arglwydd wedi eu dewis eu paratoi eu hunain ar gyfer bywyd sy'n galed, yn anodd, yn llafurus ac yn llawn o ofidiau".[48]

A dyma ddysgeidiaeth y Beibl. Rydym yn byw mewn byd syrthiedig, ac mae dioddefaint i'w ddisgwyl. At ei gilydd, mae Cristnogion yn deall ac yn derbyn hynny, ond yr ydym rywfodd yn dal i ddisgwyl bywyd braf ac yn dal i gael ein syfrdanu pan fo pethau'n mynd o chwith yn ein bywydau.

Rhybuddiodd yr Iesu ei ddisgyblion: 'Yn y byd gorthrymder a gewch' (Ioan 16:33). Ac yn Actau 14:22, mae'r Apostol Paul yn dysgu'r credinwyr mai trwy lawer o orthrymderau a chyfyngderau y mae'n *rhaid* i ni fyned i deyrnas Dduw.

Mae'n bwysig, felly, ein bod yn cofio nad yw bywyd caled yn arwydd o fethiant yn y bywyd ysbrydol; dyw e ddim yn brawf o gosb Duw na'i anfodlonrwydd â ni. Nid yw Duw'n anfon caledi am nad ydym er enghraifft yn "gadael iddo deyrnasu ddigon yn ein bywydau". Mae'r Testament Newydd yn ein rhybuddio hefyd rhag cysylltu poen a dioddefaint â chosb, ym mhrofiad unigolion (Ioan 9:1-3) neu mewn trychinebau naturiol (Luc 13:1-5).[49] Mae'n wir fod Duw yn Dad sy'n disgyblu (Heb 12:3-12) ac yn "ceryddu" a "chystuddio" fel rhan o'i ddisgyblu, ond y moddion a ddefnyddia yw ei ddeddf (Salm 119: 67, 71), ac erledigaeth (Heb. 12:3), nid poen a dioddefaint ynddynt eu hunain. *Fe all* poen a dioddefaint, wrth gwrs, *ein harwain* i holi'n hunain, a oes ynom ryw bechod neu bechodau er mwyn i ni edifarhau ohonynt o'r newydd. Ac y

---

48. John Calfin, *Bannau y Grefydd Cristionogol* III.8.1

49. gweler Y Gyffes Ffydd Felgaidd, Pennod 13, *Athrawiaeth Rhagluniaeth Duw*: "Nid ydym yn dymuno holi gyda chwilfrydedd amhriodol i'r hyn a wna [Duw yn ei ragluniaeth] sydd y tu hwnt i'n dealltwriaeth a'n dirnadaeth." Hynny yw, nid ydym ni'n gwybod pam bod Duw'n gwneud yr hyn mae'n gwneud mewn rhagluniaeth, ac nid ydym i ddyfalu.

mae poen a dioddefaint yn ffordd i ni sylweddoli ac i gydnabod ein gwendid a'n llwyrddibyniaeth ar Dduw i wynebu bywyd. Ond dioddefaint yw ffordd yr Iesu i'w bobl – dyma ffordd y groes. Dyma oedd ei ffordd ef, a dyma'n ffordd ni hefyd i gyfrannu yn ei ddioddefiadau (Phil. 3:10).

Dywedodd yr Iesu hefyd, 'cymerwch gysur, mi a orchfygais y byd'. Ond *ar y groes* y bu i'r Iesu orchfygu'r byd. *Trwy'r groes*, caiff drygioni ei danseilio a'i wyrdroi er mwyn achos daioni; ac am fod credinwyr wedi eu huno â Christ yn ei farwolaeth a'i atgyfodiad gall unrhyw ddrygioni y mae'r credadun yn ei brofi fod yn fendith hefyd. Yn wir, mae 'pob peth yn cydweithio i'r rhai sy'n caru Duw' (Rhuf. 8:28) *oherwydd* croes Crist: os gall Duw droi'r drygioni mwyaf erioed (sef croeshoelio Iesu) i fod y fendith fwyaf, yna pa faint mwy y gall droi drygioni llai – o drychinebau personol i rai rhyngwladol – i'w ddibenion da hefyd. Ac os mai trwy ddioddefaint a marwolaeth y mae Duw'n bendithio'i annwyl Fab, sut all y rhai sydd wedi eu huno ag ef drwy ffydd ddisgwyl unrhyw beth gwahanol?[50] I newid yr emyn ychydig:

Nid rhyfedd os poenir y gwas,
Cans poen gafodd Arglwydd y ne'.[51]

Dywedodd yr Iesu mai 'yr hwn a barhao i ben y daith a fydd cadwedig' (Math. 24:13). Mae hyn yn awgrymu y bydd yn anodd, a bod rhaid dal ati: mae angen dycnwch. Nid stoiciaeth sydd yma – rhyw fersiwn Gristnogol o'r *"stiff upper lip"*. Ac nid rhyw fath o sarugrwydd sydd yma chwaith, ond cydnabyddiaeth o realiti bywyd fel y mae. Diolch i Dduw, nid yw bywyd i gyd yn galed a digalon, ac fe gawn adegau o fwynhad, o hwyl a sbort; ond ffôl yw meddwl a disgwyl fod bywyd i fod yn hwyl i gyd.

Eto i gyd, yn wyneb hyn oll, mae'r Beibl yn annog pob Cristion i lawenhau – a hynny'n wastadol. 'Llawenhewch yn yr Arglwydd

---

50. Carl R Trueman, *Luther's Theology of the Cross* o http://www.opc.org/new_horizons/NH05/10b.html

51. Benjamin Francis, "Dilynaf fy Mugail trwy f'oes" yn *Llyfr Emynau y Methodistiaid Calfinaidd a Wesleaidd* (Caernarfon, 1927) Rhif 633. "gwawdir" a "gwawd" sydd yn y gwreiddiol, nid "poenir" a "poen".

bob amser', medd yr Apostol Paul wrth y Philipiaid, 'fe'i dywedaf eto, llawenhewch' (Phil. 4:4). Mae'r Apostol Iago yn ein hannog i'w chyfrif yn 'llawenydd pur pan syrthiwch i amrywiol brofedigaethau, gan wybod fod y prawf ar eich ffydd yn magu dyfalbarhad' (Iago 1:2-3).

Rhaid sylwi yma mai llawenhau yn yr Arglwydd yw'r anogaeth – nid llawenhau yn ein hamgylchiadau. Mae Iago'n tynnu sylw at y ffaith fod y profedigaethau yn magu dyfalbarhad; hynny yw, mae'n arwain ein gobaith i'r dyfodol. Mae ein llawenydd wedi ei seilio ar obaith, nid ar ein sefyllfa bresennol. Yr ydym yn llawen yn ein dagrau. Mae ein dagrau yn real; mae'r boen yn real; yr ydym yn wir dristau; y mae ein galar yn real – ond nid 'megis eraill y rhai nid oes ganddynt obaith' (1 Thes. 4:13).

Dyw Cristnogaeth ddim yn bychanu poen na cholled na dioddefaint mewn unrhyw ffordd. Dyw hi ddim chwaith yn clodfori dioddefaint – mae poen yn anghywir, yn ddrwg, yn ganlyniad i'r Cwymp a gwrthryfel dyn yn erbyn ei Greawdwr. Eto i gyd, yng nghanol y boen y mae'r Cristion yn gwybod fod Duw wedi delio â phoen a dioddefaint ar y groes ym mherson ei Fab, a fu farw mewn poen fel y cawn ni, ryw ddydd, fyw yn rhydd o bob poen a dioddefaint am byth.

Byw'n Ddisgwylgar

Mae'r Cristion yn gallu byw'n amyneddgar yn y byd hwn am fod ganddo ddisgwyliadau am y byd sydd i ddod. Mae'r Cristion yn disgwyl atgyfodiad ei gorff ac yn byw yng ngoleuni'r gobaith hwn. Yn wir, mae'n seilio popeth ar y gobaith hwn. Mae'r Apostol Paul yn cyfaddef: 'Eithr onid oes atgyfodiad y meirw, ni chyfodwyd Crist chwaith: ac os Crist ni chyfodwyd, ofer yn wir yw ein pregeth ni, ac ofer hefyd yw eich ffydd chwithau' (1 Cor. 15:13-14). Mae gwirionedd y Ffydd Gristnogol, a'r holl gysur a ddaw ohoni, yn dibynnu ar y gwirionedd fod Crist wedi atgyfodi o'r bedd ac y bydd cyrff holl Gristnogion yr oesoedd yn atgyfodi ryw ddydd 'ar eu newydd wedd, yn debyg idd eu Harglwydd'.[52]

Mae Duw wedi paratoi dinas i'w blant (Heb. 11:16), ac y mae credinwyr yn dyheu am y wlad well honno, sef gwlad nefol. Mae ein Harglwydd wedi mynd o'n blaen i baratoi lle i ni (Ioan 14:2). Nid ydym yn gwybod yn iawn pa fath o le sydd wedi ei baratoi, ond fe wyddom y bydd yn eithaf da!

Y gwir yw nad ydym yn barod i wybod, ac nad ydym yn barod am y bywyd hwnnw o ran ein sancteiddrwydd, nac yn emosiynol nac yn ymenyddol. Ond fe fyddwn barod ryw ddydd.

O ganlyniad i'r agwedd hon at fywyd, mae'r Cristion yn realistig ynglŷn â thrawsnewid y byd. *Nid yn y byd hwn y mae ei obaith.* Mae'n gwneud yr hyn a all i wella'r sefyllfa, bid siwr, ond yn y pen draw fe ŵyr fod y byd yn mynd i losgi'n ulw a bod Duw yn mynd i greu nef a daear newydd – ac mai'r pethau hynny a fydd yn para. Felly, atgyfodiad y corff ac ail greadigaeth yw gobaith y Cristion – nid iwtopia wleidyddol ar y ddaear hon.

Trwy ei holl fywyd, mae yna densiwn i'r Cristion rhwng amynedd am nawr a gobaith am y dyfodol. Dywedodd yr Iesu, 'Yn y byd, gorthrymder a gewch, eithr cymerwch gysur, mi a orchfygais y byd'. Ac yn y frawddeg hon, fe welwn y tensiwn hwn yn eglur gan fod y ddau beth yn wir iawn – y gorthrymder a'r gorchfygu.

Mae ein sefyllfa yn debyg (a dim ond tebyg!) i gêm rygbi, a'n tîm ni ar ein llinell gais ein hunain yn cael ein pwnio'n ddidrugaredd a diddiwedd. Mae'n ymddangos yn anobeithiol – dim ond mater o amser yw hi nes bydd y gwrthwynebwr yn ein curo. Ond na! Dim ond i ni edrych ar y sefyllfa, fe welwn nad dyna'r gwir. Mewn gwirionedd, y sgôr yw 95 i 0 o'n plaid ni, ac mae yna lai na 5 munud ar ôl o'r gêm. Mae ein capten wedi ennill y gêm drosom ar ei ben ei hun, ac y mae eisoes wedi gadael y cae. Pa ots am y frwydr yn awr? Mae'r gêm wedi ei hennill. Does dim amheuaeth o gwbl am y canlyniad – er gwaethaf holl nerth y gwrthwynebwr.

---

52. Anadnabyddus, "Bydd myrdd o ryfeddodau" yn *Llyfr Emynau y Methodistiaid Calfinaidd a Wesleaidd* (Caernarfon, 1927) Rhif 666

Pennod 11
Ymarfer y Ffydd: Bwydo'n Gyson

Mae bywyd ysbrydol y Cristion wedi cael ei ddisgrifio – yn ddigon cywir – fel marathon, yn hytrach na gwib. Ac fe fydd unrhyw redwr marathon yn dweud mai un o'r pethau pwysicaf i'w gael yn iawn ar gyfer y ras yw maeth.

Mae hyn yr un mor wir yn y byd Cristnogol; ac y mae Duw, yn ei ras, wedi rhoi i ni faeth i allu parhau'n ffyddlon ac yn iach yn y ras.

Yn gyntaf, rhaid cofio eto nad yw'r Cristion ar ei ben ei hun wrth fyw ei fywyd. Rhaid iddo redeg y ras ei hun, ond nid ar ei ben ei hun. Rydym eisoes wedi gweld ei fod yn rhan o deulu Duw – yr Eglwys – a'i fod yn cyd-redeg gyda'i gyd-gredinwyr yn y byd. Rhaid cofio a gwneud yn fawr o hyn. Ond yn ogystal â hynny, rydym hefyd wedi gweld bod Duw ei hun wedi addo sancteiddio'r Cristion a 'chwblhau'r gwaith da mae wedi dechrau' ynom. Ac i wneud hyn, mae wedi rhoi'r hyn a elwir yn 'foddion gras' i ni. Hynny yw, mae Duw'n defnyddio dau brif gyfrwng, neu fodd, i dywallt drwyddynt ei ras arnom fel credinwyr, er mwyn ein hadeiladu yn y Ffydd a'n bwydo ar ein pererindod ysbrydol. Y ddau gyfrwng hyn yw ei Air a'r Sacramentau.

Y Gair

Rydym eisoes wedi sôn rhywfaint am bwysigrwydd Gair Duw fel datguddiad o Dduw ei Hun. Dyma'r cyfrwng y mae Duw drwyddo yn ein dysgu a'n cysuro a'n hadeiladu yn ein bywyd pob dydd.

Dylem, felly, wrando a myfyrio ar y Gair (yn cael ei bregethu a'i ddarllen) yn gyson, ei dderbyn mewn ffydd, a'i gymhwyso i ni ein hunain. Medd Rhufeiniaid 10:17: *Ffydd [sydd] trwy glywed, a chlywed trwy air Duw. Canys oherwydd yn noethineb Duw...fe welodd Duw yn dda trwy ffolineb pregethu gadw y rhai sydd yn credu.* (1 Cor. 1:21, BWM).

Mae'n hollbwysig gwrando ar yr hyn mae'r Gair yn ei ddweud am mai Duw sy'n siarad drwyddo, ac am ei fod yn cyhoeddi'r gwir. Mae'r Gair yn ein hargyhoeddi, yn ein cysuro, yn ein hadeiladu, ac yn tawelu ein hofnau a'n hamheuon. Mae Gair Duw yn gryfach na'n geiriau ni; a rhaid i ni ei glywed, a'i glywed yn gyson, er mwyn nerthu ac atgyfnerthu'n ffydd. Dylem adrodd Gair Duw wrthym ni'n hunain – a thrwy hynny rannu ei gysuron â ni ein hunain yn hytrach na gwrando ar ein hofnau. Dyma a wnâi'r Salmydd: *Paham y'th ddarostyngir, fy enaid? Ymddiried yn Nuw.* (Salm 42:11) Mae'n dweud wrtho'i hunan: 'Gwranda ar Dduw, nid arnat ti dy hun; ymddirieda yn Nuw, nid ynot ti dy hun.'

Gweddi

Braint a diléit y Cristion yw cael ymateb i'r Gair trwy *weddïo*. Ymateb naturiol y credadun i'r Efengyl yw galw ar Dduw. Yn wir, gweddïo yw gweithred bennaf ffydd. Mae gan John Calfin bennod yn ei *Fannau* dan y teitl, "Gweddi. Ymarfer pennaf ffydd, trwy'r hwn y derbyniwn fendithion Duw'n ddyddiol".[53]

Mae gweddi'n gyfaddefiad o'n gwendid ni ac o allu Duw. Wrth weddïo fel hyn, rydym yn cyfaddef pwy mewn gwirionedd sy'n sancteiddio. Mae gweddi'n arf pwysig yn ein brwydr yn erbyn pechod: *"If prayer do not constantly endeavour the ruin of sin, sin will ruin prayer, and utterly alientate the soul from it"* (John Owen).

Trown at Dduw (ymhlith rhesymau eraill) am ei fod yn Dduw sy'n gwneud pethau. Mae'n Dduw sy'n ateb gweddïau. Ar adegau,

---

53. John Calfin, *Bannau y Grefydd Gristionogol* 3.20

wrth gwrs, "Na" yw ei ateb, neu "Ddim ar hyn o bryd"; ond cawn ein hannog i alw ar ein Tad oherwydd, 'Pwy a ŵyr na fydd i'r Arglwydd drugarhau?' (gwêl Jona 3:9; 2 Sam. 12:22; Joel 2:14). Tad hael ydyw, nid barnwr anghyfiawn (Luc 18:1-8). Nid ein bod yn "newid meddwl" Duw; nid newid neu blygu ewyllys Duw i'n hewyllys ni a wnawn wrth weddïo, ond newid a phlygu'n hewyllys ni i gydymffurfio ag ewyllys Duw.

Trwy weddi – boed yn gyhoeddus mewn oedfa (Actau 2:42) neu'n breifat yn ein hystafelloedd (Math. 6:6) – rydym yn offrymu'n deisyfiadau i Dduw, ac yn gofyn yn enw Crist am bethau sy'n unol â'i ewyllys gan gyffesu ein pechodau a diolch am ei drugareddau.[54] Mae holl Air Duw yn gyfrwng i'n cyfarwyddo mewn gweddi, ond mae'r weddi a ddysgodd Crist i'w ddisgyblion (Math. 6:9–13) yn gyfrwng arbennig i ni.

Mae'r geiriau, 'Ein Tad yr hwn wyt yn y nefoedd', yn ein dysgu i ncsáu at Dduw gyda hyder a pharch, fel plant yn dod at dad sy'n barod ac yn alluog i'w helpu. Mae hefyd yn dysgu y dylem weddïo gydag eraill a throstynt.

Yn y geiriau, 'Sancteiddier dy enw', yr ydym yn gweddïo i Dduw ein nerthu ni ac eraill i'w ogoneddu yn yr holl bethau y mae Ef wedi eu datguddio i ni, ac i weithredu pob peth er gogoniant i'w enw.

Yn y geiriau, 'Deled dy Deyrnas', yr ydym yn gofyn am ddinistr llwyr teyrnas Satan ac am bob rhwyddineb i deyrnas gras, fel y'n dygir ni ac eraill i mewn iddi a'n cadw ynddi, ac y prysurir dyfodiad teyrnas y gogoniant.

Yn y geiriau, 'Gwneler dy ewyllys', yr ydym yn gweddïo i Dduw trwy ei ras ein gwneud yn alluog ac yn barod i wybod ei ewyllys Ef ac ufuddhau iddi ac ildio iddi ymhob peth, fel y mae'r angylion yn ei wneud yn y nefoedd.

Yn y geiriau, 'Dyro i ni heddiw ein bara beunyddiol', yr ydym yn

---

54. Daw'r hyn sy'n dilyn ar weddi o *Gatecism Byrraf Cymanfa Westminster*, (cwestiynau 98 – 106), ac rwy wedi defnyddio cyfieithiad Euros Wyn Jones.

gofyn i Dduw am gyfran ddigonol o bethau da'r bywyd hwn ac am gael mwynhau ei fendith gyda hwy.

Yn y geiriau, 'Maddau i ni ein dyledion fel yr ydym ninnau yn maddau i'n dyledwyr', yr ydym yn gofyn i Dduw, er mwyn Crist, faddau yn rhad ein dyledion. Cawn ein calonogi i ofyn hyn am fod Duw trwy ei ras yn ein galluogi i faddau i eraill.

Yn y geiriau, 'Nac arwain ni i brofedigaeth, ond gwared ni rhag drwg', yr ydym yn gofyn i Dduw ein cadw rhag cael ein temtio i bechu ac iddo ein cynnal a'n gwaredu pan fyddom yng nghanol temtasiwn.

Canu

Ffordd arall o ymateb i'r Gair yw canu moliant – canu i Dduw fel unigolion a chynulleidfa o gredinwyr; ei foli a diolch iddo am ein cofio a gofyn iddo barhau ei waith ynom.

Dywed Colosiaid 3:16 wrthym ein bod i ganu Gair Crist. Hynny yw, yr ydym i ganu'r gair *am* Grist, sef yr Efengyl ac, yn wir, holl gyngor Duw. A thrwy ganu am Grist yr ydym i ganu gair *o* Grist, sef ei wahoddiad i ddod ato a'i orchmynion i'w garu ac ufuddhau iddo. Wrth wneud hyn, yr ydym i wrando ar yr hyn a ganwn ac i'n dysgu'n hunain (a'n gilydd) yn y Ffydd (gweler hefyd Eff. 5:19). Dylem holi ac ysgogi'n hunain i ddeffro o'n gwendid a'n diogi ysbrydol, dylem atgoffa'n hunain o'n breintiau yn yr Efengyl. Gwelwn hyn yn aml yn y Salmau wrth i'r Salmydd annog ei enaid i gofio ac i godi ei olygon o'i sefyllfa bresennol (gweler Salm. 42:1,5,11, 43:5, 103:1, 104:1 a 116:7).

Plant y Cyfamod Newydd ydym, ac mae gennym hawl, ie, dyletswydd i ganu am yr Efengyl yn ei holl eglurdeb, fel y datguddiwyd hi yn nyfodiad, bywyd, marwolaeth ac atgyfodiad y Meseia, Iesu Grist. Yn 1 Corinthiaid 14:26, sonnir am aelodau o eglwys Corinth yn dod â salm i'r oedfa. Nawr, mae'n amheus mai sôn am Salmau Dafydd a wna Paul; nid yw'n sôn, dyweder, am ddod â Salm 72 neu Salm 23, ond am salmau y maen nhw eu hunain wedi eu cyfansoddi er mwyn i'r gynulleidfa eu canu. Cawn ninnau hefyd, felly, wneud yr un peth. Eto, byddwn yn ffôl, ac ar ein colled yn ddybryd, os nad ydym hefyd yn canu'r Salmau gan eu bod yn anffaeledig, ac yn cwmpasu holl fywyd y credadun mewn ffordd realistig a chadarn.

Gorchmynnodd Duw i *bawb* ganu ei glodydd: 'Cenwch yn llafar i'r Arglwydd, yr holl ddaear; llefwch, ac ymlawenhewch, a chenwch' (Salm 98:4). Y mae pawb ohonom, felly, i ganu i Dduw.

Yn wyneb hyn, ac o gofio ein bod i ddysgu a rhybuddio ein gilydd, dylem hefyd ganu *fel cynulleidfa*. Hynny yw, dylem ganu yn ymwybodol o'n gilydd; dylem ganu gyda'n gilydd; dylem ganu i'n gilydd. Ni ddylem (mewn oedfa) ganu fel unigolion neu unawdwyr neu grwpiau bychain arbennig. Yn hytrach, dysgwn bawb ein gilydd. A chan mai'r holl gynulleidfa ddylai ganu mewn oedfaon o addoliad ffurfiol, dylid sicrhau, felly, fod yr hyn a genir yn addas i gynulleidfa ei ganu.

Cyfranogi o'r Sacramentau

Yn ogystal â'r Gair, mae Duw hefyd wedi rhoi'r Sacramentau i gryfhau ein ffydd ni. Ordinhad sanctaidd wedi ei sefydlu gan Grist yw sacrament. Ynddo, caiff Crist a bendithion y Cyfamod Newydd eu cynrychioli, eu selio a'u cymhwyso i gredinwyr, trwy arwyddion synhwyrol.[55]

Gallwn yn hawdd iawn edrych ar y sacramentau mewn modd llawer rhy ddyn-ganolog, a'u gwneud yn ddim byd mwy na *ni* yn addo a *ni* yn ymroi a *ni* yn ymrwymo i Dduw. Ond mae sacrament yn fwy na hynny; mae yna wedd ddwyfol iddi. Pregeth mewn darlun yw sacrament: y Gair mewn llun. Mae Duw'n dweud rhywbeth wrthym ni ac yn dangos rhywbeth i ni. Does dim nerth hudol yn y deunydd eu hunain (y dŵr, neu'r bara a'r gwin) ond

---

55. *Catecism Byrraf Cymanfa Westminster*, Cwestiwn 92

maent yn *arwyddion allanol o realiti ysbrydol mewnol*;[56] realiti sy'n dod atom pan ydym yn cyfranogi o'r sacramentau mewn ffydd.[57] Ynddynt, mae Duw'n addo rhywbeth i ni, ac y maent yn foddion i gryfhau ein ffydd.

Dau sacrament sydd: Bedydd a Swper yr Arglwydd.

Ordinhad sanctaidd wedi ei sefydlu gan Grist yw'r Bedydd: cawn ein taenellu gan ddŵr i enw'r Drindod lawn gan un sydd wedi'i alw'n gyfreithlon (Math. 28:19). Mae'n arwyddocáu ein derbyn i deulu Duw (Gal. 3:26-27). Ac ynddo, caiff holl fendithion y Cyfamod Gras eu cadarnhau i ni: cael ein huno â Christ (Gal. 3:27; Rhuf. 6:3-11; Col. 2:12); dod yn aelodau o'i gorff (1 Cor. 12:13); dod yn aelodau o'r Eglwys (Act. 2:41); derbyn yr Ysbryd Glân (1 Cor. 12:13); derbyn maddeuant a glanhad o bechod (Act. 2:38, 22:16); ac ailenedigaeth (Titus 3:5).

Mae bedydd dŵr yn arwyddocáu ac adlewyrchu realiti Ysbrydol anweledig mewnol mewn modd ffisegol weledig allanol. Mae'n arwyddocáu trawsnewid statws a chyflwr y pechadur.

Mae bedydd yn arwyddocáu trawsnewid *statws* y pechadur trwy arwyddocáu'r undeb rhwng y pechadur cadwedig a Duw. Cawn ein bedyddio yn, neu i, enw'r Drindod gyfan (Math. 28:19). Cawn hefyd ein bedyddio i aelodau'r Drindod, ac mae'r bedydd yn arwyddocáu'r ffyrdd mae'r berthynas rhwng y pechadur cadwedig ag aelodau'r Drindod yn unigol yn newid: cawn ein bedyddio i Grist yn arwydd o'n mabwysiad i Dduw'r Tad (Gal. 3:26-27), cawn ein bedyddio i Grist yn ei farwolaeth, ei gladdedigaeth a'i atgyfodiad (Rhuf. 6:3-11; Col. 2:12), ac fe gawn ein bedyddio hefyd yn yr Ysbryd Glân (1 Cor. 12:13).

Mae bedydd hefyd yn arwyddocáu trawsnewid *cyflwr* y pechadur, sef maddeuant a glanhâd o bechod (Act. 2:38; Act. 22:16), ac ailenedigaeth (Titus 3:5). Nid y bedydd yw'r realiti, ond mae'n arwyddo'r realiti ysbrydol mewnol mewn modd allanol, gweledol.

---

56. Thomas Charles, *Hyfforddwr* cwestiwn 226

57. *Catecism Byrraf Cymanfa Westminster*, Cwestiwn 91

Rydym eisoes wedi gweld mai gwaith sofran, goruwchnaturiol, *cyfrinachol* Duw yw'r trawsnewid yma – er bod canlyniadau gweledig iddo – a bod dyn yn oddefol yn y broses (Rhuf. 8:33; Ioan 3:8). Mae bedydd yn adlewyrchu *gweithrediad* Duw a *goddefiad* dyn.

Un ffordd yn unig sydd erioed i bechaduriaid gael eu hachub, sef trwy'r Cyfamod Gras. Ond mae arwyddion a seliau'r Cyfamod wedi newid drwy hanes. Enwaediad oedd yr arwydd yng nghyfnod yr Hen Gyfamod; bedydd yw'r arwydd a'r sêl gychwynnol yn y Cyfamod Newydd (Col. 2:11-12):

> *Yn yr hwn hefyd y'ch enwaedwyd ... wedi eich cyd-gladdu ag ef yn y bedydd ...*

Yng ngwahoddiad yr Efengyl i ddod i rwymau'r Cyfamod hwn, caiff holl fendithion Iachawdwriaeth (yn cynnwys yr Ysbryd Glân) eu haddo i'r pechadur edifeiriol. Caiff y pechadur ei fedyddio *ar sail yr addewid hwn* – yr addewid y bydd Duw'n achub y pechadur edifeiriol a chrediniol – ac nid ar sail proffes neu brofiad, llai fyth ar sail rhyw ymrwymiad o'i eiddo ef ei hun. Mae'r addewid hwn i gredinwyr a'u plant (Gen. 17:10; Act. 2:38-39; Act. 16:31). Felly, dylid bedyddio credinwyr a'u plant.

Yn y weithred o fedyddio, mae Duw'n addo:

1. "I'r rhai sy'n credu, fe'ch golchaf ac fe fyddwch yn lân yn fy ngolwg, nid trwy'r dŵr – (arwydd yw hynny) – ond trwy'r Ysbryd".

2. "I'r rhai sy'n credu," medd Duw eto, "fe'ch claddaf gyda Christ (hynny yw, byddwch farw i bechod) ac fe'ch codaf yn greadur newydd".

Cofiwn hyn bob dydd! Dyma ffordd wrthrychol, ardderchog a roddwyd gan Grist er mwyn hybu a chryfhau ein ffydd ni. A oes gennym amheuon neu ansicrwydd am ein cadwedigaeth? Edrychwn ar ein bedydd. Edrychwn ar yr addewidion a'r ymrwymiadau a wneir yn y bedydd: nid ein haddewidion a'n hymrwymiadau ni (wedi'r cwbl, pa mor sicr yw'r rheiny?) ond yr addewidion y mae Duw yn eu gwneud. A wyf yn edrych ar Grist yn unig am waredigaeth? Os wyf yn gwneud hynny, mae Duw yn addo fy ngolchi a'm creu o'r newydd; ac mae'r bedydd yn arwydd ac yn sêl o ymrwymiad Duw i wneud hynny.

Rhaid i ni gofio'r hyn y mae *Duw* yn ei ddweud am ein bedydd ni, ac ynddo. Mae cymaint o Gristnogion yn trin bedydd fel dim byd mwy nag arwydd eu bod nhw'n ymrwymo eu hunain i Grist, a'u bod nhw wir o ddifrif yn gwneud hynny. Y gwir yw bod bedydd yn arwydd ac yn sêl *fod Duw wedi dweud*, "Fe olcha' i'r credadun aflanaf. *Ac rwy'n hollol o ddifrif ynglŷn â hyn.*" Yn bennaf felly, arwydd a sêl o'r Efengyl a'i haddewid yw bedydd, ac nid o'n hymateb ni i'r Efengyl. Mae'n pwyntio at waith Crist drosom ac yn galw am ein hymateb; mae'n ein galw i edifeirwch a ffydd, yn hytrach nag arwyddocáu ein hedifeirwch a'n ffydd.

Yr ail sacrament yw Swper yr Arglwydd. Ynddo, yn ôl gorchymyn Crist, fe gofiwn am ei aberth a'i ddioddefaint ar y groes (1 Cor. 11:23-25; Math. 26:26-28; Marc 14:22-24; Luc 22:19, 26). Ond mae'n fwy na chofio yn unig; mae ynddo hefyd lesâd i ni i'w dderbyn. *Mae Crist yn dweud wrthym:* "Cymerwch y bara a'r gwin; arwydd ydynt, yn arwyddocáu fy nghorff a'm gwaed. Mae torri'r bara yn arwyddocáu dryllio fy nghorff i drosoch, mae tywallt y gwin yn arwyddocáu tywalltiad fy ngwaed dros eich pechodau, a'r Iawn a wneuthum drwy hynny. Rwyf wedi gwneud y cyfan yn eich lle. Cymerwch, bwytewch – mewn ffydd."

Nawr, rhaid pwysleisio eto, does dim nerth yn yr elfennau eu hunain, y bara na'r gwin. Ond *trwy ffydd*, caiff ein heneidiau eu cryfhau a'u diddanu yn ysbrydol gan gorff a gwaed Crist, *fel y caiff ein cyrff eu cryfhau a'u diddanu yn ffisegol gan fara a gwin: Canys fy nghnawd i,* medd Crist, *sydd fwyd yn wir, a'm gwaed i yn ddiod yn wir. Yr hwn sydd yn bwyta fy nghnawd i, ac yn yfed fy ngwaed i, sydd ganddo fywyd tragwyddol* (Ioan 6:54, 55).[58]

Y mae bendith, nerth a diddanwch i'w cael, felly, o gyfranogi o'r Swper.

---

58. gweler ymhellach Thomas Charles, *Hyfforddwr* cwestiwn 235 a *Chatecism Heidelberg* cwestiynau 75-79

I rai, mae'r Gair a'r Sacramentau yn ymddangos yn ddiflas, heb unrhyw beth gweledol ynddynt, ac yn annigonol. Ond dyma ffordd yr Arglwydd i'n cynnal yn y byd.

Mae ein hagwedd at y moddion i'w gweld yn y ffordd y down atynt o wythnos i wythnos. Gallwn wneud y cyfan o ran arferiad yn unig, neu gallwn ddod mewn ffydd y bydd Duw yn ein bendithio trwy'r moddion hyn.

Ac felly, i'r perwyl hwnnw, cyn dod i'r oedfa dylem fod o ddifrif am bethau Duw, ac am ei Air yn arbennig (Diar. 8:34). Dylem ein paratoi ein hunain (1 Pedr 2:1-2; Luc 8:18) a gweddïo dros y pregethu a'r dysgu a fydd yn digwydd yn yr oedfa (Salm 119:18; Eff. 6:18-19). Yn ystod yr oedfa, dylem archwilio'r hyn sy'n cael ei ddweud yn ôl yr Ysgrythur (Act. 17:11) a'i dderbyn fel Gair Duw (1 Thes. 2:13). Ac ar ôl yr oedfa, dylem fyfyrio ar, a meddwl am yr hyn yr ydym wedi ei glywed (Heb. 2:1), siarad amdano a'i drafod (Deut. 6:6-7) a dwyn ffrwyth yn ein bywyd pob dydd (Luc 8:15).

Mae digonolrwydd moddion gras yn bwnc sy'n codi'n aml yn y Gristnogaeth sydd ohoni heddiw, a Christnogion yn aml yn chwilio am rywbeth pellach, rhywbeth mwy yn eu tyb hwy na'r Gair a'r Sacramentau yn yr addoliad ac yn y bywyd Cristnogol yn fwy cyffredinol.

Un enghraifft o'r anfodlonrwydd yn nigonolrwydd y Gair yw'r agwedd at arweiniad.

Mewn rhai cylchoedd, ceir pwyslais mawr ar ddarganfod ewyllys personol Duw i'r Cristion unigol. Y gred yw bod gan Dduw fwriadau arbennig, cudd i bob Cristion (rhai mawr, yn amlach na pheidio, er nad yw hynny'n cael ei gydnabod fel arfer), a bod rhaid i'r Cristion eu darganfod, rhag rhwystro ac atal bwriadau Duw. Ond nid oes unrhyw sail Ysgrythurol i'r gred hon.

Dywedir yn Deuteronomium 29:29: 'Y mae'r pethau dirgel yn eiddo i'r ARGLWYDD ein Duw; ond y mae'r pethau a ddatguddiwyd yn perthyn am byth i ni a'n plant, er mwyn i ni gadw holl ofynion y gyfraith hon'. Yma, sonnir am ewyllys cudd Duw (y "pethau dirgel") a'i ewyllys ddatguddiedig (y "pethau a ddatguddiwyd"), sef yr hyn y mae Duw'n ei wneud, a'r hyn y mae am i ni ei wneud. Ni chawn wybod ewyllys cudd Duw (gan ei bod yn ddirgel). Ond cawn wybod ei ewyllys ddatguddiedig sydd "i ni a'n plant": y Gyfraith yw honno.

Mae'r Testament Newydd hefyd yn dweud yn eglur mai ewyllys Duw i bob Cristion yw sancteiddrwydd (1 Thes. 4:1-4). I'r perwyl hwnnw, mae Duw wedi datguddio'i ewyllys i ni yn y Gair ysgrifenedig, er mwyn ein harwain trwy ein bywyd. Mae'r Beibl yn ddigonol felly, a does dim datguddiad personol pellach mewn unrhyw ffordd (boed deimladau, dychymyg neu fwrw coelbren ac ati).

Mae'n wir, wrth gwrs, fod yna amgylchiadau'n codi lle nad oes yn y Beibl unrhyw orchymyn uniongyrchol sy'n dangos y ffordd ymlaen. Nid oes adnod unigol ar gyfer pob sefyllfa – gellid dweud felly nad yw'r Beibl yn ddigonol *yn yr ystyr hwnnw*. Ond mae'r *egwyddorion* sydd yn y Beibl yn ddigonol ar gyfer y sefyllfaoedd hynny, *ac mae Duw am i ni ddefnyddio ein doethineb* (sy'n cynnwys gofyn i Gristnogion eraill am gymorth a chyngor, a gwneud ein penderfyniadau'n weddigar gerbron Duw).

Felly, lle mae'r dewis rhwng gwneud da a gwneud drwg, gwnawn y da; lle mae'r dewis rhwng gwneud da a gwneud gwell, dewiswn y gorau; a lle mae'r dewis rhwng dau opsiwn sydd cystal â'i gilydd, dewiswn pa un bynnag a ddymunwn yn ôl ein rhyddid Cristnogol.

Nid yw'r dewisiadau wastad yn hawdd, a gall Cristnogion wneud penderfyniadau ffôl – ac y maent yn aml yn gwneud hynny. Eto i gyd, cysur mawr yw gwybod na all yr un ohonom atal neu rwystro bwriadau Duw, a bod Duw mewn gwirionedd yn cyd-weithio pob peth (hyd yn oed ein penderfyniadau ffôl) er daioni i'r rhai sy'n ei garu.

Pennod 12
Ymarfer y Ffydd: Brwydro'n Gall

Mae'r Cristion yn ymarfer ei ffydd trwy fyw er gogoniant i Grist. Fe wna hynny wrth fyw mewn modd sy'n plesio ei Brynwr, gan ufuddhau i 'berffaith gyfraith rhyddid' (Iago 1:25) a chadarnhau ei ffydd trwy wrando'r Gair a chyfranogi o'r Sacramentau. Ond haws dweud na gwneud pan ddaw i'r byd real. Fe ŵyr y Cristion yn dda fod ganddo elynion sy'n brwydro yn ei erbyn ac yn ei rwystro rhag byw fel y dylai ac fel y dymuna'i wneud. A'r gelynion hyn yw diafol, cnawd a byd.

Mae maeddu'r gelynion hyn yn rhan o'r broses o sancteiddhad. Rydym eisoes wedi gweld mai Duw sy'n sancteiddio'r Cristion. Ac felly mae'n deg gofyn, os mai Duw sy'n ein sancteiddio, ydy hynny'n golygu nad yw Duw'n disgwyl i ni wneud unrhyw beth? Oes yna ran o gwbl i ni yn ein sancteiddhad? Wedi'r cyfan, mae Duw wedi ein cyfiawnhau, wedi anfon Crist i farw trosom a thalu ein holl ddyledion, ac wedi anfon ei Ysbryd "heb ofyn dim i mi". Oes gwaith gennym ni i'w wneud, felly?

Oes. Mae Duw yn gweithio ynom, ac rŷm ni'n gweithio hefyd. Sut mae hynny'n digwydd? 'Mae Duw ar waith yn eich bywydau chi, yn creu'r awydd ynoch chi ac yn eich galluogi i wneud beth sy'n ei blesio fe' (Phil. 2:13 [beibl.net (BNET)]). Gwaith Duw'r Ysbryd Glân yn wir yw sancteiddhad. Fe sy'n ein glanhau ni, ac mae'r broses o sancteiddhad i raddau pell iawn yn ddirgelwch: mae'r gwynt yn chwythu lle y mynno, ac mae'r Ysbryd yn gweithio fel y mynno hefyd. A'r un pryd, mae'r Ysbryd yn creu awydd ynom i ufuddhau iddo ac yn darparu ar ein cyfer weithredoedd i ni eu cyflawni.

Eto, mae'n rhaid i ni *frwydro* yn erbyn ein pechod. Y mae'r Cristion yn dymuno ac yn gallu brwydro yn erbyn y pechod hwn oherwydd y newid goruwchnaturiol sydd wedi digwydd yn ei fywyd. Cafodd galon newydd; cafodd agwedd meddwl, dymuniadau, blaenoriaethau a bywyd newydd (Salm 119; Rhuf 7). Ac mewn gwirionedd, dim ond y Cristion *all* frwydro'r frwydr hon. I ryw raddau, gall yr anghredadun frwydro yn erbyn yr hyn dyw e ddim yn ei hoffi; ond y Cristion yn unig, gyda'r Ysbryd Glân yn trigo ynddo, all wir frwydro yn erbyn popeth sydd yn groes i Gyfraith Dduw *am yr union reswm hwn*, bod pob pechod yn groes i Gyfraith Duw. Mae brwydro yn arwydd o fywyd ysbrydol am mai'r Ysbryd sy'n brwydro yn erbyn y cnawd (Gal. 5:17).

Mae'r frwydr yn erbyn ein pechod yn anodd. Mae'n frwydr ddifrifol; ac rydym ni'n wan. Mae'n frwydr hir sy'n parhau ar hyd ein hoes. Does dim llewyrch naturiol nac unrhyw le i ymorchestu yn y mater hwn. Trwy ras Duw, fe fyddwn yn ennill rhai brwydrau, ond yn colli llawer hefyd. Nid ystrydeb ond yn realiti trist a phoenus y gŵyr pob Cristion amdano yw'r ymadrodd "cwympo ganwaith i'r un bai".[59] Gall Gristnogion hefyd gwympo i bechodau mawr; does yr un ohonom yn imiwn i demtasiynau. Mae'n ymdrech ddi-baid. Fel y dywedodd un pregethwr, *"You'll never get out of Romans 7 while I'm your minister"*. Mae'n rhwystredig. Roedd hyd yn oed yr Apostol Paul yn cwyno amdani: 'Ys truan o ddyn wyf fi! pwy a'm gwared i oddi wrth gorff y farwolaeth hon?' (Rhuf. 7:24 [BWM]).

Mae llawer, wrth gwrs, yn dysgu'n wahanol i'r ddysgeidiaeth anodd hon gan daeru fod modd maeddu pechod yn hawdd a diymdrech. Mae rhai hyd yn oed yn ymffrostio eu bod hwy wedi trechu pechod ac yn dal i gael y gorau arno yn eu bywyd nhw, a bod hyn a hyn o amser ers iddyn nhw bechu ddiwethaf. Mae'n siwr mai gan y pregethwr Fictorianaidd C.H. Spurgeon y cafwyd

---

59. William Williams, "Dros bechadur buost farw" yn *Llyfr Emynau y Methodistiaid Calfinaidd a Wesleaidd* (Caernarfon, 1927) Rhif 594

yr ymateb gorau i ymffrost o'r fath: pan ddaeth rhywun ato gan gyhoeddi nad oedd wedi pechu ers wythnos, sathrodd Spurgeon droed yr ymffrostiwr yn galed, a rhoi taw ar ei ymffrost!

Mae'n frwydr anodd, hir a phwysig. Fel dywedodd John Owen, "*If not continually mortified, sin will bring forth great, cursed, scandalous, soul-destroying sins*".

Mae'n hollbwysig, felly, ein bod yn ein harfogi ein hunain gyda'r holl arfau sydd ar gael ac yn dilyn y strategaeth gywir i frwydro yn erbyn ein pechod.

Sut felly y mae brwydro?

Nid trwy'r Ddeddf

Dyma bwynt hollbwysig i'w wneud gan fod cymaint o Gristnogion yn camddeall dysgeidiaeth y Beibl ar y mater hwn ac yn eu caethiwo eu hunain o'r herwydd. Gallwn nodi rhai pwyntiau.

1. Nid yw Cristnogion yn dechrau trwy ras ac yn parhau trwy weithredoedd y ddeddf.

Dyna oedd bai'r Galatiaid; roeddent wedi dechrau trwy ffydd ond wedi meddwl bod eu perthynas â Duw, a'r cariad oedd ganddo tuag atynt, a'r bendithion a gaent ganddo'n dibynnu wedyn ar eu cyfiawnder eu hunain wrth iddynt gyflawni gofynion y ddeddf. Mae Paul yn eu herio: *Y cwbl yr wyf am ei wybod gennych yw hyn: ai trwy gadw gofynion cyfraith y derbyniasoch yr Ysbryd, ynteu trwy wrando mewn ffydd? A ydych mor ddwl â hyn? Wedi ichwi ddechrau trwy'r Ysbryd, a ydych yn awr yn ceisio pen y daith trwy'r cnawd?* (Gal. 3:2-3).

Gras a ddechreuodd y gwaith, a gras fydd yn eu cynnal a'u cadw.

2. Nid yw ein sancteiddhad yn dibynnu ar ein gweithredoedd

Nid yw ein llwyddiant ysbrydol yn *dibynnu* ar faint rŷm ni'n gweddïo, neu ar ba mor aml rŷm ni'n ymprydio neu'n darllen ein Beibl. Rydym o dan ras o hyd, ac y mae Duw'n parhau i ddelio â ni yn ôl ei ras, yn ôl telerau'r Efengyl ac nid yn ôl y Ddeddf. Oes, mae gan y Cristion ddyletswyddau, ond moddion ydynt y mae Duw drwyddynt yn bendithio ei blant, yn ôl ei ras. Does yna ddim perthynas *achos ac effaith* rhwng ufudd-dod y Cristion a bendith Duw (a diolch byth am hynny!)   Rydym fel Cristnogion yn dal i dueddu at bechod – hyd yn oed ar ôl ein tröedigaeth; ac felly, pe byddai llwyddiant ysbrydol yn dibynnu ar ein hufudd-dod ni, byddai ar ben arnom.

3. Nid oes gan y Ddeddf unrhyw bŵer i'n helpu i ufuddhau iddi.

Mae'r pwynt yma ychydig yn fwy cynnil na'r ddau gyntaf, ond yr un mor bwysig. Does dim nerth i frwydro yn erbyn diafol, cnawd a byd i'w gael o'r Ddeddf. Mae'r Ddeddf yn dangos y safon ddisgwyliedig, ond ni all roi nerth na hwb na chysur o gwbl. Os methwn yn y gorchymyn lleiaf, y mae'r Ddeddf yn ein condemnio'n ddi-drugaredd. Mae mor syml â hynny!

Ond er gwaethaf hyn, mae'n hawdd iawn i Gristnogion gwympo i'r fagl o geisio cael nerth o'r Gyfraith i gyflawni ei gofynion.

Ymysg y ffyrdd amlwg y mae rhai Cristnogion yn ceisio gwneud hyn gallwn restru:

- ysgrifennu rhestrau o bethau ysbrydol neu foesol i'w gwneud neu beidio â'u gwneud;
- creu *post-its* o ddyfyniadau ysgogol (*motivational*);
- darllen llyfrau ar Wella'r Hunan, neu "Sancteiddrwydd mewn 10 cam hawdd!"

Nid yw'r pethau hyn o angenrheidrwydd yn anghywir ynddyn

nhw eu hunain – yr hyn sy'n anghywir yw disgwyl y bydd gwneud y pethau hyn yn ein galluogi i gyflawni'r Ddeddf yr un mymryn yn fwy.

Gall y demtasiwn i droi at y Ddeddf fod yn fwy cyfrwys na hyn. Ystyriwch am foment y defnydd a wneir yn aml o'r gair 'her' (neu 'herio' neu 'heriol') mewn cylchoedd Cristnogol. Mae pawb ohonom yn hoffi cael ein *herio* – gan bregethau, llyfrau, erthyglau ac ati. Pa mor aml y clywsoch chi rywun yn dweud ar ôl oedfa, "Mi gefais fy herio gan y bregeth", neu'n dweud fod llyfr arbennig "yn heriol iawn"? Ond ceisio help y Gyfraith yw hynny; a'r perygl mawr yw ei fod yn awgrymu ein bod ni'n tybio ein bod yn gallu cyflawni'r Gyfraith.

Gellir dangos hyn trwy ystyried ein defnydd arferol o'r gair 'herio'. Pe byddwn i'n herio rhywun i gerdded dwy filltir bob dydd am wythnos, gallai hynny fod yn anodd i'r person hwnnw, ond eto'n bosibl; a byddai felly yn her. Ond pe byddwn i'n herio rhywun i redeg marathon mewn llai nag awr, nid her fyddai hynny ond hurtrwydd gan fod y peth yn amhosibl. Yn yr un modd, nid ein herio ni a wna'r Gyfraith mewn gwirionedd, ond ein condemnio a'n lladd gan ei bod yn gofyn na allwn ni ei gyflawni: 'Câr yr Arglwydd dy Dduw â'th holl galon, ac â'th holl feddwl'. Pwy all wneud hynny? Canodd Bob Dylan un tro,

They talk about a life of brotherly love;
show me someone who knows how to live it.[60]

Un peth yw cyhoeddi'r Ddeddf; peth arall yn hollol yw ei chyflawni.

Ydi, mae'r Ddeddf yn dda a sanctaidd. Mae'n dangos y safon ddisgwyliedig. Mae'r Cristion eisiau cyflawni'r Ddeddf, ond dyw'r Ddeddf ddim yn ei helpu i gyflawni'r Ddeddf! A does dim help i'w gael o'r Ddeddf yn ein brwydr yn erbyn pechod.

Fell, sut dylem frwydro yn erbyn ein pechod?

---

60. Bob Dylan, "Slow Train Coming" o'r albwm, *Slow Train Coming* (1979)

Trwy ymarfer ein Hunaniaeth

Mae hunaniaeth yn bwysig iawn heddiw, yn naturiol ddigon. Mae pob person dynol am wybod pwy yw e neu hi. Ceir elfen unigol i'r hunaniaeth yma, wrth gwrs – "Pwy ydw i yn fy hanfod?" Ond yn amlach na pheidio mae yna elfen gymdeithasol, gymunedol hefyd – "Gyda phwy arall, tebyg, ydw i'n sefyll?" Felly, ceir pobl yn diffinio'u hunaniaeth yn nhermau eu rhywioldeb, rhyw, cenedl, lliw eu croen, ac yn y blaen.

Yn nodweddiadol heddiw, mae'n bosibl – yn wir, mae'n cael ei fynnu – bod person yn penderfynu ar ei hunaniaeth ei hun, a does gan neb yr hawl i anghytuno na gwrthwynebu na rhwystro. Felly, gall gwryw uniaethu fel benyw, neu berson gwyn fel person du, neu wraig fel cath.

Mae hunaniaeth yn holl-bwysig i'r Cristion hefyd. Mewn gwirionedd, ei hunaniaeth yw *ei fod yn Gristion*. Nid yw'r Cristion yn penderfynu ei hunaniaeth – Duw sy'n rhoi i'r Cristion ei hunaniaeth, ac mae'n hollbwysig fod y Cristion yn deall hyn ac yn gwneud yn fawr ohono.

Mae hunaniaeth y Cristion yn deillio o'r ffaith ei fod "*yng Nghrist*". Mae wedi ei uno â'i Arglwydd. Mae Duw wedi ei gyfiawnhau a'i fabwysiadu. Ei hunaniaeth yw bod yn fab neu'n ferch i'r Brenin.

Mae'n rhaid i ni fel Cristnogion *gofio* pwy ydym ni, beth ydym ni ac o ble'r ydym wedi dod. Mae hyn yn wir bob amser, ond mae'n arbennig o bwysig ynglŷn â'r frwydr yn erbyn pechod. Yng ngoleuni ein hunaniaeth, mae'n rhaid i ni ein *hystyried*, ein *cyfrif* ein hunain yn farw i bechod ac yn fyw i Dduw:

> *Felly, yr ydych chwithau i'ch cyfrif eich hunain fel rhai sy'n farw i bechod, ond sy'n fyw i Dduw, yng Nghrist Iesu* (Rhuf. 6:11).

Ceir yma un o egwyddorion mawr y Testament Newydd: *dewch i fod yr hyn ydych*. Nawr, mae'n hollbwysig i ni ddeall hyn. Yr hyn a geir yma yw cymhelliad i weithredu *ar sail rhywbeth sydd wedi digwydd*. Mae'r cymhelliad wedi'i wreiddio mewn ffaith; mae wedi ei wreiddio yn y gwirionedd, yng ngweithred fuddugoliaethus, orffenedig y groes a'r atgyfodiad. Mae'n egwyddor gyffredinol yn y Testament Newydd fod pob gorchymyn a chymhelliad ac anogaeth i Gristnogion wedi ei gwreiddio yn yr hyn a wnaeth yr Arglwydd Crist trosom, a'r hyn a wna'r Ysbryd Glân ynom a'r hyn ydym o ganlyniad i hynny.

Nid hunan dwyll sydd yma. Mae'r cyfan wedi ei seilio ar *realiti*, a'r unig reswm y mae'n gweithio yw'r ffaith *ei fod wedi* ei seilio ar wirionedd. Nid moesoli sydd yma; nid anogaeth i wneud ymdrech galed i ddod yn farw i bechod. Nid nerth awgrym sydd yma chwaith: hynny yw, nid ystyried pethau yn ffeithiau *er mwyn iddynt ddod* yn ffeithiau mewn gwirionedd, ac nid dweud yn dda amdanoch eich hun bob bore nes iddo ddod yn wir amdanoch.

Na. Mae'n wir. Felly **ystyriwch** c'n wir. Rhaid, fel petai, *actifadu'r* gwirionedd yn ein bywyd bob dydd.

Trwy ymarfer ffydd

Wrth gofio pwy ydym, beth ydym ac o ble y daethom, mae'n anochel ein bod yn cofio ein Gwaredwr. A'r peth sylfaenol sydd rhaid i ni ei wneud yn ein brwydr yn erbyn pechod yw troi at Grist mewn edifeirwch a ffydd – a hynny'n ddyddiol, trwy'r amser, bob tro y pechwn. Fe wnawn ni hyn fel Cristnogion o ran ein sancteiddhad yn ogystal â'n cyfiawnhad. Mae'n golygu: gweld ein drygioni, wylo amdano, cyfaddef ein pechodau a'n hanallu, diolch i Dduw am gofio a pharhau i gofio llwch y llawr, sylweddoli hyn oll, a phwyso ar Grist am dderbyniad *a glanhad*, drosodd a throsodd a throsodd:

> *Os daw cydwybod lawn o dân,*
>   *Cyfiawnder glân, a'r gyfraith,*
> *I'm gofyn mwy, fy ateb **llawn***
>   *Yw'r Iawn a dalwyd unwaith.*[61]

---

61. Robert Owen (Eryron Gwyllt Walia), "Na foed i'm henaid euog trist" yn *Llyfr*

Ei ateb *llawn* yw marwolaeth ac atgyfodiad Crist drosto, nid yr Iawn a'i ffyddlondeb ei hunan.

"Ond beth am *ar ôl* dy dröedigaeth?" meddai'r gydwybod.

"I'm gofyn *mwy*, fy ateb *llawn* yw'r Iawn...", meddai eto.

Daw rhyddhad i ni yn unig drwy waith Duw ynom, trwy ffydd.

Mae pob ymdrech a wna'r Cristion yn ganlyniad i'r Efengyl, yn ddilyniant o'r Efengyl, ac yng ngoleuni'r Efengyl; ond nid ydyw'n rhan o'r Efengyl.

Gwelwn yma fod y maddeuant yn gyflawn ac yn llwyr. Oherwydd hynny, gellid tybio y byddai'r Cristion yn cymryd popeth yn ysgafn ac yn byw'n ofer. Ond nid felly y mae, ac yr oedd y Salmydd yn deall hynny i'r dim: 'Y mae gyda Thi faddeuant, fel y'th ofner' (Salm 130:4). Ofn yr Arglwydd yw'r ymateb cywir – parchedig ofn o'r Duw sanctaidd sy'n dân ysol ond sydd hefyd wedi maddau ein holl bechodau. Nid rhywun i'w gymryd yn wamal ac ysgafn mo hwn, ond Un i ymddiried ynddo, Un i'w ofni a'i garu, ac Un i ufuddhau iddo.

Trwy ymarfer moddion gras

Rydym eisoes wedi edrych ar hyn, ac nid wyf am ail-adrodd fy hun, ond mae'n bwysig cofio fod y moddion i'w defnyddio ac mai dyma'r ffordd y cawn nerth i frwydro yn y byd. Yn rhy aml, mae Cristnogion yn anwybyddu neu hyd yn oed yn dirmygu'r moddion am eu bod yn credu eu bod yn ddiflas a heb fod yn ysblennydd.

Ond moddion gras yw ffordd Duw o'n cynorthwyo. Trwyddynt, mae Duw yn ein nerthu a'n cysuro yn gyson, a hynny o bosibl yn dawel ac mewn ffyrdd sy'n ymddangos yn ddigon cyffredin. Ond maen nhw'n effeithlon.

Mae'n rhaid cofio mai dod i wrando a wnawn gyntaf mewn oedfa

– gwrando ar Dduw, yn hytrach na dweud na gwneud unrhyw beth ein hunain:

> *Gwylia ar dy droed pan fyddych yn myned i dŷ Dduw, a bydd barotach i wrando nag i roi aberth ffyliaid; canys ni wyddant hwy eu bod yn gwneuthur drwg. Na fydd ry brysur â'th enau, ac na frysied dy galon i draethu dim gerbron Duw: canys Duw sydd yn y nefoedd, a thithau sydd ar y ddaear; ac am hynny bydded dy eiriau yn anaml* (Preg. 5:1-2).

Rhaid i ni glywed a gwrando ar Air Duw cyn ymateb. Rhaid i ni glywed am y maddeuant, dro ar ôl tro, a thrwy ffydd ei gymhwyso i ni ein hunain; a braint aruthrol a balm i'r enaid yw gwneud hynny.

Fel yma, cawn ddod at Dduw sut bynnag yr ydym yn teimlo. Mae Gair Duw yn gryfach na'n gair ni, ac yn fwy gwir na'n gair ni. Os ydym yn teimlo'n ddi-werth, yn euog, yn fethiant; ac os na fedrwn godi'n pennau, heb sôn am deimlo unrhyw hapusrwydd neu fywiogrwydd, mor braf yw cofio fod gair melys Duw bob amser yn cyfarch yr edifeiriol: 'Ha, fab, maddeuwyd iti dy bechodau'. Ac felly y cawn ddymuniad a nerth i ufuddhau o'r newydd.

Trwy ymladd

Wedi dweud hyn oll – mai gwaith Duw yw sancteiddhad, ein bod yn cael ein sancteiddio trwy ffydd a thrwy ymarfer moddion gras – mae'n rhaid i ni hefyd *frwydro* yn erbyn ein chwantau ac yn erbyn pob temtasiwn a wynebwn. Nid ydym i fod yn oddefol yn wyneb ein pechod.

Mae'n rhaid wrth *ffeit* yn ogystal â ffydd.

Ac mae'n frwydr galed iawn; fel y gŵyr pob Cristion. Mewn gwirionedd, dim ond y Cristion sy'n gwybod pa mor galed ydyw, gan mai'r Cristion yw'r unig un sy'n ymladd yn erbyn ei bechod. Dywedodd C. S. Lewis un tro, "[Some] people...have lived a sheltered life by always giving in. We never find out the strength of the evil impulse ... until we try to fight it".

Mewn brwydr, mae angen arfau a strategaeth; mae'n rhaid i ni adnabod ein gelyn ac adnabod ein hunain. Mae'n rhaid i ni adnabod pechod. Ac o adnabod pechod, ei gymryd o ddifrif: bod yn effro i'w dactegau ac i'w bŵer; bod yn barod i ymladd yn galed yn ei erbyn; dysgu a meithrin casineb tuag ato. Yn yr un modd, mae'n rhaid i ni ddod i'n hadnabod ein hunain, a chyfaddef i ni ein hunain ein gwendid cyffredinol, a'n gwendidau a'n pechodau penodol.

Mae'r gelyn yn gyfrwys. Mae'r pechod sydd ynom yn parhau'n nerthol ac yn dal i frwydro'n gryf yn erbyn Duw:

> *Oherwydd y mae chwantau'r cnawd yn erbyn yr Ysbryd, a chwantau'r Ysbryd yn erbyn y cnawd. Y maent yn tynnu'n groes i'w gilydd, fel na allwch wneud yr hyn a fynnwch* (Gal. 5:17).

A strategaeth pechod yw defnyddio'r chwant sydd ynom, sef ein dymuniadau and tueddiadau, i'n denu at bechodau sydd yn arbennig o ddeniadol a hardd yn ein golwg ni.

Caiff y ffordd y mae'r chwant yn datblygu ei ddisgrifio yn Llythyr Iago:

> *Yn wir, pan yw rhywun yn cael ei demtio, ei chwant ei hun sydd yn ei dynnu ar gyfeiliorn ac yn ei hudo. Yna, y mae chwant yn beichiogi ac yn esgor ar bechod, ac y mae pechod, ar ôl cyrraedd ei lawn dwf, yn cenhedlu marwolaeth* (Iago 1:14-15).

Mae'r chwant yn ein "tynnu ar gyfeiliorn", gan dwyllo'r meddwl trwy ddweud celwydd am y pechod – dweud ei fod yn bleserus ac na fydd iddo ganlyniadau; dweud mai dyma fydd y tro olaf ac y cei di roi'r gorau iddo wedi hynny; ac ati, ac ati.

Mae'r chwant wedyn yn ein "hudo" – yn denu ac yn ennill ein serchiadau. O ganlyniad, mae chwant yn "beichiogi ac yn esgor ar bechod" – mae'r ewyllys yn cyd-synio i bechu ac yn cyflawni'r weithred.

Os ydym yn onest, fe wyddom ein bod yn cwympo'n aml – ganwaith i'r un bai yn aml iawn – ac felly mae'n rhaid i ni gallio a bod yn ofalus. Mae'n rhaid bod yn ostyngedig – "gwisgo" gostyngeiddrwydd (1 Pedr 5:5), a chydnabod fod maeddu pechod y tu hwnt i'n gallu ni ein hunain.

Mor hawdd yw credu ein bod yn ddigon cryf i wrthsefyll temtasiynau. Mor fawr yw'r temtasiwn i hwylio'n agos at wahanol bechodau – yn hytrach na rhedeg i ffwrdd oddi wrthynt – gan feddwl y byddwn yn ddigon cryf i gefnu arnynt pan aiff pethau'n *rhy* bell. Does dim cywilydd mewn rhedeg oddi wrth bechod; dyna a wnaeth Joseff (Gen. 39:12). Mae'r Cristion doeth yn dod i adnabod ac osgoi'r sefyllfaoedd sy'n rhoi cyfle i bob math o demtasiynau ei fygwth, ac mae'n ceisio 'ymgadw rhag pob math o ddrygioni' (1 Thes. 5:22).

Mae'r Testament Newydd hefyd yn ein hannog i fyw'n wyliadwrus; i wylio, i fod yn effro, na ddown i gael ein profi (Marc 14:38). Mae ein chwant yn chwilio am unrhyw gyfle a phob cyfle. Dyw pechod byth yn cymryd gwyliau, na hyd yn oed hoe fach; ac felly mae'n rhaid i ninnau hefyd wastad fod yn barod.

Mae'r Apostol Paul yn ein hannog i gael hunanreolaeth wrth redeg ras y Ffydd (1 Cor. 9:24-26). Mae'n ei gymharu ei hun ag athletwr sy'n 'arfer hunanreolaeth ym mhopeth' er mwyn ennill y dorch. I'r pwrpas hwn, mae'n 'cernodio' ac yn 'caethiwo' ei gorff (1 Cor. 9:27). Nawr, nid dweud a wna'r Apostol ei fod yn ei gosbi ei hun, neu'n hunan niweidio fel cosb am ei fethiannau, ond dweud ei fod yn byw'n gymedrol a disgybledig er mwyn ei gadw ei hun, hyd y mae'n bosibl, rhag cwympo, ac yntau wrth gwrs yn dysgu eraill i beidio â chwympo (gweler hefyd Luc 21:34-36).

Mae'n rhaid i ni wrth waith cyson yr Ysbryd Glân i'n sancteiddio; ac mae'n fraint cael gwybod y gallwn ofyn iddo i'n helpu, a'i fod ef yn barod i wneud hynny (Iago 1:5 a Luc 11:13). Cawn ofyn am gael ein gwared rhag y drwg (Math. 6:13); cawn ofyn am ffordd allan o sefyllfaoedd anodd heb i ni bechu (1 Cor. 10:13); ac y mae'r Ysbryd hyd yn oed yn ein helpu i weddïo pan nad ydym yn gwybod sut y dylem wneud hynny (Rhuf. 8:26).

Mae gweddi yn arf hollbwysig yn ein brwydr yn erbyn ein pechodau – yn enwedig y pechodau personol, cyndyn hynny sy'n ein llorio mor aml. Yn aml, byddwn yn meddwl am Dduw fel rhywun i droi ato ar ôl i bopeth arall fethu. Ond mor bwysig yw cofio nad yw Duw yn ein herbyn yn y frwydr hon, ond ei fod o'n plaid ac yn sefyll ar y llaw dde i ni (Salm 16:8). Mewn gwirionedd, Duw yw'r adnodd mwyaf sydd gennym wrth i ni ymladd yn erbyn ein pechod. Trwy weddi y cawn gan Dduw'r holl nerth i goncro pechod; a dim ond trwy droi ato ar ymddangosiad cyntaf temtasiwn y gwnawn unrhyw fath o gynnydd yn y frwydr yn erbyn ein pechodau. Does yna'r un temtasiwn na chaiff ei drechu gan weddi.

Cymorth mawr arall yw meddwl a myfyrio ar bethau ysbrydol, aruchel – llenwi'r meddwl â phethau da: 'Rhowch eich bryd ar y pethau sydd uchod, nid ar y pethau sydd ar y ddaear' (Col. 3:12).

Mae'n rhaid lladd y chwant cyn gynted â phosibl, ac yn y meddwl y gwneir hynny. Dyna ble mae'r brif frwydr. Yn aml, rhown y bai ar y temtasiynau, ond nid nhw sydd ar fai. Fel y dywed John Owen, "*Temptations and occasions put nothing into a man, but only draw out what was in him before.*" Dyma farn y Beibl hefyd:

> *Na ddyweded neb, pan demtier ef, Gan Dduw y'm temtir: canys Duw nis gellir ei demtio â drygau, ac nid yw efe yn temtio neb. Canys yna y temtir pob un, pan ei tynner ef, ac y llithier, gan ei chwant ei hun* (Iago 1:13-14 [BWM]).

Ac mae'n rhaid lladd y chwant cyn iddo gael cyfle i wreiddio a thyfu'n weithred, oherwydd 'chwant, wedi ymddŵyn, a esgor ar bechod: pechod hefyd, pan orffenner, a esgor ar farwolaeth' (Iago 1:15).

Rhaid ei ladd, a gwneud hynny trwy lenwi ein meddwl â rhywbeth arall, gwell:

> *Bellach, gyfeillion, beth bynnag sydd yn wir, beth bynnag sydd yn anrhydeddus, beth bynnag sydd yn gyfiawn a phur, beth bynnag sydd yn hawddgar a chanmoladwy, pob rhinwedd a phopeth yn haeddu clod, myfyriwch ar y pethau hyn* (Phil. 4:8).

Fel y dywedodd Luther, "Ni allwn rwystro brain rhag hedfan o gwmpas ein pennau, ond gallwn eu rhwystro rhag adeiladu nythod yn ein gwallt".

Gofalwn ein bod yn meddwl yn aml am Grist, ein Gwaredwr a'n Prynwr, ac am yr Efengyl. Myfyrio am Grist, ac ymddiried ynddo o'r newydd – ei fod yn orchfygwr (Ioan 16:33) ac y bydd y gwaith da sydd wedi dechrau ynom yn cael ei gwblhau (Phil. 1:6). Yn wir, cawn ein hannog i wisgo Crist ei hun amdanom (Rhuf. 13:14), gwisgo'r 'dyn newydd' [BWM] sydd wedi ei greu (Eff. 4:24) a'r arfogaeth y mae Duw wedi ei pharatoi ar ein cyfer (Eff. 6:13-17). Awn ati i hawlio'r holl wirioneddau hyn i ni'n hunain, a'u cofleidio a'u meddiannu a'u defnyddio i frwydro yn erbyn pechod.

O weld mor anodd yw'r frwydr, mae'n rhyfedd fod unrhyw un yn para hyd y diwedd. Mae pob Cristion yn ymwybodol iawn o'i fethiannau a'i ddrygioni ei hun. Yr ydym yn cywilyddio wrth feddwl am ein pechodau ac yn sylweddoli y bydd yn rhyfeddod os cyrhaeddwn ben y daith o gwbl. Yng ngeiriau'r emyn:

> Os gwelir fi, bechadur,
> > Ryw ddydd ar ben fy nhaith,
> Rhyfeddol fydd y canu ...[62]

Nid "os" amheuaeth sydd yma, ond "os" rhyfeddod: fe'm gwelir fi fel hynny! Rhyfeddol! Ac os hynny, bydd y clod yn llwyr ac yn unig i ras Duw. Oherwydd heb ras, fyddai yna ddim gobaith:

> Pan gwelwy' f'hun yng ngolau gras,
> A gweld pwy wyf, ble des i ma's,
> Mae 'nhafod hyf yn mynd yn fud,
> A minnau'n gweiddi, "Gras i gyd!"[63]

Ac eto fyth y mae'r Cristion yn pwyso'n unig ar addewid Duw, y bydd yn ein cofio ac yn sicrhau y cawn ein cadw hyd y diwedd, er

---

62. Anadnabyddus, "Os gwelir fi, bechadur" yn *Llyfr Emynau y Methodistiaid Calfinaidd a Wesleaidd* (Caernarfon, 1927) Rhif 526

63. William Williams, "Rhyfeddu'r wyf, O! Arglwydd cun" yn *Llyfr Hymnau y Methodistiaid Calfinaidd* (Wrexham, 1884) Rhif 524

clod i'w enw mawr ei Hun:

A'r rhai a ragordeiniodd, fe'u galwodd hefyd; a'r rhai a alwodd, fe'u cyfiawnhaodd hefyd; a'r rhai a gyfiawnhaodd, fe'u gogoneddodd hefyd (Rhuf. 8:30).

O ddyfnder cyfoeth Duw, a'i ddoethineb a'i wybodaeth! Mor anchwiliadwy ei farnedigaethau, mor anolrheiniadwy ei ffyrdd! Oherwydd,
"Pwy a adnabu feddwl yr Arglwydd?
Pwy a fu'n ei gynghori ef?
Pwy a achubodd y blaen arno â rhodd,
i gael rhodd yn ôl ganddo?"

Oherwydd ohono ef, a thrwyddo ef, ac iddo ef y mae pob peth. Iddo ef y bo'r gogoniant am byth! Amen (Rhuf. 11:33-36)

Rhan 3: Amddiffyn y Ffydd

Pennod 13
Y Diben

Rydym wedi edrych ar ffeithiau'r Ffydd a cheisio deall beth mae Cristnogaeth yn ei gyhoeddi, beth mae Cristnogion yn ei gredu a sut mae disgwyl i Gristnogion fyw. Cwestiwn sy'n codi'n ddigon naturiol yw, a yw'n bosib i rywun gredu hyn oll yn yr unfed ganrif ar hugain? Yn sicr, mae Cristnogaeth yn aml o dan lach yn gyhoeddus – yn ymenyddol ac yn foesol – gyda phobl yn ei gwawdio am ei chredoau anwyddonol a'i chondemnio am ei moesau cul a rhagfarnllyd.

Oes modd amddiffyn Cristnogaeth?

Mae rhai wedi dadlau nad oes raid amddiffyn yr Efengyl gan ei bod yn ei phrofi ei hun. Dywedodd Spurgeon un tro, "*Defend the Gospel? I would sooner defend a lion. You don't defend a lion, you let it loose!*" Ac mae ganddo bwynt. Y Gair, yr Efengyl, yn llaw'r Ysbryd Glân sy'n ennill unrhyw un a phawb – nid dadleuon rhesymegol.

Wedi dweud hynny, credaf fod modd amddiffyn Cristnogaeth heddiw, a'i bod yn werth gwneud hynny, ac mewn gwirionedd bod rhaid ceisio gwneud hynny.

Ond amddiffyn ym mha fodd? A beth a olygwn wrth sôn am "amddiffyn Cristnogaeth"? Beth ydym yn ceisio ei wneud?

Wel, nid wyf am fod mor hyf â honni fy mod i'n gallu "profi" gwirionedd Cristnogaeth. Ond mi geisiaf ddangos fod gan Gristion hawl ddeallusol ddigonol, ynghyd â phob rheswm, i dderbyn a chredu ac ufuddhau i honiadau Cristnogaeth, a bod yna ddigon o dystiolaeth wrthrychol i gadarnhau'r safiad hwnnw.

Mae anghredinwyr, ac yn enwedig anffyddwyr,[64] yn aml yn ymateb i honiadau Cristnogaeth gan ddweud, "Ie, ond ble mae'r *dystiolaeth?*" I lawer, dyma (medden nhw) yw eu prif wrthwynebiad i gredu yn Nuw, yng Nghrist ac yn yr Efengyl. Fel y dywedodd yr anffyddiwr mawr, Bertrand Russell, pan ofynnwyd iddo beth fyddai'n ei ddweud pe byddai'n wynebu Duw ar y Dydd Olaf, "I would ask him why he hadn't given me more evidence".

Yr awgrym yw nad oes yna ddigon o dystiolaeth iddyn nhw allu credu'r pethau hyn gydag unrhyw hygrededd, ond pe byddai'r dystiolaeth yno y bydden nhw – *wrth gwrs* – yn ei derbyn yn llawen.

Wel, mae'r Cristion yn gwadu cyhuddiad yr anghredadun yn llwyr. Y *mae* yna dystiolaeth. Mewn gwirionedd, i'r Cristion y mae pob peth mewn bywyd yn pwyntio at Dduw ac yn brawf o'i fodolaeth. Mi geisiaf ymhelaethu ar y gosodiad hwn yn nes ymlaen. Ond cyn hynny mae'n rhaid meddwl ychydig am y *rhagdybiaethau* sydd ynghlwm â safbwynt a chyhuddiad yr anghredadun – hynny yw, y credoau y mae'r deilydd yn eu cymryd yn ganiataol yn sail i'w ddadleuon, er nad ydyw o bosibl yn sylweddoli ei fod yn eu dal.

Mae hyn yn bwysig am fod y rhagdybiaethau hyn yn cael eu hanwybyddu'n aml. A hyd yn oed os yw pobl yn ymwybodol ohonynt, maent yn cael eu hystyried yn rhai teg a rhesymol. Ond y gwir yw bod y Beibl yn herio'r rhagdybiaethau hyn; ac fe ddylem ninnau fel Cristnogion herio'r anghredadun ar lefel ei ragdybiaethau, gan dynnu sylw atynt ac at eu tuedd a'u bias neu ogwydd amlwg.

I egluro hyn, fe ganolbwyntiwn ar ddwy ragdybiaeth yn arbennig:

---

64. Mae bron popeth rwy'n dweud yn yr adran hon ar Amddiffyn y Ffydd wedi ei anelu'n bennaf at Anffyddiaeth ac nid yn erbyn, dweder, crefyddau eraill. Rwyf wedi gwneud hyn oherwydd mae'n ymddangos i fi mai Anffyddiaeth yw'r gelyn mwyaf cyffredin ac ymosodol y dyddiau yma. Heblaw hynny, fe fyddai'n rhaid wrth rhywun sy'n gwybod llawer mwy am y crefyddau eraill na fi i allu ddweud unrhywbeth o werth amdanynt. Wedi dweud hynny, mae llawer o'r dadleuon a ddefnyddir yma – rhagdybiaethau, datguddiad, safonau, ystyr – yn dal pwy bynnag yw'r gwrthwynebydd am fod yn rhaid i bawb ddechrau eu dadl o rhywle.

[A] Mae'n rhaid wrth dystiolaeth cyn bod cred yn Nuw yn ddilys.

[B] Mae'r anghredadun yn abl ac yn fodlon i bwyso a mesur unrhyw dystiolaeth yn deg.

Mae'r anffyddiwr yn cymryd y ddau osodiad hyn yn ganiatáol ac yn eu derbyn yn ddi-gwestiwn. Ond ydi e'n iawn i wneud hynny? Dowch i ni edrych yn fanylach ar y ddau.

[A] *Mae'n rhaid wrth dystiolaeth cyn bod cred yn Nuw yn ddilys.*

Nawr, mae'n siwr y byddai llawer yn rhyfeddu o weld cwestiynu'r gosodiad hwn. I lawer o bobl, y mae'r rhagdybiaeth hon yn gwbl dderbyniol, ac yn hanfodol mewn gwirionedd. *Wrth gwrs* (medden nhw) *fod rhaid cael tystiolaeth cyn credu mewn unrhyw beth! A mwy fyth mewn unrhyw beth mor ansicr â Duw a'i fodolaeth. Dim ond ffŵl fyddai'n credu'r fath beth heb dystiolaeth!*

Ond mae gan y Beibl rywbeth i'w ddweud am hyn:

> *Ond mae Duw yn y nefoedd yn dangos ei fod yn ddig ac yn cosbi'r holl bethau drwg mae pobl yn eu gwneud yn ei erbyn. Maen nhw'n mygu'r gwirionedd gyda'u drygioni.* **Mae beth sydd i'w wybod am Dduw yn amlwg – mae Duw wedi ei wneud yn ddigon clir i bawb. Er bod Duw ei hun yn anweledig, mae'r holl bethau mae wedi eu creu yn dangos yn glir mai fe ydy'r Duw go iawn a bod ei allu yn ddi-ben-draw. Felly does gan neb esgus dros beidio credu!** (Rhuf. 1:19-20, BNET).

Mae'n rhaid deall beth sy'n cael ei honni yma. Dywedir *fod pob person byw eisoes yn gwybod fod Duw'n bod* – ac nid unrhyw fath o dduw chwaith ond yr unig wir a bywiol Dduw. Nid yw'n gwybod popeth amdano, ond mae'n gwybod ei fod Ef, mae'n gwybod ei fod yn hollalluog ac y mae'r hyn y mae'n ei wybod yn ei wneud yn ddi-esgus am beidio credu. Mae'r ymwybyddiaeth o Dduw ganddo am ei fod wedi ei greu ar lun a delw Duw.

Yr ydym eisoes wedi trafod hyn yn y gyfrol hon. Ond yr hyn a bwysleisiwn yn awr yw bod i'r gwirionedd hwn oblygiadau ymarferol o ran amddiffyn y Ffydd Gristnogol. Os yw'r hyn a ddywed Paul yn yr adnodau uchod yn wir, yna nid oes y fath beth â gwir anffyddiwr yn bodoli – mae pawb yn gwybod fod Duw'n bod. *Does dim angen rhagor o dystiolaeth, felly – mae'r dystiolaeth yno.*

I raddau, felly, mae dadlau gydag "anffyddiwr" am fodolaeth Duw yn wastraff amser – mae'n *gwybod* fod Duw.

Wrth gwrs, bydd yr anffyddiwr yn gwadu hyn yn groch, a dof yn ôl at hyn yn y man. Ond y pwynt i'w wneud ar hyn o bryd yw mai dyma y mae'r Beibl yn ei honni; ac os yw'r Beibl yn wir, yna mae oblygiadau mawr i'r modd yr ydym i ddadlau ag anghredinwyr. Os yw'r Beibl yn wir, *mae'r* anffyddiwr yn gwybod am Dduw ac y mae ei ragdybiaeth fod angen tystiolaeth yn anghywir.

[B] *Mae'r anghredadun yn abl ac yn fodlon i bwyso a mesur unrhyw dystiolaeth yn deg.*

Mae'r anghredadun yn hoffi meddwl – yn wir, mae'n cymryd yn ganiatáol – ei fod yn gwbl deg a gwrthrychol yn y materion hyn. Mae'n mynnu nad oes ganddo ragfarnau, a'i fod yn dod at y pwnc fel ymchwilydd diduedd, diragfarn: 'Y ffeithiau, a dim ond y ffeithiau,' yw ei honiad.

Ond ydi hi'n wir fod yr anghredadun yn ddiduedd a gwrthrychol?

Ateb y Beibl yw i'r cwestiwn hwn yw, 'Nac ydi'. Fel y gwelsom uchod, mae'r Beibl yn honni fod pob person yn gwybod fod Duw'n bod. Ac mae'r darn a ddyfynnwyd uchod yn mynd yn ei flaen:

> *Ond y drwg ydy, er bod pobl yn gwybod fod Duw'n bodoli, maen nhw wedi gwrthod ei anrhydeddu a diolch iddo. Yn lle hynny maen nhw wedi hel pob math o syniadau dwl. Maen nhw wir yn y tywyllwch. Ydyn, maen nhw'n meddwl eu bod nhw mor glyfar, ond ffyliaid ydyn nhw go iawn! Yn lle addoli'r Duw bendigedig sy'n byw am byth bythoedd, maen nhw wedi dewis plygu o flaen*

delwau wedi eu cerfio i edrych fel pethau fydd yn marw – pobl, adar, anifeiliaid ac ymlusgiaid. Felly mae Duw wedi gadael iddyn nhw fynd eu ffordd eu hunain. Maen nhw wedi dewis gwneud pob math o bethau mochaidd, ac amharchu eu cyrff gyda'i gilydd. Maen nhw wedi credu celwydd yn lle credu beth sy'n wir am Dduw! Maen nhw'n addoli a gwasanaethu pethau sydd wedi cael eu creu yn lle addoli'r Crëwr ei hun! – yr Un sy'n haeddu ei foli am byth! Amen! (Rhuf. 1:21-25, BNET).

Yma, mae'r Gair yn dweud wrthym fod pawb, er gwybod fod Duw'n bod, wedi "gwrthod ei anrhydeddu a diolch iddo". Maent wedi ei wadu – gwadu ei fodolaeth a gwadu ei Dduwdod. Maent yn ei anwybyddu ac yn ceisio lladd pob ymwybyddiaeth ohono yn eu bywyd. Mae'r ddelw yno o hyd, ond mae wedi ei chreithio a'i "mygu gan ddrygioni".

Dyma felly yw dadansoddiad y Beibl o'r person naturiol: mae wedi ei greu ar lun a delw Duw, ond wedi gwrthryfela yn ei erbyn ac yn parhau mewn gwrthryfel ag ef; mae stamp y Duwdod arno, ond bod y stamp hwnnw wedi ei greithio a'i hagru; ac er bod ganddo o hyd ryw syniad am y da a'r drwg, y mae'r syniad hwnnw wedi ei wyrdroi.

Nawr, mae'n holl-bwysig cadw hyn mewn cof, oherwydd *os yw'r Beibl yn gywir yn hyn o beth mae'n* **amhosibl** *i'r un person ystyried a thrafod Duw, a'i fodolaeth a'i gymeriad a'i weithredoedd, yn deg a chytbwys.*

Nid bod pob anghredadun mor amlwg wrthwynebus â'i gilydd, ond, y gwir yw bod *pob* anghredadun, yn ôl Beibl, yn casáu'r Duw y maent yn gwadu ei fodolaeth. Oherwydd y gwir yw bod pob person ar wyneb daear yn naturiol yn casáu'r gwir Dduw, ac yn elyniaethus iddo (er eu bod yn hoffi creu eu duwiau bach eu hunain).

Bwriwch am foment *fod* rhyw Gristion yn llwyddo i esbonio'r dadleuon o blaid Cristnogaeth yn eglur a rhesymegol, gan ddangos y dystiolaeth ac ennill y ddadl, o leiaf fel nad oes gan yr anghredadun unrhyw ateb, a oes unrhyw un yn credu y byddai'r anffyddiwr hwnnw'n plygu ar ei liniau, yn gofyn i Dduw am faddeuant, ac yn clodfori ei Greawdwr a'i Waredwr? Dyna fyddai'n ei wneud pe byddai wedi bod yn dadlau'n deg. Ond go brin y digwyddai hynny!

Gallwn weld yma unwaith yn rhagor y gwahaniaeth mawr rhwng prawf a pherswâd. Gall person gael prawf digonol o wirionedd penodol, ond am ba bynnag reswm gall fethu â pherswadio pobl eraill i dderbyn y gwirionedd hwnnw.

Dylai anffyddwyr fedru deall y gwahaniaeth hwn. Wedi'r cyfan, mae'r mwyafrif llethol o anffyddwyr yn credu ei bod yn amhosibl gwadu'r dystiolaeth o blaid esblygiad naturiolaidd trwy ddetholiad naturiol a mwtaniad ar hap. Iddyn nhw, mae'r ddamcaniaeth wedi ei phrofi. Eto i gyd, gwyddant fod yna bobl sy'n gwrthod derbyn fod y dystiolaeth yno – maent heb eu perswadio. Nawr, yn wyneb hyn, dyw'r anffyddwyr ddim yn amau eu prawf ond yn beio'r bobl sy'n gwrthod â chael eu perswadio:

> *It is absolutely safe to say that if you meet somebody who claims not to believe in evolution, that person is ignorant, stupid or insane (or wicked, but I'd rather not consider that)* (Richard Dawkins).

Yn yr un modd, mae'r Beibl yn mynnu mai'r anghrediniwr sydd ar fai am wrthod cydnabod y dystiolaeth eglur am Dduw, ac nad oes unrhyw ddiffyg yn y dystiolaeth ei hun. Fel dadleuwyd eisoes, os nad oes sŵn yn dod o'r radio, *fe all* mai'r BBC neu'r darlledwyr eraill sydd ar fai. Ond gall hefyd fod nad oes batri yn y radio, neu fod y gwrandäwr hyd yn oed wedi diffodd y radio'n fwriadol. Os mai dyna'r gwir, nid oes ganddo le i gwyno a beirniadu'r BBC am fod y signal yn wan. Yn yr un modd, nid Duw a'i dystiolaeth sy'n ddiffygiol, ond y bobl sy'n methu ac yn anfodlon darllen y dystiolaeth.

Ymhellach, mae'r anffyddiwr hefyd yn gallu bod yn ddewisol iawn ynglŷn â pha fath o dystiolaeth sy'n dderbyniol ganddo. Er enghraifft, i lawer y dyddiau hyn, gan 'Wyddoniaeth' yn unig y mae'r atebion cywir (ac maent yn diffinio 'Gwyddoniaeth' i'w siwtio nhw eu hunain). Dim ond 'Gwyddoniaeth' sy'n gofyn y cwestiynau cywir, yn y ffordd gywir, a dim ond atebion 'Gwyddoniaeth' sy'n ddibynadwy a derbyniol.

Ond a yw hwn yn ddiduedd? Sylwch ar y rhesymu:

1. Gwybodaeth Gwyddoniaeth yw'r unig wir wybodaeth.

2. Mae Gwyddoniaeth yn astudio'r naturiol yn unig. Mae'n rhaid bod esboniad cwbl naturiolaidd (nid goruwchnaturiol) i bob digwyddiad.

3. Felly, nid yw Duw (sy'n Fod goruwchnaturiol) yn bodoli.

Wrth resymu felly, llwyddant o'r cychwyn cyntaf i fwrw Duw allan o bob sgwrs a phob meddwl. Mae'r rhesymu wedi dileu Duw yn llwyr. Ydi hynny'n ddiduedd? Ydi hynny'n wrthrychol?[65]

Byddai'n ddiddorol gwybod pa fath o dystiolaeth y byddai'r anghredadun ei hun yn fodlon cydnabod a fyddai'n ddigon i'w berswadio. Beth, *yn ei dyb ef neu hi*, fyddai'n gwneud hyn? Gweld Duw yn y cnawd? Beth pe byddai Duw'n penderfynu ei ddangos ei hun i'r byd? A fyddai hynny'n ddigon? Beth pe byddai Duw yn dod ar ffurf dyn? Beth pe byddai'n dod fel Un a chanddo nerthoedd a grymoedd cwbl unigryw, a dangos ei Dduwdod? Beth petai hwn yn siarad mewn ffordd gwbl unigryw, yn wahanol i bawb arall cynt nac wedyn? Beth petai'n byw yn wahanol i bawb arall, fel na allai neb ei gyhuddo o unrhyw ddrygioni? Beth petai'n dangos ei fod yn gryfach na phawb a phopeth, yn gryfach na marwolaeth, hyd yn oed? Beth petai cofnod i'w gael am ei fywyd, ei farwolaeth, ei atgyfodiad a'i ddysgeidiaeth fel bod pobl eraill yn gallu clywed amdano? A fyddai hynny'n ddigon?

> *Oni wrandawant ar Moses a'r proffwydi, ni chredant chwaith pe codai un oddi wrth y meirw* (Luc 16:31).

Y gwir yw bod rhagfarn pawb mor gryf yn erbyn Duw fel na all unrhyw fath o dystiolaeth *ynddi ei hun* eu bodloni.

---

65. Nid dweud ydw i fod anffyddwyr yn fwy tueddol na neb arall – mae gennym ni i gyd ein tueddiadau, ein rhagfarnau a'n rhagdybiaethau – y pwynt yw bod yn rhaid eu gwneud yn amlwg wrth drafod y materion yma.

Yn wyneb hyn oll, mae'n rhaid herio'r honiad o wrthrychedd teg a chytbwys. Mae'n llawer mwy cymhleth na hynny. Nid problem ymenyddol (yn unig, neu hyd yn oed yn bennaf) yw problem yr anghredadun – ond problem foesol. Esgus a gwrthdyniad oddi wrth y gwir yw'r gŵyn am ddiffyg tystiolaeth: does dim rhaid wrthi gan fod pawb yn gwybod am Dduw ond eu bod yn gwrthod derbyn y dystiolaeth oherwydd casineb at Dduw a gwrthryfel yn ei erbyn.

Pennod 14
Y Dull

Cyn dod at y dystiolaeth, ystyriwn oblygiadau'r hyn a ddywedwyd eisoes. Mae'n codi cwestiynau ynglŷn â'r modd o ddadlau ag anghredadun, ac, yn wir, ynglŷn â gwerth dadlau o gwbl. Pa bwrpas sgwrsio â neb ynglŷn â Christnogaeth os nad yw anghredinwyr yn fodlon derbyn y dystiolaeth?

Ond y gwir yw bod sawl rheswm dros wneud hynny.

Yn gyntaf, i ddangos *bod* tystiolaeth. Rydym ni'n honni fod yna dystiolaeth; ac felly mae'n rhaid ei chyflwyno. Nid yw'r ffaith fod pobl yn ddall neu'n wrthwynebus i'r dystiolaeth yn rheswm dros beidio â'i dangos. Os na fydd hynny'n cyflawni unrhyw beth arall, bydd yn gadael y bobl hynny'n ddi-esgus; ond mae'n bwysig cofio y gall yr Ysbryd Glân ddefnyddio'r hyn a ddywedwn i oleuo'r anghredadun a'i ennill iddo'i Hun, gan ddangos trwy hynny fod y dystiolaeth yn gywir a digonol.

Mae dangos y dystiolaeth (ynghyd â dangos y rhagdybiaethau) hefyd yn dangos i'r anghredadun fod yna warant (hynny yw, bod yna gyfiawnhad ac awdurdod) i'n cred ni fel Cristnogion. Nid y dystiolaeth ei hun yw sail ein cred – tystiolaeth fewnol Duw'r Ysbryd Glân yn cadarnhau'r gwirionedd sydd wedi ei ddatguddio yn y Beibl yw'r sail i'n cred a'n gobaith – ond y mae'r dystiolaeth sydd o'n cwmpas yn warant bellach o wirionedd a rhesymolrwydd ein cred.

Yn yr un modd, mae sgwrsio fel hyn am y dystiolaeth yn dangos nad ffyddiaeth sydd gennym; nad dihangfa yw ein ffydd ni, ac nad math o gred sy'n gwrthod wynebu ffeithiau mohoni; nad ffydd mewn ffydd sydd gennym; ac nad naid ddiofal i'r tywyllwch mo ffydd chwaith, ond ymateb cywir i wirioneddau sicr.

Felly, sut *mae* dadlau neu drafod gydag anghredadun?

Yn wyneb yr hyn a ddywedwyd uchod ynglŷn ag anallu'r anghredadun i drafod pethau Duw yn deg a chytbwys, a'i anallu ysbrydol, gallem ddychmygu y byddai rhai'n cwyno nad oes modd iddynt drafod gyda ni mewn unrhyw ffordd synhwyrol ac ystyrlon. Onid yw ein cyhuddiad eu bod hwy'n ddall i'r gwirionedd yn ddigon i ladd pob sgwrs? Does dim byd yn gyffredin rhyngom â'r anghredadun, ac felly, yng ngeiriau'r Môr-leidr Du, Roberts yn *The Princess Bride*, *"Then we are at an impasse."*

Ond nid dyna'r gwir. Y mae yna bwynt *cyffredin* rhwng y Cristion a'r anghredadun – sef y ffaith bod y ddau wedi eu creu ar lun a delw Duw – ond does dim pwynt *niwtral*. Mae'r ddau safbwynt yn dechrau o fannau gwahanol (am nad oes yna fan niwtral); mae'r Cristion yn dechrau gyda Duw (gan ragdybio ei fodolaeth) ac yn rhesymu ohono Ef, a'r anghredadun yn dechrau gydag ef ei hun (a'i ragdybiaethau yntau) ac yn ceisio rhesymu tuag at Dduw. Ond gan fod yr anghredadun a'r credadun ill dau wedi eu creu ar lun a delw Duw gall y ddau drafod â'i gilydd yn synhwyrol (am fod Duw wedi creu'r ddau a'u rhoi yn yr un byd real).

Mae'n rhaid deall hyn a chydnabod y mannau cychwyn gwahanol.

Felly, yr unig ffordd o ddadlau yw derbyn mannau cychwyn gwahanol y ddau safbwynt *er mwyn y ddadl*, a gweld pa ganlyniadau sy'n dilyn o'r mannau cychwyn a'r rhagdybiaethau hynny.

Ac mae'r Cristion *wastad* yn dechrau ei ddadleuon, ei resymu a'i feddwl gyda Duw'r Beibl – y Tri yn Un, yn Dad, Mab ac Ysbryd Glân.

O ragdybio bodolaeth y Duw hwn, gwelwn fod bywyd yn gwneud synnwyr. Yn wir, dim ond y rhagdybiaeth hon all wneud synnwyr o fywyd. Mewn gair: heb Dduw, heb ddim; Duw a digon.

Mae hwn wrth gwrs yn honiad mawr. Ond ystyriwch fel enghreifftiau'r tri pheth hyn: moesoldeb, gwyddoniaeth a rhesymeg. Os yw anffyddiaeth yn wir, does yr un o'r pethau hynny'n gwneud synnwyr. Ond maent yn gwneud perffaith synnwyr o dderbyn bod Duw'n bod, a'i fod y tu ôl i bopeth.

O'i gosod yn fwy cryno, dyma'r ddadl:

> Os yw anffyddiaeth yn gywir a gwir, nid oes y fath bethau â moesoldeb, gwyddoniaeth na rhesymeg yn bodoli mewn unrhyw fodd synhwyrol.

Neu, o'i osod yn gadarnhaol:

> Dim ond os yw Duw'r Beibl yn bod y gall y fath bethau â moesoldeb, gwyddoniaeth a rhesymeg fodoli mewn unrhyw fodd synhwyrol.

Hynny yw, dim ond o ragdybio Duw'r Beibl y gallwn wneud synnwyr o fywyd ac y gall moesoldeb, gwyddoniaeth a rhesymeg (er enghraifft) fodoli'n synhwyrol.

A dyma dystiolaeth i wirionedd Cristnogaeth.

Cawn edrych yn fanylach ar y tair enghraifft hyn, ac yna cawn edrych yn fwy cyffredinol ar dystiolaeth bellach i'r warant sydd gennym i dderbyn Cristnogaeth.

Pennod 15
Y Dystiolaeth:
Moesoldeb

Mae llawer o anffyddwyr y dyddiau hyn – yn enwedig y rhcini a elwir yn neo-anffyddwyr – yn gweiddi'n groch bod crefydd yn "ddrwg". Maent yn rhoi pwyslais mawr ar ddrygioni crefydd gan ddadlau bod hynny'n brawf, neu o leiaf yn dystiolaeth nad yw'r un grefydd yn wir. Fe glywn ymadroddion fel:

> *"Science builds planes; religion flies them into buildings."*

Yr awgrym a geir yn y slogan hwn yw bod yr anffyddiwr yn gallu bod yn dda ar ei ben ei hun, diolch yn fawr. Mae'n taeru (ac yn ymffrostio) ei fod yn gallu gwneud daioni fel y mae – heb Dduw i'w gymell na'i sbarduno na'i gynorthwyo. Gall y ddynoliaeth, trwy ddilyn "Gwyddoniaeth a Rheswm", adeiladu gwell byd a bywyd heb Dduw. Mewn gwirionedd, mae'r slogan yn mynnu fod crefydd yn gwbl ddrwg.

Mae'n rhaid bod yn ddigon onest i gydnabod nad oes modd gwadu llawer o'r hyn a ddywed yr anffyddiwr. Gall yr anffyddiwr helpu hen wragedd i groesi'r heol cystal â neb; gall dalu ei drethu; a gall hyd yn oed roi ei fywyd i lawr dros eraill.

Ac y mae yna hefyd lawer o wirionedd yng nghondemniad yr anffyddiwr ar grefydd. Does gen i ddim diddordeb o gwbl mewn amddiffyn "crefydd". Fy unig nod yw "amddiffyn" Cristnogaeth Feiblaidd; ac rwy'n cytuno i raddau pell iawn â'r anffyddiwr ynglŷn â drygioni dwfn crefydd, yn cynnwys y drygioni a wnaed gan Gristnogion yn enw Crist.

Ond gall y cyhuddiad hwn fod crefydd (neu unrhyw beth

mewn gwirionedd, fel cawn weld) *yn ddrwg* orffwys ar sylfeini bregus iawn. Felly, mae'n rhaid craffu'n ddyfnach, ac edrych ar ragdybiaethau'r anffyddiwr.

Wrth daeru ei fod ef ei hun yn gallu gwneud daioni, ac wrth honni fod crefydd yn ddrwg mae'r anffyddiwr yn cyfaddef fod yna'r fath beth â moesoldeb gwrthrychol.

Ac eto, dyna'r union beth y mae Anffyddiaeth yn ei wadu trwy ddadlau mai canlyniad esblygiad dall, difater, digyfeiriad yw moesoldeb (fel popeth arall sy'n bodoli).

Nawr, os yw'r hyn a ddywed Anffyddiaeth yn wir, mae un o ddau beth yn bosib:

1. Mae esblygiad wedi *darganfod* rhywbeth sydd eisoes yn bodoli (sef moesoldeb gwrthrychol); neu

2. Mae esblygiad wedi *creu'r* cysyniad o foesoldeb yn ein hymennydd, a gwneud i ni gredu fod y fath beth yn bodoli, er mai twyll ydyw mewn gwirionedd (*The Good Delusion*, fel petai). Yn wir, bu'r twyll mor llwyddiannus fe ddeallodd neb hyn nes bod rhai pobl glyfar iawn wedi esblygu ddigon i ddinoethi esblygiad a'i thwyll!)

Mae'r dewis cyntaf yn annerbyniol i'r anffyddiwr am ei fod yn awgrymu fod yna rywbeth cyn a thu hwnt i esblygiad naturiolaidd, di-gyfeiriad. Rhaid gwrthod y cyntaf felly, a derbyn yr ail ddewis. O ganlyniad (meddai'r anffyddiwr) nid oes y fath beth â moesoldeb gwrthrychol. Yng ngeiriau un lladmerydd, *useful fiction* yw moesoldeb.

Nawr, mae canlyniadau mawr a phellgyrhaeddol i'r safbwynt hwn wrth ei gymhwyso i fywyd pob dydd.

1. Mae Anffyddiaeth yn *afresymegol*.

Dylid gweld yn ddigon eglur fod daliadau'r anffyddiwr yn gwbl afresymegol – maent yn gwrthddweud ei gilydd yn llwyr.

Gellid gosod "dadl" yr anffyddiwr fel hyn:

A. Canlyniad esblygiad dall, difater, di-gyfeiriad yw'r cysyniad a elwir "Moesoldeb".

B. Twyll yw moesoldeb.

C. Mae crefydd yn foesol ddrwg.

Mae'r Anffyddiwr yn mynnu nad oes dim yn ddrwg; ac eto, mae'n mynnu fod crefydd yn ddrwg!

Dylid gweld ar unwaith nad oes gan yr anffyddiwr sail dros ddadlau ynghylch drygioni neu ddaioni unrhyw beth – yn cynnwys crefydd – gan nad yw ei system ef yn cydnabod y cysyniad o foesoldeb yn y lle cyntaf. Ar yr un gwynt, mae'n ceisio dadlau bod moesoldeb yn bod a ddim yn bod. Y mae'n gwbl afresymegol.

2. Mae'r anffyddiwr yn *anghyson* yn ei gred a'i fywyd.

Mae'r anffyddiwr nid yn unig yn rhesymu'n ffaeledig ac anghyson; y mae hefyd yn cymhwyso'i gred yn anghyson.

Y cymhwysiad rhesymegol fyddai i'r anffyddiwr ddilyn nihiliaeth a byw heb unrhyw fath o syniad o foesoldeb o gwbl – byw yn ôl, ac er mwyn, ei ddymuniadau hunanol ei hun gan ymwrthod â phob rheol neu safon foesol; dilyn ei fympwy bob munud awr y mae'n byw.

Ychydig, serch hynny sy'n dilyn y trywydd hwn. Diolch am hynny, ni all y rhan fwyaf o anffyddwyr wynebu byw'n gyson â'u ffordd eu hunain o feddwl.

Yn feddyliol, felly, ni all yr anffyddiwr fyw ei gred yn gyson – mae'n gorfod dweud un peth ond byw mewn ffordd arall. Ac mewn gwirionedd, mae gweithredoedd yr anffyddiwr yn ei fradychu. Mae'r anffyddiwr yn byw fel petai'n gwybod fod drygioni'n bod. Mae rhai anffyddwyr wedi treulio hanner eu hoes yn condemnio drygioni crefydd. Pwy fyddai'n gwneud hynny wrth wybod nad yw drygioni'n bodoli? Sylwch ar ddicter yr anffyddiwr pan fo drygioni'n cael ei weithredu yn enw crefydd. Pam digio os nad yw drygioni'n real? Er gwaethaf ei brotestiadau, *mae'n gwybod* fod hedfan awyren yn fwriadol i ganol adeilad llawn o bobl yn ddrwg; yn wironeddol ddrwg. Beth bynnag ddywed ei gred wrtho, y mae'r anffyddiwr yn gwybod fod drygioni'n bodoli – drygioni gwrthrychol – a hynny am ei fod wedi ei greu ar lun a delw Duw, a bod stamp y Duwdod arno, er gwaethaf ei holl ymgais i'w ddileu.

3. Nid yw'r anffyddiwr yn *atebol* i neb na dim.

Yn ein hiaith bob dydd, wrth sôn am foesoldeb yr ydym yn meddwl am rywbeth mwy na dymuniad; y mae i foesoldeb ryw syniad o reidrwydd neu ddyletswydd. Ond nid oes arlliw o hyn yn syniad yr anffyddiwr am foesoldeb: dymuniad personol yw unig sail moeseg yr anffyddiwr. I bwy neu beth y mae'r anffyddiwr yn ddyledus neu'n atebol? Does dim na neb sy'n fwy nag ef neu'n blaenori arno. Cwbl fympwyol yw dyfarniad yr anffyddiwr fod unrhyw beth yn "dda" neu'n "ddrwg". "Da" i'r anffyddiwr yw "beth rwy'n teimlo fel ei wneud nawr"; a "drwg" yw "beth bynnag sy'n f'ypsetio i".

4. Does gan yr anffyddiwr felly ddim *awdurdod* i farnu neb na dim yn foesol.

Gan mai barn a dymuniad personol yn unig yw moesoldeb i'r anffyddiwr, nid yw ei farn na'i deimladau fymryn yn bwysicach, neu'n rheitiach, na barn neb arall. Does ganddo ddim hawl i ddweud wrth neb arall fod yr hyn y mae'n ei ddweud neu ei wneud neu ei gredu yn "dda" neu'n "ddrwg". Gall weiddi faint a fynno, ond does ganddo ddim dadl. O ble daw'r rheidrwydd neu'r ddyletswydd i eraill blesio'r anffyddiwr trwy wneud yr hyn y mae e'n digwydd teimlo sy'n "dda"?

Dyw hyn ddim wedi atal anffyddwyr rhag awgrymu seiliau gwahanol, wrth gwrs. Un ffefryn yw dweud y dylid seilio ein moesoldeb ar Reswm neu Wyddoniaeth. Mae hynny'n swnio'n dda ond y mae'n safbwynt amhosibl gan nad yw Rheswm na

Gwyddoniaeth yn foesol. Disgrifiad o'r hyn sydd yw Rheswm a disgrifiad o sut mae pethau'n gweithio yw Gwyddoniaeth; nid yw'r naill na'r llall yn dweud yr hyn ddylai fod. Gall Rheswm ddweud wrthym, er enghraifft, bod un ac un yn gwneud dau; gall ddweud na all rhywbeth fodoli a pheidio â bodoli ar yr un pryd. Yn yr un modd, gall ddweud bod hedfan awyren i adeilad llawn o bobl yn siwr o ladd nifer ohonynt. Gall Gwyddoniaeth ddweud wrthym sut i adeiladu awyren neu fom niwclear; gall ddweud beth yw cynnwys yr atom ac ati. Ond ni all Rheswm na Gwyddoniaeth ddweud wrthym beth sy'n dda a beth sy'n ddrwg. Ar ryw bwynt, mae'n rhaid neidio o'r "hyn sydd" i'r "hyn ddylid ei wneud". Ar ba sail y gall yr anffyddiwr wneud hynny? A pham ddylai unrhyw un wrando arno?

Syniad arall sydd wedi cael ei grybwyll yw'r *Zeitgeist* Foesol. Yn ôl y syniad hwn, cymdeithas yn hytrach na'r unigolyn sy'n penderfynu ar safonau moesol. Rhaid cyfaddef mai dyma i raddau pell iawn y mae llawer iawn o bobl (ac nid anffyddwyr yn unig) yn ei wneud mewn gwirionedd – codi bys i'r awyr, clywed i ba gyfeiriad y mae'r gwynt moesol yn chwythu, ac yna dilyn yn wasaidd. Ond fel dadl ar gyfer safon foesol, y mae'r syniad hwn yn annigonol. Sut byddai'r fath system yn cael ei gwireddu? Mewn gwirionedd, y grŵp sydd â'r pŵer ganddo – y bobl sy'n gweiddi uchaf – a fyddai'n penderfynu beth sy'n foesol dderbyniol. Ac mae'n ddigon posibl, felly, mai'r bobl fwyaf treisgar a bygythiol fyddai'n penderfynu. Yn y fath sefyllfa, y llais cryfaf sydd "dda", a sut fyddai modd dadlau yn ei erbyn? Ar ba sail y gall anffyddiwr ddadlau yn erbyn y *status quo*? Pa hawl sydd ganddo i ddweud bod unrhyw un arall yn "anghywir"?

Fel enghraifft, ystyriwch wledydd Prydain ddechrau'r 1950au. Y *Zeitgeist* foesol ar y pryd oedd ei bod yn anfoesol i ddau ddyn gael cyfathrach rywiol â'i gilydd. Roedd bron pawb yn meddwl hynny; ac felly, yn ôl cred yr anffyddiwr, *yr oedd y weithred yn anghywir* (am mai dyna farn y mwyafrif, a dyna oedd y *Zeitgeist*). Ond erbyn heddiw, mae'r farn gyhoeddus wedi newid, a'r mwyafrif yn hawlio bod *y weithred honno'n foesol dda a derbyniol*. Does gan yr anffyddiwr mo'r sail leiaf dros ddadlau yn erbyn y gred fwyafrifol (gan y byddai'n dadlau yn erbyn yr hyn y mae e'n dweud sy'n iawn a da). Felly, dylai pob anffyddiwr fod wedi dadlau yn y 1950au fod y weithred yn anfoesol (gan ei bod yn anghywir yng ngolwg y mwyafrif); ond dylent ddadlau heddiw fod y weithred yn foesol (gan ei bod erbyn hyn yn gywir yng ngolwg y mwyafrif). Nid yw'r math hwn o foesoli yn caniatáu i'r anffyddiwr ddadlau dros unrhyw gred leiafrifol er mwyn ceisio newid yr un "anghyfiawnder"; ni all wneud dim ond cydsynio â beth bynnag yw'r gred fwyafrifol gan mai'r gred honno sydd "gyfiawn".

Mae'n siwr fod anffyddwyr wedi awgrymu seiliau eraill ar wahân i'r rhain; ond bydd pa bynnag sail a ddewisir yn gwbl fympwyol, am nad oes yr un safon foesol, wrthrychol, barhaus yn bodoli ym mydysawd yr anffyddiwr.

Beth wnawn ni o hyn oll? Os yw Anffyddiaeth yn wir, nid oes y fath beth â moesoldeb, ac y mae'n amhosibl byw'n gyson.

Heb Dduw, heb dda.

Y tu ôl i bopeth, y mae'n *rhaid* wrth Fod personol, moesol, anfeidrol sy'n rhoi – ac wedi datguddio – ystyr a safon i foesoldeb.[66]

Gyda Duw, digon.

Daw moesoldeb gwrthrychol oddi wrth berson a natur Duw; ac oherwydd hynny, mae modd byw'n gyson, ac mae gennym reswm a rhesymau dros ddadlau o blaid y da a thros wrthwynebu'r drwg, hyd yn oed os yw'r mwyafrif yn ein herbyn.

Dyma dystiolaeth gadarn o fodolaeth Duw ac o wirionedd

---

66. Mae'r pwynt am *ddatguddio'n* bwysig ac yn her mae'n rhaid i safbwyntiau fel Moderniaeth Ryddfrydol – safbwyntiau sy'n hawlio bod duw o fath yn bod ond yn gwadu datguddiad y Beibl – wynebu, oherwydd nid yw'n ddigon bod Duw'n bodoli ac yn rhoi ystyr a safon i foesoldeb *os nad yw hefyd wedi datguddio'r safonau hynny i ni*, oherwydd hyd yn oed os oedd i rywun, drwy rhyw gyd-ddigwyddiad, gytuno â safon foesol Duw ei hun, ni fyddem ni fyth yn gwybod ein bod yn cytuno. Mae'r beirniadaethau yn erbyn Anffyddiaeth sy'n cael eu nodi uchod yr un mor ddilys felly yn erbyn Moderniaeth Ryddfrydol.

Cristnogaeth, a dyma hefyd ddadl gref i'w gosod gerbron yr anffyddiwr.

Oherwydd hyn (gan newid dyfyniad enwog gan anffyddiwr nodedig), os byth y clywch chi unrhyw anffyddiwr yn sôn am "ddrygioni" rhywbeth (crefydd, homoffobia, caethwasiaeth, hedfan awyren i ganol adeilad ac ati), gellwch fod yn sicr bod y person hwnnw yn anwybodus, yn dwp, neu'n wallgof (neu'n ddrwg).

Pennod 16
Y Dystiolaeth: Gwyddoniaeth a Rhesymeg

Mae llawer o anffyddwyr yn hoffi dweud eu bod yn dibynnu ar Wyddoniaeth ac yn ganu ei chlod. Gwyddoniaeth (medden nhw) yw sail eu credoau, a'r unig sail sicr a chadarn sydd. Mae rhai'n hoffi cymharu Anffyddiaeth "wyddonol" gydag ofergoeliaeth Cristnogaeth.

Mae'r rhai sy'n dweud hyn yn anwybodus iawn o'u hanes, wrth gwrs, gan fod nifer fawr o wyddonwyr da drwy'r canrifoedd wedi bod yn Gristnogion a oedd yn derbyn y Beibl fel Gair anffaeledig Duw; Michael Faraday, yr Arglwydd Kelvin a James Clerk Maxwell yn eu plith.

A'r gwir yw bod Cristnogaeth, fel y deallai'r Cristnogion hyn yn dda, yn gwbl gyson â Gwyddoniaeth fel disgyblaeth (er nad yw o angenrheidrwydd yn cytuno â phob damcaniaeth), ac yn derbyn a dysgu'r gwirioneddau dilynol:[67]

1. Mae'r bydysawd ffisegol yn realiti gwrthrychol, yn wahanol i'r Creawdwr ac yn bodoli ar wahân iddo (Gen. 1:1; Ioan 1:1).

2. Mae deddfau natur yn arddangos trefn, patrwm a chysondeb am eu bod wedi eu sefydlu gan Dduw trefnus (Salm 19:1-4).

3. Mae deddf natur yn gyson ac unffurf trwy'r bydysawd

---

67. Rwyf wedi cael y pwyntiau yma o https://reformedreader.wordpress.com/2013/01/08/the-christian-faith-and-scientific-inquiry/ sy'n dyfynnu o Douglas Groothuis, *Christian Apologetics* (IVP, 2011) 102-113.

gan mai Duw a'i creodd ac mai Ef sy'n ei chynnal yn rhagluniaethol.

4. Gallwn wybod am y bydysawd ffisegol a'i ddeall am fod Duw wedi ein creu i'w adnabod Ef, i'n hadnabod ein hunain ac i adnabod gweddill y greadigaeth (Gen. 1-2; Diar. 8).

5. Mae'r greadigaeth yn dda, yn werthfawr, ac yn werth ei hastudio'n ofalus am iddi gael ei chreu i bwrpas gan Dduw da a pherffaith (Gen. 1:1). Cafodd y ddynoliaeth ei chreu i ddeall, darganfod a datblygu daioni'r greadigaeth.

6. Gan nad yw'r byd yn ddwyfol nid yw'n wrthrych cywir i'w addoli, ond gall fod yn wrthrych cywir i astudiaeth resymol a sylwadaeth empeiraidd.

7. Mae gan bersonau dynol y gallu i ddarganfod eglurdeb y bydysawd am ein bod wedi ein creu ar lun a delw Duw ac wedi ein rhoi ar y ddaear i ddatblygu ei bosibiliadau cynhenid.

8. Gan nad yw Duw wedi datguddio popeth am natur i ni, mae ymchwil empeiraidd yn angenrheidiol er mwyn deall y patrymau y mae Duw wedi eu gosod yn y greadigaeth.

9. Mae Duw'n annog gwyddoniaeth, ac mewn gwirionedd mae'n ei gyrru ymlaen, trwy ei orchymyn i'r ddynoliaeth i ddarostwng a llywodraethu dros natur (Gen. 1:28).

10. Mae'r rhinweddau deallusol sy'n angenrheidiol i gyflawni'r dasg wyddonol (diwydrwydd, gonestrwydd, unplygrwydd, gostyngeiddrwydd a dewrder) yn rhan o ddeddf foesol Duw (Ex. 20:1-17).

Ac fe allwn fynd ymhellach: nid yn unig fod Cristnogaeth yn gyson â gwyddoniaeth, ond mae astudio gwyddoniaeth *yn gwneud mwy o synnwyr o fewn fframwaith Cristnogol* nag yw o fewn fframwaith di-gred.

Mae gwyddoniaeth yn dibynnu ar y ffaith fod yna gysondebau yn y byd; cysondebau sy'n cael eu galw'n ddeddfau naturiol.

Nawr, gofynnwch i anffyddiwr pam y ceir y cysondebau hyn a pha sicrwydd sydd ganddo y byddant yn parhau yfory: yr unig ymateb a gewch fydd codi gwar a rhyw sylw i'r perwyl mai dyna sut y bu erioed.

Ond nid felly'r Cristion. Mae'n credu fod Duw, trwy ei berthynas gyfamodol â'r ddynoliaeth, wedi addo cadw'r bydysawd yn ei law hyd y diwedd (Gen. 6:9).

Mae'n rhaid deall fod Duw'n parhau i weithio yn y byd trwy ei ddeddfau: mac Duw ar waith, ond gan ddefnyddio achosion eilaidd. Hynny yw, mae'r Cristion yn gwrthod cyfyngu Duw i'r "bylchau", sef i'r prosesau hynny nad ydym yn eu deall (hyd yma); mae'n credu fod Duw y tu ôl i *bob* proses, yn cynnwys y rhai yr ydym yn eu deall yn eitha' da. Does dim anghysondeb rhwng "Duw'n gwneud" a "deddfau naturiol". Dyw'r Beibl, er enghraifft, ddim yn gweld unrhyw anghysondeb rhwng disgrifio proses fcl y Gylchred Ddŵr yn broses naturiol, ond ei bod yr un pryd dan reolaeth Duw:

> *Y mae'r holl nentydd yn rhedeg i'r môr, ond nid yw'r môr byth yn llenwi; y mae'r nentydd yn mynd yn ôl i'w tarddle, ac yna'n llifo allan eto* (Preg. 1:7).

> *Cofia fod Duw yn fawr, y tu hwnt i ddeall, a'i flynyddoedd yn ddirifedi. Y mae'n cronni'r defnynnau dŵr, ac yn eu dihidlo'n law mân fel tarth; fe'u tywelltir o'r cymylau, i ddisgyn yn gawodydd ar bobl* (Job 36:26-28).

Trwy "ddeddfau naturiol" y mae Duw'n gwneud pethau yn ei fydysawd. Mewn gwirionedd, deddfau naturiol yw deddf neu air Duw wedi eu disgrifio'n amherffaith gan ymchwilwyr dynol. Felly, nid yw disgrifio digwyddiad neu broses mewn termau gwyddonol yn profi nad yw Duw yn ymhlyg ynddi neu y tu ôl iddi.

Ond mae anffyddwyr yn aml yn gwrthwynebu'r pwynt hwn gan daeru nad oes angen Duw i esbonio prosesau "naturiol", ond bod y prosesau a'r deddfau eu hunain yn ddigon o esboniad heb orfod dod â "duw" i'r drafodaeth. Er enghraifft, dadleuir y dylid priodoli bodolaeth bywyd yn y byd, nid i Dduw, na hyd yn oed i Dduw'n goruchwylio proses eilaidd (fel esblygiad), ond yn unig i esblygiad naturiolaidd trwy ddetholiad naturiol a mwtaniad trwy hap. Dadleuir nad oes angen Duw gan fod esblygiad naturiolaidd yn esbonio bodolaeth bywyd yn gwbl eglur. Ond a ydyw'n cynnig esboniad digonol?

Nac ydi, meddwn. Y rheswm cyntaf dros ddweud hynny yw bod y ddadl hon yn anrhesymegol. Mae'r athronydd Cristnogol Alvin Plantinga[68] yn dadlau nid yn unig fod esblygiad *naturiolaidd* yn annigonol fel esboniad, ond ei bod yn arwain at anrhesymoldeb, a'i bod mewn gwirionedd yn tanseilio safbwynt yr anffyddiwr naturiolaidd. Oherwydd, os yw esblygiad naturiolaidd yn wir, mae yna le mawr i amau ein meddyliau, ein gwybodaeth, ein dealltwriaeth a'n credoau ein hunain – yn cynnwys y gred bod esblygiad naturiolaidd yn gywir.

Yn ôl yr anffyddiwr naturiolaidd, mae proses esblygiad yn gwbl ddall a digyfeiriad; mae pob newid yn dod trwy ddetholiad *naturiolaidd* a mwtaniad *trwy hap*. Nid yw'n gywir siarad am *bwrpas* esblygiad gan nad ydyw'n gweithio at unrhyw beth arbennig.

Wedi dweud hynny, gellid dweud mewn rhyw ystyr mai unig bwrpas neu fwriad esblygiad naturiolaidd yw goroesi. Felly y clywn am oroesiad y trechaf, neu'n fwy cywir o bosibl goroesiad y mwyaf addas. Hynny yw, mae'r creaduriaid sydd fwyaf addas i'w hamgylchfyd yn fwy tebygol o oroesi, a thrwy hynny atgenhedlu, epilio a pharhau'r hil. "Pwrpas" esblygiad naturiolaidd, felly, yw parhad yr hil.

Felly, yr unig beth sydd o ddiddordeb (mewn ffordd o siarad) i esblygiad yw *ymddygiad* y creadur, ei fod yn ymddwyn yn y fath fodd fel ei fod yn goroesi'n ddigon hir i gynhyrchu epil.

Sylwch mai ymddygiad y creadur sy'n bwysig ac nid, er enghraifft,

---

68. Daw'r ddadl a'r enghreifftiau o erthygl o'r enw Naturalism Defeated gan Alvin Plantinga sydd i'w gael ar y We: https://www.calvin.edu/academic/philosophy/virtual_library/articles/plantinga_alvin/naturalism_defeated.pdf

gredoau'r creadur. Gall creadur gael credoau hollol hurt ac ynfyd, ond os digwydd iddynt achosi iddo oroesi, does gan esblygiad naturiolaidd mo'r ots lleiaf fod y credoau'n dwp. Er enghraifft, dychmygwch ddau ddyn Neanderthalaidd yn y cynfyd – Jac a Wil – a theigr newynog yn nesáu atynt. Mae Jac yn credu (yn gywir yn ein barn ni) fod rhaid iddo ddianc rhag y teigr rhag iddo gael ei larpio. Mae Wil, ar y llaw arall, yn credu ei fod ar fin cymryd rhan mewn ras 1,500 medr; mae'n awyddus i ennill y ras, ac yn credu mai ymddangosiad teigr yw'r arwydd i ddechrau rhedeg.

Nawr, yng ngolwg esblygiad naturiolaidd, nid yw cred Jac yn rhagori'r mymryn lleiaf ar gred Wil. Mewn gwirionedd, os yw Wil yn well rhedwr na Jac, neu os yw Jac yn methu â symud gan ofn wrth iddo weld y teigr, mae'n eithaf posib mai Wil, ac nid Jac a fyddai'n goroesi. Yr ymddygiad sy'n bwysig, nid gwirionedd y gred.

Felly, os ydym ni – fel mae'r anffyddiwr yn hawlio – wedi esblygu oherwydd detholiad naturiol a mwtaniad digyfeiriad a dall, heb arweiniad na goruchwyliaeth, nid oes gennym reswm i ymddiried yng nghywirdeb ein meddyliau a'n credoau ein hunain. Ni allwn ymddiried yn yr un ohonynt, yn cynnwys y gred ein bod wedi esblygu'n naturiolaidd trwy ddetholiad naturiol a mwtaniad digyfeiriad, dall. Mae'r gred naturiolaidd yn ei thanseilio'i hun felly.

A bod yn fanwl, nid yw'r ddadl hon yn profi nad yw esblygiad naturiolaidd yn wir. Ond mae'n dangos fod y gred yn afresymol. Ond ni fyddai'n afresymol os oedd Duw'n goruchwylio'r broses gan y byddai Duw wedi sicrhau fod ein meddyliau a'n gwybodaeth *yn* cyd-synio â realiti, a'n bod yn gallu ymddiried yn ein meddyliau ein hunain.

Yn ail reswm dros ddweud nad yw esboniadau naturiolaidd, di-dduw, yn ddigonol i esbonio bywyd a'n byd ni yw'r holl syniad am "ddeddfau" – deddfau natur a deddfau rhesymeg.

Beth yw deddfau? Ac o ble maen nhw wedi dod? [69]

Nid yw deddfau yn faterol – does dim stwff i ddeddfau; ni ellir eu cyffwrdd na'u teimlo na'u synhwyro. Ac eto, does dim posib gwadu eu bodolaeth.

Maen nhw'n bod, ac maen nhw hefyd yn wir. Ie, gwirioneddau ydynt. Er enghraifft:

Mae 2 a 2 yn gwneud 4

Dyma ddeddf fathemategol. Mae'n wir ac yn wirionedd. Nid yn unig hynny, mae wastad yn wir ym mhob sefyllfa. Mae'n gorfod bod yn wir. Mae'n angenrheidiol wir.

Mae deddfau'n dweud rhywbeth wrthym *am* rywbeth. Gosodiadau ydynt ynglŷn â, neu ddisgrifiad o wirionedd sy'n bodoli neu'n digwydd mewn sefyllfa arbennig, ac yn digwydd bob tro yn ddi-ffael yn y sefyllfa honno.

Er enghraifft, mae Deddf Gwrthddywediad (*Law of Non-Contradiction*) yn datgan:

Ni all dau osodiad sy'n gwrth-ddweud ei gilydd fod yn wir yn yr un ystyr ar yr un pryd.

Dyma osodiad gwir, gosodiad o wirionedd sy'n wir ym mhob sefyllfa, gwirionedd sy'n gorfod bod yn wir; hynny yw, dyma osodiad gwir o wirionedd angenrheidiol.

Nawr, mae'n bwysig cofio yma nad ni sy'n creu'r gwirionedd na'r gosodiad, dim ond ei ddarganfod a wnawn ni. Mae'r gosodiad wedi bodoli cyn i ni ei ddarganfod a'i ddatgan. Mae'r gwirionedd – a'r gosodiad – yn bodoli os caiff ei ddatgan ai peidio, a bydd yn aros ymhell wedi i ni farw.

---

69. Mae'r dadleuon yma am natur deddfau wedi eu seilio ar ddau bapur, sef: Vern Poythress, Why Scientists must believe in God yn *Journal of the Evangelical Theological Society* 46/1: (2003): 111-23 a welir yn http://frame-poythress.org/why-scientists-must-believe-in-god/, a James N. Anderson a Greg Welty, The Lord of Non-Contradiction: An Argument for God from Logic yn *Philosphia Christi* 13:2 (2011) a welir yn www.proginosko.com/docs/The_Lord_of_Non-Contradiction.pdf

Yr ydym wedi nodi eisoes mai rhywbeth ansylweddol, anfaterol yw deddf, ond gallwn fynd ymhellach a dweud bod deddf yn osodiad deallusol, rhesymegol. Mae'n rhaid bod deddf yn rhesymegol cyn y gellir gwneud unrhyw synnwyr ohoni. Mae'n rhesymegol mewn ffordd nad yw creigiau, coed, neu greaduriaid is-bersonol yn rhesymegol: rhywbeth sy'n perthyn i bersonau yw rhesymeg a rhesymolrwydd. Felly, os yw'r ddeddf yn rhesymegol – ac mae gwyddonwyr ac athronwyr yn derbyn ei bod – yna mae hefyd yn gorfod bod yn bersonol mewn rhyw fodd. Felly, mae deddf yn osodiad gwir sy'n rhesymegol a phersonol. Ac os yw'n bersonol, rhesymegol ac anfaterol mae'n rhaid bod deddf yn feddyliol (hynny yw, yn ymwneud â'r meddwl). Felly, mae'n berffaith synhwyrol i ddweud mai *meddyliau* yw deddfau.

Nawr, dyw meddyliau ddim yn bodoli heb feddyliwr. Rhaid cael rhywun i feddwl y ddeddf a'i gorfodi, os yw am fod yn effeithiol. Yn wir, mae meddyliau'n *rhagdybio* meddyliwr – ac mae'n rhaid i'r meddyliwr ddod yn gyntaf.

Ond y mae deddfau real (ac nid disgrifiadau amherffaith gwyddonwyr ohonynt) yn absoliwt, yn anffaeledig wir ac yn anfeidrol. Felly, rhaid bod Rhywun digyfnewid, absoliwt, anffaeledig, geirwir, anfeidrol, personol y tu ôl i'r ddeddf – sef Duw.

Dyma, felly, yw esboniad Cristnogaeth: meddyliau Duw yw deddfau, meddyliau'r Duw cyson, cyfamodol, ffyddlon sy'n gweithio ei ewyllys ei Hun trwy'r deddfau y mae wedi eu llunio.

Felly, er gwaethaf protestiadau anffyddwyr nid yw gwyddoniaeth ei hun yn wrth-Dduw. Mewn gwirionedd, er mwyn iddi wneud unrhyw synnwyr mae gwyddoniaeth yn dibynnu ar Dduw. Duw yn unig all wneud synnwyr o'r cysondeb, y sicrwydd, y sefydlogrwydd, y rhesymeg a'r gwirionedd dealladwy sydd eu hangen er mwyn i wyddoniaeth fod o unrhyw werth i ni.

Pennod 17
Y Dystiolaeth: Gwarantau Pellach

Mewn un ystyr, mae'n anodd i Gristion bwyntio at "y dystiolaeth" i'r Ffydd Gristnogol am fod popeth yn dystiolaeth. Wedi dechrau gyda Duw (Diar. 1:7; 9:10), mae pethau'n *gwneud synnwyr*, er nad yw'r Cristion yn deall popeth o bell ffordd. Byddai'r gwrthwyneb, sef bydysawd a bywyd di-Dduw, yn ddi-synnwyr, ac ymddengys yn amhosibilrwydd. Mae yna gysondeb i'w fywyd: mae yna safon i'w fywyd, a phwrpas a phŵer.

Wrth ddechrau gyda Duw, gall y Cristion fyw'n gyson. Gan fod popeth wedi ei sylfaenu ar Dduw tragwyddol, anfeidrol, sanctaidd a chyfiawn y mae ystyr i eiriau – mae da yn golygu da, a drwg yn golygu drwg; gallwn ymddiried yn ein meddyliau i gyfleu'n gywir yr hyn a feddyliwn. Mae gennym safon sefydlog, gywir i fyw iddi – safon sydd wedi ei datguddio i ni. Gan ein bod wedi ein creu gan Dduw, yr ydym yn rhan o'i stori Ef, wedi ein creu i'w ogoneddu a'i fwynhau; ac y mae'r Ysbryd gennym i roi i ni nerth i fyw bob dydd. Dyw bywyd ddim yn ofer na di-fudd.

Dogfennau'r Testament Newydd

Mae sicrwydd y Cristion wedi'i sylfaenu yn Nuw ac yn y Beibl fel Gair Duw. Ond a oes modd ymddiried yn y Testament Newydd sydd gennym heddiw? A allwn ymddiried yng nghywirdeb y testun sydd gennym heddiw? A yw'n ddibynadwy fel adlewyrchiad cywir o'r llawysgrifau gwreiddiol?

Mae'r Cristion yn credu fod yr Ysbryd Glân wedi sicrhau fod yr awduron gwreiddiol wedi eu diogelu rhag unrhyw wallau. Ond mae hefyd yn amlwg fod gofal rhyfedd wedi bod dros drosglwyddo'r llawysgrifau. Do, fe ddaeth gwallau i mewn i'r copïau wrth iddyn nhw gael eu hysgrifennu, ond mae niferoedd y llawysgrifau sydd wedi eu cadw, agosrwydd y llawysgrifau hynaf sydd gennym at gyfnod y Testament Newydd, a'r cytundeb rhwng y llawysgrifau sydd wedi goroesi yn rhyfeddol. A dyma, felly, warant bellach i gredu yng ngwirionedd Cristnogaeth.[70]

Mae yna fwy na phum mil a hanner o lawysgrifau Groeg o'r Testament Newydd mewn bodolaeth heddiw[71] – llawer iawn mwy o lawysgrifau nag unrhyw weithiau hynafol eraill.[72]

Felly, mae'r nifer o lawysgrifau'r Testament Newydd sydd ar gael yn llawer iawn mwy niferus nag unrhyw ddogfen hynafol arall. Yn ogystal â'r llawysgrifau Groeg, mae dros 19,000 o gopïau yn Syrieg, Lladin, Copteg ac Aramaeg – cyfanswm o dros 24,000.

Nawr, dyw'r nifer o lawysgrifau fel y cyfryw ddim yn profi fawr ddim – yn enwedig os yw'r rhan fwyaf o'r llawysgrifau wedi eu hysgrifennu yn y ddeuddegfed ganrif. Ond mae cysondeb mewnol y dogfennau tua 99.5%. Mae hynny'n werth ei nodi am ei fod yn dangos mor ofalus oedd yr holl gopïwyr wrth eu gwaith. Ac os yw'r holl lawysgrifau sy'n dal i fodoli'n cytuno â'i gilydd i'r fath raddau, mae'n rhesymol i dderbyn felly fod y gofal hwnnw'n mynd yn ôl i'r llawysgrifau cyntaf.

Mae bron bob ysgolhaig Beiblaidd yn cytuno fod pob un o

70. Matt Slick, *Manuscript evidence for superior New testament reliability* https://carm. org/manuscript-evidence darllennwyd 05/10/2016

71. Norman Geisler a Peter Bocchino, *Unshakeable Foundations*, (Minneapolis, MN: Bethany House Publishers, 2001) 256.

72. Daw'r siart gyntaf o dair ffynhonell: 1) *Christian Apologetics*, gan Norman Geisler, 1976, 307; 2) yr erthygl, *"Archaeology and History attest to the Reliability of the Bible,"* gan Richard M. Fales, Ph.D., yn *The Evidence Bible*, Casglwyd gan Ray Comfort, Bridge-Logos Publishers, Gainesville, FL, 2001, 163; a 3) *A Ready Defense*, gan Josh Mcdowell, 1993, 45. Ac mae i'w weld ar https://carm.org/manuscript-evidence

Awdur	Dyddiad ysgrifennu	Copi hynaf	Cyfnod rhwng y gwreiddiol a'r copi	Nifer o gopïau	Cywirdeb y copïau
Lucretius	Bu farw 55 neu 53 CC	——	1100 o flynyddoedd	2	——
Pliny	61-113 OC	850 OC	750 o flynyddoedd	7	——
Plato	427-347 CC	900 OC	1200 o flynyddoedd	7	——
Demosthenes	4edd Ganrif CC	1100 OC	800 o flynyddoedd	8	——
Herodotus	480-425 CC	900 OC	1300 o flynyddoedd	8	——
Suetonius	75-160 OC	950 OC	800 o flynyddoedd	8	——
Thucydides	460-400 CC	900 OC	1300 o flynyddoedd	8	——
Euripides	480-406 CC	1100 OC	1300 o flynyddoedd	9	——
Aristophanes	450-385 CC	900 OC	1200	10	——
Caesar	100-44 CC	900 OC	1000	10	——
Livy	59 CC-17 OC	——	???	20	——
Tacitus	tua 100 OC	1100 OC	1000 o flynyddoedd	20	——
Aristotle	384-322 CC	1100 OC	1400	49	——
Sophocles	496-406 CC	1000 OC	1400 o flynyddoedd	193	——
Homer (Iliad)	900 CC	400 CC	500 o flynyddoedd	643	95%
Testament Newydd	Canrif 1af OC (50-100 OC)	2il Ganrif OC (tua 130 OC ymlaen)	Llai na 100 o flynyddoedd	5600	99.5%

ddogfennau'r Testament Newydd wedi eu hysgrifennu cyn diwedd y ganrif gyntaf. Os croeshoeliwyd yr Iesu yn 30 OC, fe gwblhawyd y Testament Newydd i gyd o fewn 70 o flynyddoedd, sy'n golygu fod y dogfennau wedi eu hysgrifennu mewn cyfnod pan fyddai digon o bobl yn gallu herio eu cynnwys a'u cywirdeb. Ond does dim un cofnod o gyhuddiad o'r fath.

Ar ben hynny, mae darn o Efengyl Ioan yn bodoli mewn llawysgrif sydd wedi ei ddyddio i'r flwyddyn 125 OC – tua 29 o flynyddoedd ar ôl ysgrifennu'r efengyl honno gyntaf. Mae hyn yn rhyfeddol o agos at ddyddiad yr ysgrifennu gwreiddiol. Does dim byd cyfatebol mewn unrhyw ddogfen hynafol arall, ac mae'n dangos bod Efengyl Ioan yn ddogfen o'r ganrif gyntaf.

Mae'r ail siart yn dangos pryd yr ysgrifennwyd rhai o lawysgrifau hynaf y Testament Newydd sydd ar gael heddiw, ac yn nodi hefyd pryd yr ysgrifennwyd y dogfennau yn wreiddiol. Mae'n cymharu'n ffafriol iawn, dyweder, ag *Iliad* Homer; gwnaed y copi hynaf sydd gennym 500 o flynyddoedd wedi i'r gwreiddiol gael ei hysgrifennu.

Iesu ei Hunan

Ym mhrofiad llawer o Gristnogion, nid y dadleuon athronyddol neu hanesyddol a'u perswadiodd o wirionedd Cristnogaeth, ond person Iesu fel y caiff ei gyflwyno ar dudalennau'r Testament Newydd.

Does dim llawer o wybodaeth i'w gael am Iesu o ddogfennau eraill, ond mae digon yn y Testament Newydd, lle ceir disgrifiad o berson ac o bersonoliaeth ryfeddol, gwirioneddol unigryw.

Mae rhai wedi ceisio gwadu hyn. Yn ei bapur, *Fern-seed and Elephants*, mae C. S. Lewis yn dyfynnu Rudolf Bultmann, diwinydd rhyddfrydol dylanwadol iawn o'r Almaen yn y bedwaredd ganrif ar bymtheg:

> 'the personality of Jesus [medd Bultmann] has no importance for the kerygma [neges] either of Paul or John... Indeed, the tradition

Llawysgrif	Cynnwys	Dyddiad ysgrifennu'n wreiddiol	Dyddiad Llawysgrif	Amser rhwng y ddau	Lleoliad
p52 (Dernyn John Rylands)	Ioan 18:31-33, 37-38	Tua 96 OC	Tua 125 OC	29 flyn	Llyfrgell John Rylands, Manceinion
P46 (Papyrws Chester Beatty)	Rhuf. 5:17-6:3, 5-14; 8:15-25, 27-35; 10:1-11, 22, 24-33, 35; 16:1-23, 25-27; Heb.; 1 & 2 Cor., Eff., Gal., Phil., Col.; 1 Thes. 1:1, 9-10; 2:1-3; 5:5-9, 23-28	50au-70au	Tua 200 OC	Tua 150 flyn	Amgueddfa Chester Beatty, Dulyn & Ann Arbor, Michigan, Llyfrgell Prifysgol Michigan
P66 (Papyrws Bodmer)	Ioan 1:1-6:11, 35-14:26; darn o 14:29-21:9	70au	Tua 200 OC	Tua 130 flyn	Cologne, Genefa
P67	Math. 3:9,15; 5:20-22, 25-28		Tua 200 OC	Tua 130 flyn	Barcelona, Fundacion San Lucas Evangelista, P. Barc.1

*of the earliest Church did not even unconsciously preserve a picture
of his personality. Every attempt to reconstruct one remains a play
of subjective imagination.'*

A dyma ymateb Lewis:

*So there is no personality of our Lord presented in the New
Testament. Through what strange process has this learned German
gone in order to make himself blind to what all men except him
see? ... I begin to fear that by personality Dr Bultmann means
what I should call impersonality: what you'd get in a Dictionary
of National Biography article or an obituary or a Victorian*
Life and Letters of Yeshua Bar-Yosef *in three volumes with
photographs.*[73]

Mae'n gwneud i berson amau mai'r gwir y tu ôl i'r gwadiad yw
nad yw Bultmann, a rhyddfrydwyr tebyg iddo, yn hoffi'r portread
clir o'r Iesu yn y Testament Newydd, ac felly'n creu rheolau
sy'n caniatáu iddynt greu Iesu ar eu llun a'u delw eu hunain.
Nid adeiladu eu diwinyddiaeth yng ngoleuni'r person sydd yn y
Testament Newydd a wnânt, ond portreadu Iesu sy'n gynnyrch
eu diwinyddiaeth hwy. Mae'n rhyfedd mor debyg yw Crist y
Rhyddfrydwr dosbarth canol o'r Almaen yn y bedwaredd ganrif ar
bymtheg i Almaenwr dosbarth canol o'r Almaen yn y bedwaredd
ganrif ar bymtheg! Yn yr un modd, mae Crist Diwinyddiaeth
Rhyddhad De America yn swnio (ac yn edrych!) fel Che Guevara.
Ac y mae Crist rhyddfrydwr o'r unfed ganrif ar hugain yn swnio'n
union debyg i berson dosbarth canol adain chwith sy'n darllen y
Guardian.

Ond pan adawn i Grist tudalennau'r Testament Newydd
ei ddangos ei hun i ni, fe welwn yn fuan iawn fod ganddo
bersonoliaeth a chymeriad unigryw. Dyma ddyn a allai fod ar y
naill law yn llym a diarbed yn ei gondemniad o bobl, ond a allai
ar y llaw arall ddangos y tynerwch addfwynaf. Roedd ganddo'r

---

73. C.S. Lewis, *Fern-seed and Elephants* yn *C. S. Lewis Essay Collection: Faith,
Christianity and the Church* (HarperCollins, 2002)

awdurdod mwyaf, ac roedd yn dweud pethau ar sail ei awdurdod ei hun. Roedd yn dioddef o wendidau – poen, blinder, newyn a syched – fel pob un ohonom, ac eto yr oedd yn mynnu mai Ef oedd Meseia addawedig yr Israel. Honnai iddo ddod i wneud gwaith arbennig ei Dad – sef Duw. Roedd yn ddigon gostyngedig i olchi traed ei ddilynwyr, ac eto derbyniai addoliad y disgyblion hynny.

Pwy sydd fel hwn? Cymharwch Iesu gydag arweinwyr crefyddol neu boliticaidd eraill hanes: *Pwy fel Efe?*

Pwy oedd hwn? Mae dadl enwog C.S. Lewis yn gwbl addas yma:

> I am trying here to prevent anyone saying the really foolish thing that people often say about Him: I'm ready to accept Jesus as a great moral teacher, but I don't accept his claim to be God. That is the one thing we must not say. A man who was merely a man and said the sort of things Jesus said would not be a great moral teacher. He would either be a lunatic – on the level with the man who says he is a poached egg – or else he would be the Devil of Hell. You must make your choice. Either this man was, and is, the Son of God, or else a madman or something worse. You can shut him up for a fool, you can spit at him and kill him as a demon or you can fall at his feet and call him Lord and God, but let us not come with any patronising nonsense about his being a great human teacher. He has not left that open to us. He did not intend to. ... Now it seems to me obvious that He was neither a lunatic nor a fiend: and consequently, however strange or terrifying or unlikely it may seem, I have to accept the view that He was and is God.[74]

Gofynnodd yr Iesu i'w ddisgyblion un tro, 'Pwy meddwch chwi ydwyf fi?' (Math. 16:15). Ac mae'n dal i herio pawb ohonom ninnau â'r un cwestiwn, ugain canrif yn ddiweddarach.

---

74. C.S. Lewis, *Mere Christianity*, (Collins, 1952) 54–56.

Pennod 18
Y Dystiolaeth: Problemau

Rwyf wedi dadlau'n gyson yn y llyfr hwn mai problem bennaf pobl gyda Christnogaeth yw'r broblem foesol – bod pawb ohonom wrth naturiaeth yn elynion i Dduw ac yn gwrthwynebu a gwrthod ei addoli, ac mai esgus i raddau yw llawer o'r dadleuon yn erbyn Cristnogaeth.

Wedi dweud hynny, byddai'n hurt, yn annheg ac yn anghwrtais i beidio â chydnabod fod gan nifer fawr o bobl wrthwynebiadau meddyliol, deallusol, didwyll yn erbyn Cristnogaeth. Rydym wedi cyffwrdd â rhai gwrthwynebiadau eisoes, ond hoffwn aros ymhellach gyda thri gwrthwynebiad cyffredin (a phwerus ym marn llawer) yn benodol, sef, problem drygioni, gwyrthiau ac esblygiad.

Problem Drygioni

Mae bodolaeth drygioni yn y byd wedi gwneud i lawer o bobl amau bodolaeth Duw'r Beibl – y Duw sy'n honni ei fod yn dda ac yn hollalluog. Sut y gall Duw o'r fath, medden nhw, fodoli yn wyneb yr holl greulondeb, dioddefaint ac annhegwch sydd mor amlwg yn ein byd? Oni fuasai'n gwneud rhywbeth am y sefyllfa pe byddai ganddo'r mymryn lleiaf o ots, a phe byddai'r gallu ganddo?

Mae'n wrthwynebiad difrifol, ac mae'n rhaid ei wynebu, nid yn unig am ei fod yn wrthwynebiad mor gyffredin ond am ei bod yn broblem real, berthnasol i'n bywyd. Mae drygioni yn realiti creulon sy'n effeithio ar bob un ohonom; mae rhai pethau gwirioneddol gas ac ofnadwy'n digwydd o ddydd i ddydd, ac mae'n gwbl briodol gofyn ble mae Duw, pam ei fod yn caniatáu i'r pethau hyn ddigwydd heb iddo, fe ymddengys, wneud unrhyw beth amdanynt, na hyd yn oed boeni rhyw lawer amdanynt.

I ddeall y gwrthwynebiad yn iawn, mae'n werth gosod y ddadl mewn modd mwy ffurfiol:

[A] Os yw Duw'n dda ac yn hollalluog mi fyddai'n cael gwared â'r drygioni sydd yn y byd.

[B] Mae drygioni'n bodoli yn y byd.

[C] Felly, mae Duw un ai'n ddrwg – trwy wrthod cael gwared â'r drygioni – neu'n wan, ac yn methu â chael gwared â'r drygioni (neu'r ddau).

[Ch] O ganlyniad, nid yw Duw yn bodoli.

Nawr, cyn i ni symud at ateb y Beibl i'r broblem hon, fe ddylid gwneud un pwynt yn gryf iawn. Mae'n eironig mai anffyddwyr yn bennaf sy'n codi'r gwrthwynebiad hwn yn erbyn Cristnogaeth, tra mai'r gwir yw bod drygioni'n llawer mwy o broblem i'r anffyddiwr nag ydyw i'r Cristion. Pam hynny? Am nad oes gan yr anffyddiwr (fel y gwelsom eisoes fwy nag unwaith), yn ôl ei system gred ef, unrhyw ffordd o siarad am ddrygioni moesol mewn modd synhwyrol. Does ganddo ddim safon i farnu, neu i bwyso a mesur "drygioni" gan fod "drygioni" yn gysyniad diystyr o fewn fframwaith Anffyddiaeth. Yn y bydysawd diffydd, does dim "da" na "drwg"; dim ond bodolaeth sydd. Felly nid yw llofruddiaeth, trais, caethwasiaeth a lladrata ac ati yn ddrwg, am nad oes safon uwch na ni sy'n eu gwneud yn "ddrwg".

Y gwir, felly, yw nad yw "drygioni" ond yn gwneud synnwyr mewn unrhyw ffordd ystyrlon os yw Duw'n bod. Ac mewn rhyw ffordd, felly, y mae bodolaeth drygioni yn dystiolaeth i fodolaeth Duw.

Wedi dweud hynny, ni allwn osgoi'r broblem na'i bychanu na'i hesgusodi fel yma. Mae'n hawdd i bobl fod yn ysgafn wrth ystyried problem drygioni, gan ei weld yn ddim mwy na phroblem feddyliol ddyrys, tra bod drygioni ei hun mewn gwirionedd yn gallu chwalu eu bywydau.

Felly, beth ddywed y Beibl am ddrygioni?

Y peth cyntaf i sylwi arno yw bod y Beibl drwyddo draw yn cyhoeddi tri gwirionedd yn ddiwyro:

1. Mae Duw'n gwbl dda, heb unrhyw ddrygioni na phechod ynddo. Nid yw'n awdur pechod nac yn ei hybu mewn unrhyw ffordd.

2. Mae Duw'n hollalluog, yn gwneud pob peth yn ôl cyngor ei ewyllys ei hun, heb i neb ei atal na'i rwystro.

3. Mae drygioni'n ddrwg – yn wirioneddol ffiaidd, ac yn atgas gan Dduw.

Mae'r Beibl yn cyhoeddi'r tri gosodiad hyn yn gadarn mewn tensiwn gyda'i gilydd, heb gyfaddawdu'r un ohonynt.

Nid yw'r Beibl yn esbonio beth yw drygioni na'i darddiad. Mae yna rywbeth annaturiol, afresymol ynghylch drygioni; ac mae'n beryg i unrhyw ymdrech i'w esbonio arwain at dueddiad i'w gyfiawnhau. I'r Beibl, nid rhywbeth i'w ddeall yw drygioni ond rhywbeth i ymladd yn ei erbyn. A chyhoeddiad mawr y Testament Newydd yw bod Duw wedi delio â drygioni ac y bydd eto'n delio ag ef; mae *wedi* ei faeddu, a bydd yn ei ddistrywio'n llwyr ryw ddydd fel na fydd unrhyw ddrygioni (na phoen na dioddefaint, sef cysgodion drygioni) yn bodoli bellach. Yr ydym eisoes wedi cyffwrdd â'r mater hwn, ond mae'n werth ei ail-adrodd mai trwy'r Groes y mae Duw wedi delio â drygioni, wrth i'r Iesu gymryd pechodau ei bobl arno'i hun a dioddef y gosb oedd yn haeddiannol iddyn nhw. Mae'r taliad anfeidrol a wnaeth yr Iesu yn ddigonol er mwyn bodloni cyfiawnder tanbaid Duw. Mae'r drygioni wedi ei ganslo (o ran egwyddor), a does gan yr Un drwg bellach unrhyw gyhuddiad i'w wneud yn erbyn unrhyw un sydd yng Nghrist.

Mae'r gobaith hwn yn gorffwys ar waith iawnol Crist ar

Golgotha. Yno, mae Duw'n concro drygioni am ei fod yn troi'r drygioni'n ôl yn ei erbyn ei hun. Yno, wrth i ddynion gyflawni'r drygioni gwaethaf erioed – llofruddio Mab Duw – dangoswyd cariad ar ei orau, gan nad oes 'gan neb gariad mwy na hyn, sef bod rhywun yn rhoi ei einioes dros ei gyfeillion' (Ioan 15:13).

Mae drygioni er hynny yn para, ond mae ei ddyddiau wedi eu rhifo: mater o amser yn unig yw hi arno erbyn hyn. Mae'r amser yn ymddangos yn hir iawn i'r rhai sy'n gorfod ei ddioddef. (Roedd y Salmydd yn amlwg yn deall hynny. 'Pa hyd O Arglwydd?' oedd ei lef). Ond fe ddaw diwedd ar ddrygioni yn amser da Duw; a chawn ein hannog i sylweddoli hynny ac i gydio yn y gwirionedd 'nad yw dioddefiadau'r presennol i'w cymharu â'r gogoniant sydd ar gael ei ddatguddio i ni' (Rhuf. 8:18). Rhyw ddydd, bydd nef newydd a daear newydd, a bydd yr Eglwys – pobl Dduw – wedi ei pharatoi 'fel priodferch wedi ei thecáu i'w gŵr'. Bydd Duw ei hun yn preswylio gyda'r ddynoliaeth, 'byddant hwy yn bobloedd iddo ef, a bydd Duw ei hun gyda hwy, yn Dduw iddynt. Fe sych bob deigryn o'u llygaid hwy, ac ni fydd marwolaeth mwyach, na galar na llefain na phoen ... [Bydd y]... pethau cyntaf wedi mynd heibio' (Dat. 21:1-4).

Gwyrthiau

Mae ymateb person i'r syniad o wyrthiau'n mynd i ddibynnu'n drwm iawn ar yr athroniaeth o fywyd y mae eisoes yn ei dal. I'r sawl sy'n credu yn Nuw, mae'r posibilrwydd o wyrthiau'n ddigon rhesymol – pam na fyddai Duw hollalluog yn gallu codi'r marw'n fyw, neu agor môr, neu droi dŵr yn win? Ond i'r sawl nad yw'n derbyn bodolaeth Duw, mae'r pethau hyn yn broblem.

Er mwyn dangos bodolaeth Duw, fe ellid cyfeirio at y dystiolaeth sydd i rai gwyrthiau. Mewn gwirionedd, mae rhai pobl (trwy waith yr Ysbryd Glân) wedi cael eu perswadio i dderbyn Cristnogaeth ar ôl iddynt edrych ar y dystiolaeth i atgyfodiad yr Arglwydd Iesu. Ond ar y cyfan, faint bynnag y dystiolaeth, bydd y rhan fwyaf o anghredinwyr yn gwrthod credu, am eu bod eisoes yn gwybod (yn eu tyb eu hunain) nad yw gwyrthiau'n bosib, a bod yna esboniad naturiol i bob digwyddiad. Hynny yw, mae eu rhagdybiaethau yn eu hatal rhag credu, beth bynnag y dystiolaeth. Er enghraifft, pe gosodid yr holl dystiolaeth sydd o blaid atgyfodiad yr Iesu o'r bedd gerbron person amheus, ni fyddai'n ei derbyn am nad yw ei athroniaeth yn caniatáu iddo dderbyn bod corff marw'n gallu atgyfodi. I'r amheuwr neu'r anghrediniwr, mae'n rhaid bod esboniad arall i'r dystiolaeth: er enghraifft, nad oedd Iesu wedi marw mewn gwirionedd, neu fod ei gorff wedi ei ddwyn o'r bedd. Gwelir felly fod gwyrthiau'n broblem i'r anghredadun. Ac eto, nid y gwyrthiau yw'r broblem sylfaenol.

Ond ydi'r ffaith fod y Cristion yn credu mewn gwyrthiau yn golygu ei fod yn greadur naïf sy'n barod i gredu unrhyw beth, a'i fod yn hawdd i'w dwyllo? Ydi meddylfryd y Cristion yn gwbl wahanol i'r meddylfryd modern, gwyddonol sy'n barod i amau pob math o bethau? Ddim o gwbl: mae'r Cristion yn derbyn gwyddoniaeth a'i hymarweddiad amheugar, ymchwilgar. Mewn gwirionedd, gan mai'r Beibl yw safon ei gred, a'r Gair ysgrifenedig yn ddatguddiad terfynol Duw, a chan nad oes angen datguddiad nac arwyddion nac arwciniad goruwchnaturiol pellach, *fe ddylai'r* Cristion amau unrhyw honiadau ynghylch gwyrthiau. Nid gwadu fod gwyrthiau'n bosibl yw dweud hyn, ond cydnabod mai *arwyddion* oedd gwyrthiau trwy'r Beibl cyfan a bod pob arwydd sydd ei angen arnom yn y Gair. Ac felly, mae unrhyw arwydd pellach sy'n dysgu'r un peth â'r Beibl yn ddiangen, ac unrhyw arwydd pellach sy'n dysgu'n wahanol i'r Beibl yn rhywbeth i'w anwybyddu.

Esblygiad

Problem arall sy'n codi'n aml, wrth gwrs, yw'r berthynas rhwng penodau cyntaf Genesis, llythrenolrwydd a theori esblygiad naturiolaidd trwy ddetholiad naturiol a mwtaniad ar hap. Wedi'r cyfan, mae sôn am Adda a Pharadwys a Chwymp yn wahanol iawn i'r esboniad gwyddonol i ddechrau'r byd a chychwyn yr hil ddynol. Ar y naill law, mae'r adroddiad am chwe diwrnod, gardd baradwysaidd a dyn yn greadigaeth arbennig Duw. Ar y llaw arall, mae'r damcaniaethau am ddechrau'r bydysawd filiynau o flynyddoedd yn ôl, yna dyfodiad bywyd i'r byd, a miliynau o flynyddoedd yn ddiweddarach eto dyn yn cyrraedd ar ôl proses hir, ddall esblygiad trwy ddetholiad naturiol a mwtaniad ar hap. Mae esboniad y Beibl (ac felly esboniad Cristnogaeth) am ddyn a'i gyflwr, a'i broblem a'r ateb iddi, yn ymwneud â'r ffaith iddo gael ei greu yn gyfiawn ar lun a delw Duw, ond ei fod wedi gwrthryfela yn erbyn ei Greawdwr. I bob golwg, mae'r ddau esboniad yn wrthwynebus i'w gilydd, ac felly ni all y ddau fod yn gywir. Ac eto, y mae penodau cyntaf Genesis yn fwy hyblyg nag y mae rhai o bosibl yn fodlon cyfaddef. Felly mae'n werth gwneud rhai sylwadau am y penodau hyn.

Yn gyntaf, mae'n rhaid gofyn pa fath o lenyddiaeth a geir ynddynt. Wedi'r cwbl, mae'r ffordd yr ydym yn deall ac esbonio'r penodau hyn yn dibynnu i raddau pell iawn ar ba fath o lenyddiaeth sydd yma. Nid papur gwyddonol wedi ei gyfansoddi ar gyfer cylchgrawn fel *Natur Cymru* a geir yn Genesis. Mae Duw wedi gwneud yn siŵr fod ei ddatguddiad yn addas ar gyfer darllenwyr o bob cefndir trwy hanes. Pe byddai Duw wedi defnyddio termau gwyddonol sy'n gyfarwydd i'r unfed ganrif ar hugain, a thrwy hynny wneud argraff ar ambell i wyddonydd di-gred, byddai'r cyfan yn ddiwerth i'r rhan fwyaf o bobl dros y canrifoedd.

Mae dechreuadau Genesis yn fwy na dim ond cofnod moel o ddigwyddiadau. Ond nid yw'r arbenigwyr yn y maes (esbonwyr crediniol ac esbonwyr anghrediniol fel ei gilydd) yn gallu cytuno pa fath o lenyddiaeth a geir yma. Ond mae'n amlwg fod iddi nodweddion llenyddol arbennig: mae gan yr awdur nod a chymhellion arbennig, ac y mae'n awyddus i'r darllenydd ddysgu rhai pethau arbennig am y Creu. Un enghraifft o nodweddion llenyddol y darn yw'r modd y mae'n cyfateb y dydd cyntaf a'r pedwerydd, yr ail ddydd a'r pumed, a'r trydydd dydd a'r chweched. Ar y tri diwrnod cyntaf, mae Duw'n gwahanu elfennau oddi wrth ei gilydd (y goleuni oddi wrth y tywyllwch ar y diwrnod cyntaf, y dyfroedd oddi wrth y dyfroedd ar yr ail, a'r tir oddi wrth y dyfroedd ar y trydydd). Ac ar y tri diwrnod nesaf, mae Duw'n llenwi'r elfennau hyn (gyda goleuadau, adar a physgod, ac anifeiliaid y tir yn eu tro). Yn ôl y drefn hon, crëwyd yr haul ar y pedwerydd dydd, sy'n golygu y cafwyd tridiau heb haul. Byddai'r awdur yn deall hynny, wrth gwrs. Mae'n bosib, felly, mai gweithio yn ôl fframwaith llenyddol a wna yn hytrach na fframwaith cronolegol.

Beth bynnag a wnawn o'r fath esboniad, mae'n amlwg na fydd unrhyw esboniad gonest a chredadwy o'r penodau yn cytuno'n llwyr â damcaniaeth esblygiad naturiolaidd. Yn sicr, ni all y Cristion dderbyn y ddamcaniaeth fod mwtaniadau yn ddall neu'n *gwbl* ar hap. Hyd yn oed os yw'n ymddangos o safbwynt dynol mai ar hap y mae'r mwtaniad, mae'r Cristion yn mynnu nad yw ar hap o safbwynt Duw; nid yw'r mwtaniad yn digwydd ar wahân i wybodaeth na rheolaeth Duw.

Gwelsom eisoes fod i'r ddamcaniaeth am esblygiad naturiolaidd ei phroblemau – sef ei bod yn arwain at afresymoldeb, a'i bod mewn gwirionedd yn tanseilio safbwynt yr anffyddiwr naturiolaidd, am ei bod yn ein harwain i amau ein meddyliau, ein gwybodaeth, ein dealltwriaeth, a'n credoau ein hunain – yn cynnwys y gred bod esblygiad naturiolaidd yn gywir. Yn fwy cyffredinol, er bod y mwyafrif llethol o wyddonwyr – yn enwedig biolegwyr – yn derbyn y theori neo-Ddarwinaidd, mae lleiafrif yn taeru ei bod yn ddamcaniaeth sydd mewn argyfwng.[75]

Hyd y gwelaf fi, mae yna rai pethau ym mhenodau cyntaf Genesis sydd raid i bob Cristion eu derbyn er mwyn arddel rhai o athrawiaethau mwyaf sylfaenol y Ffydd. Er enghraifft, prif wers Genesis yw mai Duw a greodd y byd, o ddim, trwy ei air. Yn hyn o beth, mae pob Cristion yn greadydd ('creationist') sy'n credu fod Duw wedi creu'r cyfan o ddim trwy ei air (er y gallai fod wedi gwneud hynny trwy achosion eilaidd). Yn yr un modd, rwy'n credu fod rhaid derbyn bod Duw wedi creu Adda yn greadigaeth

---

75. Denton, *Evolution: Still a Theory in Crisis* (Discovery Institute Press, 2016)

arbennig, yn greadur ysbrydol a di-bechod, ac yn ben ffederal ar yr hil ddynol, a'i fod wedi gwrthryfela'n erbyn Duw mewn pwynt yn hanes. Hynny yw, hyd yn oed os nad taw cofnod hanesyddol o gwymp yw cofnod Genesis, mae'n gofnod o gwymp hanesyddol.

Wrth gwrs, fe geir ymhlith Cristnogion lawer o anghytundeb ac anghydweld ynglŷn â'r mater hwn. Ceir dadlau brwd, sydd ar brydiau hyd yn oed yn gas. Rwy'n eitha' siwr na fydd y sylwadau uchod yn plesio pawb. Bydd rhai'n meddwl fy mod yn darllen Genesis mewn modd rhy lythrenolaidd ac yn gwadu "gwirioneddau gwyddonol diamheuol", tra bydd eraill yn fy meirniadu am ildio gormod i wyddonwyr anghrediniol, ac am fethu ag esbonio Genesis yn ddigon ffyddlon.

Dylid cofio nad heresi yw'r math hwn o drafod. Bu dadlau ynghylch esbonio Genesis cyn bod sôn am ddamcaniaeth Darwin; ac ers cyhoeddi'r ddamcaniaeth mae Cristnogion sy'n derbyn anffaeledigrwydd y Beibl wedi anghytuno ynglŷn â'u hymateb i'r ddamcaniaeth a'r modd o ddehongli'r Beibl.

Y gwir yw bod angen gostyngeiddrwydd arnom ynglŷn â'r holl fater a chydnabyddiaeth nad ydym yn gwybod y cwbl – hyd yma. Un peth yr wyf yn sicr ohono: fe gawn wybod ryw ddiwrnod, ac fe gawn weld fod disgrifiad Genesis o'r Creu yn gywir ac anffaeledig yn ei ffordd ei hun, a bod Duw wedi tywys yr ysgrifennu mewn modd rhyfeddol. Ac oherwydd hynny, gallwn barhau i dderbyn anffaeledigrwydd y Gair, gan gydnabod ein bod yn gwneud hynny gyda gofal, pwyll a gostyngeiddrwydd yn ein hesboniad ni o destun y Beibl ac o'r byd naturiol.

Pennod 19
Diweddglo

Mae'n bryd crynhoi.

Efengyl sydd gan Gristnogaeth; newyddion, nid cyngor; newyddion da o lawenydd mawr. A'r newyddion da yw bod Duw yn achub pechaduriaid. Mae *Duw* – y Tad a'r Mab a'r Ysbryd Glân mewn perffaith gytgord – *yn achub* o'r dechrau i'r diwedd. Mae'n cynllunio, gweithredu, cymhwyso a chadw – a hynny'n gwbl raslon, cyfiawn, trugarog a chariadus – *pechaduriaid* brwnt, euog, anhaeddiannol, anfoesol, di-ddiddordeb, gwrthwynebus ac analluog i'w hachub eu hunain.

Gwirionedd sydd wedi ei ddatguddio yw'r Efengyl; wedi ei gofnodi'n ffyddlon ac awdurdodol yng Ngair Duw, y Beibl. Gan mai Gair Duw ydyw, mae'n ei ddilysu ei hun ac yn argyhoeddi'r Cristion o'i wirionedd trwy dystiolaeth fewnol yr Ysbryd Glân.

Er mai tystiolaeth fewnol yr Ysbryd Glân sy'n gwneud i'r Cristion wybod mai Gair Duw yw'r Beibl, nid yw'r dystiolaeth yn annibynnol ar dystiolaethau gwrthrychol allanol i awdurdod dwyfol y Beibl. Yn hytrach, mae'r Ysbryd yn galluogi'r Cristion i ddeall a dirnad y tystiolaethau'n gywir. Ac y mae gwahaniaeth rhwng gwybod a dangos. Un peth yw dweud fy mod yn gwybod fod y Beibl yn wir am fod yr Ysbryd Glân yn tystio i'w wirionedd yn fy nghalon; peth arall yw gallu dangos hynny i eraill, a rhaid cynnig rhesymau dros gredu.

Y mae yna resymau. Y mae yna dystiolaethau bod Cristnogaeth yn wir ac yn gredadwy.

Gan fod Duw yn Dduw, ac mai ef yw'r peth mwyaf sylfaenol posibl, rhaid dechrau gydag Ef, gyda'i fodolaeth a'i gymeriad a'i safonau, yn ein meddwl, ein rhesymu a'n hagwedd. Mae'r diffiniad sydd gennym o Dduw yn golygu ei fod y tu ôl i bopeth; mae'n cynnal popeth – hyd yn oed bobl sy'n gwadu ei fodolaeth. Mae'n rhaid rhagdybio Duw fel y datguddiwyd Ef yn y Beibl.

Mewn dadl, mae'r ddwy ochr yn dechrau gyda'u rhagdybiaethau; rhaid i'r rhagdybiaethau gael eu hamlygu – a'u datgelu, os oes rhaid – ac y mae'n rhaid dangos yr hyn sy'n dilyn o'r rhagdybiaethau.

O ragdybio Duw, gwelwn fod yna ystyr i bethau: y mae i foesoldeb a rhesymeg a gwyddoniaeth ystyr. Mae drwg yn ddrwg, a da yn dda. Nid cysyniadau yw'r rhain a ddyfeisiwyd er mwyn cyfleustra; mae'r safonau'n sefydlog yn hytrach na mympwyol, am eu bod yn deillio o gymeriad Duw sanctaidd, absoliwt. Mae synnwyr iddynt.

Yn gyffredinol, mae Duw'n rhoi pwrpas a nod i fywyd – rydym yma o'i ddewis ef, ac y mae bywyd yn rhodd ganddo i'w mwynhau. Ond yn fwy na hynny, ein prif bwrpas yw ei glodfori Ef a'i fwynhau, a hynny am byth. Mae Duw'n rhoi safon i ymgyrraedd ati – deddf wedi seilio ar ei gymeriad da Ef ei hun, ac yn addas ar gyfer bywyd pob un ohonom. Ac y mae Duw'n rhoi nerth i fyw – ynddo Fe yr ydym ni'n byw, yn symud ac yn bod; trwy ei ragluniaeth y cawn ni fwyd a dillad ac iechyd, ac yn ei ras y cawn nerth yr Ysbryd Glân.

Mae Anffyddiaeth fel system yn amddifad o'r rhain i gyd; ac y mae'n rhaid iddi ddyfeisio – neu gymryd oddi wrth Gristnogaeth – gysyniadau fel moesoldeb a rhesymeg, ystyr a nod i wneud bywyd yn werth ei fyw.

Does gan Gristnogion mo'r atebion i gyd, ac ni fyddai'r un Cristion yn honni hynny. Yr ydym, wedi'r cyfan, yn teithio trwy ffydd ac nid trwy olwg. Ond nid naid i'r tywyllwch mo ffydd y Cristion: y mae wedi ei seilio ar ffeithiau ac felly'n gallu wynebu ffeithiau: 'mae ffydd yn warant o bethau y gobeithir amdanynt, ac yn sicrwydd o bethau na ellir eu gweld' (Heb. 11:1).

Ar sail ei gred, mae'r Cristion yn gallu wynebu'r byd – hyd yn oed yn yr unfed ganrif ar hugain – a byw'n llawn.

Mae'r gred yn amhoblogaidd; mae'n gred leiafrifol; mae'n gred a gaiff ei gwawdio. Ac mae wastad wedi bod felly: roedd y neges am Feseia wedi ei groeshoelio yn dramgwydd ac yn ffolineb yn amser yr Apostol Paul. Ni fydd bod yn Gristion fyth yn "cŵl": sut all codi'r groes fod yn beth "cŵl" i'w wneud? Sut all 'dewis goddef adfyd gyda phobl Dduw, yn hytrach na chael mwyniant pechod dros amser, a barnu yn fwy golud ddirmyg Crist na thrysorau'r dydd' fod yn "cŵl"? (Heb. 11:25–26).

Er hynny, mae'r Cristion yn edrych yn ôl at y groes a'r bedd gwag mewn ffydd, ac yn edrych ymlaen at yr atgyfodiad cyffredinol mewn gobaith. Mae'n byw'n llawn 'nawr yn y byd real, ond fel pererin ac estron gan ddisgwyl rhywbeth gwell gan Dduw ryw ddydd (Hcb. 11:39).

Mae'n byw gan edrych ymlaen a phwyso ar yr Arglwydd Crist, ei Waredwr, gan ymddiried na fydd E'n ei adael, er gwaethaf ei bcchod, ci fethiannau a'i anffyddloldeb; ac er gwaethaf popeth ddaw mewn bywyd. Yn hytrach, gan gyfrif 'nad yw dioddefiadau'r presennol i'w cymharu â'r gogoniant sydd ar gael ei ddatguddio i ni' (Rhuf. 8:18), a bod addewid Duw'n sicr, a'r gobaith yn wir, 'trwy amynedd mae'n rhedeg yr yrfa a osodwyd o'i flaen' (Heb. 12:1) gan fod 'yn gwbl sicr na all nac angau nac einioes, nac angylion na thywysogaethau, na'r presennol na'r dyfodol, na grymusterau nac uchelderau na dyfnderau, na dim arall a grewyd, ein gwahanu ni oddi wrth gariad Duw yng Nghrist Iesu ein Harglwydd' (Rhuf. 8:38–39). Amen.

Atodiad 1 – Cyfamod yn y Beibl

Pwysigrwydd

Mae "Cyfamod" yn un o eiriau mawr y Beibl. Mae'r gair yn ymddangos yn aml iawn ynddo, a chawn ynddo ddisgrifiadau o nifer o gyfamodau. Yn fwy na hynny, mae'r *syniad* o gyfamod yn amlwg yn bwysig iawn. Yn wir, mae'r gair a'r syniad yn ymddangos mor aml, ac mae iddynt le mor amlwg a phwysig yn y Beibl, fel bod diwinyddiaeth gyfan wedi datblygu dros y canrifoedd sy'n ceisio disgrifio neges y Beibl a holl drefn y cadw yn nhermau'r cyfamodau y mae Duw wedi eu gwneud yn nhragwyddoldeb ac mewn hanes gyda Christ a chyda dyn. Diwinyddiaeth y Cyfamodau, neu Ddiwinyddiaeth Ffederal y gelwir y ddiwinyddiaeth hon, ac y mae wedi bod yn ganolog yn y Ffydd Ddiwygiedig er dyddiau cynnar y Diwygiad Protestannaidd.

Mae'r athrawiaeth hon yn ein helpu i ddeall strwythur y Beibl trwy rhoi fframwaith i ni allu gweld y "Darlun Mawr". Neu gellir ei chymharu i'r asgwrn cefn sy'n dal popeth at ei gilydd ac yn gwneud y corff yn un ac yn gadarn. Mae'n dangos cysondeb y Gair a chysondeb y Ffydd. Gellir dilyn datblygiad y Ffydd, yr Efengyl a'r Eglwys ar hyd hanes trwy ddilyn y Cyfamodau gwahanol sydd wedi eu gwneud.

Diffiniad

Beth yw "Cyfamod" yn y Beibl, felly?

Yn gyffredinol, perthynas ffurfiol o drefniad sofran dwyfol rhwng Duw a pherson (neu bersonau) ac, yn aml iawn, â'i ddisgynyddion (neu â'u disgynyddion) yw Cyfamod yn y Beibl. Ynddo, mae

Duw'n addo gwneud rhywbeth ac yn disgwyl rhyw ymateb gan y parti arall. Ceir arwydd neu arwyddion yn y trefniad, a'r rheini'n arwyddion gweledol o'r realiti ysbrydol. Caiff ei selio trwy waed (gan amlaf), ac y mae i'r cyfamod ganlyniadau cadarnhaol os cedwir ef a chanlyniadau negyddol os caiff ei dorri.

Mathau gwahanol

Ceir dau fath o gyfamod yn y Beibl: *Cyfamod Grasol*, ble mae Duw'n addo gwneud rhywbeth (neu bethau) – a llwyddiant y cyfamod yn dibynnu ar Dduw; *Cyfamod Gweithredoedd* neu *Gyfraith*, ble mae dyn yn addo gwneud rhywbeth (neu bethau) – a llwyddiant y cyfamod yn dibynnu ar ddyn.

Enghreifftiau

Ceir sôn am dri chyfamod yn benodol yn y Beibl sy'n ymwneud â iachawdwriaeth dyn:

a. Y *Cyfamod Gweithredoedd* rhwng Duw ac Adda (a'i ddisgynyddion ynddo);

b. Cyfamod y Brynedigaeth rhwng Duw y Tad a Duw y Mab (a'i etholedigion ynddo);

c. Y *Cyfamod Gras* rhwng Duw a'r credadun (a'i blant).

Y Cyfamod Gweithredoedd

Creodd Duw ddyn mewn cyfamod ag Ef ei hun: mewn perthynas agos ond ffurfiol, ac iddi delerau, ymrwymiadau, amodau a chanlyniadau. Cyfamododd Duw ag Adda, y dyn cyntaf, fel unigolyn ac fel cynrychiolydd y ddynoliaeth.

Yn y cyfamod hwn, fe roddodd Duw orchymyn i Adda i beidio â bwyta o ffrwyth pren gwybodaeth da a drwg. Pe byddai'n anufuddhau, collai bopeth – fe 'syrthiai ei goron wiw', byddai'n marw yn gorfforol ac yn ysbrydol, am dragwyddoldeb – Adda a'r holl ddynoliaeth ynddo ef. Pe byddai'n ufuddhau, câi fywyd tragwyddol – 'tragwyddol fod heb fodd i bechu' – ef a'r holl ddynoliaeth ynddo ef. Roedd y cyfamod hwn yn dangos cyfiawnder a barn Duw.

Daeth y cyfamod hwn i ben wedi Cwymp Adda.

Cyfamod y Brynedigaeth

Anufuddhaodd Adda a gwrthryfela yn erbyn Duw. O ganlyniad, rhwygwyd y berthynas rhwng Duw a dyn a daeth pawb o'r hil ddynol dan farn a chondemniad Duw yn ôl telerau'r Cyfamod. Ond ni adawodd Duw ddynoliaeth yn y cyflwr hwn. Yn nhragwyddoldeb, rhagoddefodd a rhagwelodd Duw mai anufuddhau a wnâi dyn, a chwympo i gyflwr colledig. Ac fe dosturiodd. Trefnodd iachawdwriaeth i bechaduriaid. Cyfamododd Duw i achub pechaduriaid mewn modd a fyddai'n sicrhau achubiaeth dragwyddol i rai, ac yn gwneud pawb arall yn ddi-esgus. Dyma Gyfamod y Brynedigaeth neu'r Cyfamod Hedd.

Ynddo, ymrwymodd y Tad i ethol nifer o bechaduriaid na allai neb eu cyfrif, a'u rhoi i'r Mab. Ymrwymodd i baratoi corff dynol i'r Mab ei wisgo, ac i anfon yr Ysbryd i gynnal y Mab tra byddai ar y ddaear. Roedd gofyn i'r Mab fyw'n berffaith dan y ddeddf, a rhoi ei fywyd i lawr yn bridwerth dros y rheini a roddwyd iddo. Ymrwymodd y Tad i gyfrif pechodau'r etholedigion i'r Mab, a chyfiawnder pur y Mab iddynt hwythau. Os byddai'r Mab yn llwyddo, roedd y Tad yn ymrwymo i'w atgyfodi o'r bedd, a'i dra-dyrchafu uwchlaw pob peth.

Ymrwymodd y Mab i wisgo cnawd, cael ei eni'n faban, bod dan y ddeddf, byw'n gwbl ufudd i Dduw ei Dad (ie, hyd angau), marw fel troseddwr ar y groes, dioddef dros eraill, cymryd eu beiau arno'i hun, derbyn eu cosb hwy yn eu lle, eiriol dros y rhai y bu farw drostynt, a'u cyflwyno'n lân a difeius i Dduw yn y dydd diwethaf.

Ymrwymodd yr Ysbryd i gymhwyso ffrwyth marwolaeth iawnol Crist i'r etholedigion, eu haileni, eu hargyhoeddi, eu sancteiddio, eu cadw'n ddiogel nes iddynt gyrraedd y nefoedd.

Y Cyfamod Gras

Yn awr, mewn hanes, mae Duw'n gorchymyn i bawb edifarhau ac i ffoi rhag y llid sydd ar ddyfod. Yn fwy na hynny, mae'n gwahodd pechaduriaid i ddod ato a byw. Mae'n cynnig adnewyddu'r berthynas rhyngddo Ef a hwynt. Mae'n cynnig bod yn Dduw iddynt, a hwythau i fod yn bobl iddo Ef. Mae'n cynnig maddau eu pechodau, eu cyfiawnhau a'u cyhoeddi'n gyfiawn, eu sancteiddio, a'u gogoneddu. Mae'n cynnig dod i gyfamod â phechaduriaid ar sail y Cyfamod Hedd a wnaeth â Christ. Dyma'r Cyfamod Gras.

Daw'r cynnig at bechadur fel pechadur. Daw ar ffurf amodol: 'Cred, a chadwedig fyddi, ti a'th deulu'. Yr "amod" i oedolyn yw ffydd yn unig – credu yn yr Arglwydd Iesu Grist, a'i waith cyfamodol, iawnol. Mae plant credinwyr mewn cyfamod â Duw yn rhinwedd eu geni i gredinwyr, hyd nes iddynt gredu eu hunain a dod i gyfamod â Duw drostynt eu hunain, neu hyd nes iddynt ymwrthod â'r Efengyl a dangos eu hunain yn dorrwyr y cyfamod.

Un ffordd o iachawdwriaeth a fu erioed – trwy ffydd yng Nghrist. Un Cyfamod Gras sydd, ond mae wedi'i ddatguddio mewn nifer o "is-gyfamodau" a goruchwyliaethau (neu gyfnodau):

(a) Goruchwyliaeth Adda – rhoi'r addewid

Wedi i Adda anufuddhau a gwrthryfela yn erbyn Duw, rhoddodd Duw addewid iddo y byddai had ei wraig yn gorchfygu'r Un Drwg a phechod (Gen. 3:15).

(b) Cyfamod Noa – Cyfamod Gras Cyffredinol

Wedi distrywio'r byd trwy'r Dilyw, fe wnaeth Duw gyfamod â Noa a'i feibion, 'ac â'u had ar eu hôl, ac â phob creadur byw gyda nhw, yn adar ac anifeiliaid, a'r holl fwystfilod gwyllt oedd gyda nhw, y cwbl a ddaeth allan o'r arch' (Gen. 9:8–10). Cyfamod graslon ydoedd, ac ynddo addawodd Duw na fyddai'n anfon dilyw arall i ddifa'r ddaear. Gosododd 'ei fwa' yn yr awyr fel arwydd o'i ymrwymiad i'r cyfamod (Gen. 9:11–18).

(c) *Cyfamod Abraham* – Cyfamod yr Addewid

Yn y cyfamod hwn, a welir yn Genesis 15 a 17, cyfamododd Duw ag Abraham a'i ddisgynyddion ar ei ôl. Addawodd y byddai Abraham yn dad i lu mawr (Gen. 17:4), ac y byddai'n Dduw iddo a'i ddisgynyddion a hwythau'n bobl iddo yntau (Gen. 17:7). Yr oedd yn gyfamod tragwyddol. Arwydd y cyfamod oedd enwaedu pob gwryw (Gen. 17:10–14).

(ch) *Cyfamod Moses* – Cyfamod y Gyfraith

Rhoddwyd cyfamod arall i genedl Israel ym Mynydd Sinai (Ex. 19 a 24). Dyma'r Hen Gyfamod. Safai'r cyfamod hwn uwchben Cyfamod Abraham, fel adeilad uwchben ei seiliau. Cyd-redai'n agos â Chyfamod Abraham ar hyd hanes y genedl, ond heb ei ddileu. Cyfamod i'r genedl *fel cenedl* ydoedd, ac roedd pob aelod o'r genedl yn rhwym iddo. Cyfamod o ddeddf a gweithredoedd ydoedd: 'Fe wnawn y cyfan a ddywedodd yr ARGLWYDD' (Ex. 24:3). Dangosai'r cyfamod hwn: yn llythrennol, sut allasai'r genedl ennill Gwlad yr Addewid; yn ddamcaniaethol, sut allasai unigolyn ennill bywyd tragwyddol; trwy ddarluniau a chysgodion, sut yr enillai Crist fywyd tragwyddol i'w bobl. Dangosai safon sancteiddrwydd Duw a chyflwr a sefyllfa druenus a cholledig pob dyn. Er iddo ddangos yn ddamcaniaethol sut allasai rhywun ennill bywyd tragwyddol, ei wir bwrpas oedd arwain pechadur i anobaith a'i ddanfon at Dduw am achubiaeth o dan delerau Cyfamod Grasol Abraham.

Cafodd Iddewon y cyfnod eu hachub *dan* Gyfamod Moses,

ond *nid ganddo* – bu i bawb a gafodd eu cyfiawnhau yng nghyfnod Cyfamod Moses gael eu cyfiawnhau trwy ras yn unig, trwy ffydd yn unig yng Nghrist yn unig dan delerau Cyfamod Abraham (sef y Cyfamod Gras).

(d) Y Cyfamod Newydd

Sefydlwyd y Cyfamod Newydd gan yr Iesu yn y Swper Olaf, ac fe gafodd ei selio yn ei farwolaeth (Luc 22:20). Cafodd ei addo yn yr Hen Destament, yn fwyaf arbennig yn Jer. 31:31–34, ond hefyd yn Jer. 32:40 ac Esec. 37:26–28, ac fe gaiff yr addewid ei dyfynnu a'i thrafod yn Hebreaid 8:8–13 a 10:16–31.

Yn y Cyfamod Newydd, caiff yr addewid a wnaed i Adda, a'r Cyfamod a wnaed ag Abraham eu cyflenwi, a chaiff yr Hen Gyfamod (sef Cyfamod a Chyfraith Moses) ei gyflawni gan ac yng Nghrist, a thrwy hynny caiff ei ddileu i ni.

Defnyddir y term "Hen Gyfamod" yn y Beibl i ddisgrifio goruchwyliaeth Moses yn benodol. Yr oedd yr Hen Gyfamod dros dro yn unig, ac yn deipolegol o'r Cyfamod Newydd. Y Cyfamod Newydd yw realiti'r darluniau a'r teipiau a'r cysgodion a welir yn yr Hen (2 Cor. 1:20; Ioan 6:32; Heb. 7 – 9).

Roedd yr Hen Gyfamod (Cyfamod Moses) wedi ei dueddu at weinidogaeth y Gyfraith ("y llythyren") tra bod y Cyfamod Newydd yn tueddu at weinidogaeth yr Ysbryd Glân (2 Cor. 3).

Mae i'r Cyfamod Newydd wedd ffurfiol, gyfreithiol, allanol a hefyd wedd berthnasol, fewnol. O olwg Duw, dim ond yr etholedigion – y rhai hynny y gosodwyd ei gyfraith o'u mewn, wedi ei hysgrifennu ar eu calonnau – sydd yn aelodau o'r Cyfamod hwn. Ond o'n rhan ni, a thra'n bod ni ar y ddaear, mae holl dŷ Israel a thŷ Jwda (sef yr Eglwys – y proffeswyr a'u plant) i'w hystyried yn aelodau o'r Cyfamod. Yn y diwedd, fe ddatgelir mai aelodau ffurfiol, allanol yn unig a fu rhai, a'u bod wedi mathru Mab Duw, a barnu gwaed y Cyfamod yn aflan er eu bod mewn rhyw ffordd wedi cael eu sancteiddio drwyddo (gweler Heb. 10:29).

O'r dechrau cyntaf, bendith fawr y Cyfamod yw cymdeithas â Duw – 'Mi a fyddaf yn Dduw i chwi, a chwi a fyddwch yn bobl i mi' (gweler er enghraifft, Gen. 17:7; Ex. 6:4–7; Jer. 31:33; Dat. 21:3, 7). Mae'r gymdeithas yn gymysg ac amherffaith ar hyn o bryd, ond ryw ddydd fe fydd y ddinas sancatidd, y Jerwsalem newydd (sef yr Eglwys, pobl Dduw wedi eu perffeithio) yn

> '*dyfod oddi wrth Dduw i waered o'r nef, wedi ei pharatoi fel priodasferch wedi ei thrwsio i'w gŵr. Ac [fe ddaw llef] uchel allan o'r nef, yn dywedyd, Wele, y mae pabell Duw gyda dynion, ac efe a drig gyda hwynt, a hwy a fyddant bobl iddo ef, a Duw ei hun a fydd gyda hwynt, ac a fydd yn Dduw iddynt. Ac fe sych Duw ymaith bob deigr oddi wrth eu llygaid hwynt; a marwolaeth ni bydd mwyach, na thristwch, na llefain, na phoen ni bydd mwyach: oblegid y pethau cyntaf a aeth heibio*' (Dat. 21:2–4).

Atodiad 2 – Rhai Cwestiynau

Yr ŷm wedi dadlau bod gwendidau yn nadleuon anffyddwyr, a bod Cristnogaeth yn ateb cwestiynau bywyd lawer yn well nag Anffyddiaeth. Ymhellach i'r sylwadau a wnaethpwyd eisoes, mae Anffyddiaeth yn codi nifer fawr o gwestiynau tebyg i'r rhai a welir isod. Nid wyf am foment yn honni eu bod yn gwestiynau gwreiddiol, ond welais i erioed ateb boddhaol i'r un ohonynt.

Cwestiwn 1

Mae anffyddwyr yn protestio'n arw am y diffyg tystiolaeth (medde nhw) o fodolaeth Duw. Ac mae'n rhaid iddynt gael y dystiolaeth hon cyn iddynt gredu ynddo.

Mae hyn yn codi'r cwestiwn, pa fath o dystiolaeth fyddai'n dderbyniol ganddynt?

Nawr, mae anffyddwyr yn aml yn ateb y cwestiwn hwn mewn modd tebyg i hyn:

Er mwyn bod yn dderbyniol, mae'n rhaid i unrhyw gred fod:

1. yn hunanamlwg, megis gwirioneddau syml mathemateg (1+1=2), a deddf anwrthddywediad; neu

2. yn gred na ellir ei chywiro, megis y gred yn fy modolaeth i fy hun; neu

3. yn amlwg i'r synhwyrau; neu

4. yn gred y gellir cyrraedd ati trwy ddadlau'n rhesymol o'r uchod.

Fe alwn ni'r gosodiad hwn yn Osodiad A.

Nawr, medde'r anffyddiwr, dyw cred yn Nuw ddim yn dderbyniol am nad yw'n bodloni Gosodiad A.

Ond, gan nad yw Gosodiad A ei hunan chwaith yn hunanamlwg, nac yn gred na ellid ei chywiro, nac yn amlwg i'r synhwyrau, pa dystiolaeth sydd gan anffyddwyr o wirionedd Gosodiad A?

Cwestiwn 2

Mae rhai anffyddwyr yn dadlau nad oes rhaid iddyn nhw – yn wahanol i Gristnogion – brofi gwirionedd Anffyddiaeth am mai "ang-nghred" yw Anffyddiaeth (nid "cred" fel sydd gan Gristnogion); Anffyddiaeth yw'r safbwynt niwtral, rhagosodedig). Felly, medde nhw, mae'n rhaid i Gristnogion brofi bodolaeth Duw, ond does dim rhaid i anffyddwyr brofi nad yw Duw'n bod.

Os ystyriwn y ddau osodiad sy'n dilyn:

[A] Hunandwyll yw credu yn Nuw

a

[B] Dyw credu yn Nuw ddim yn hunandwyll

Dyw'r gred [A] ddim yn safbwynt mwy niwtral na chred [B]. Pam felly bod disgwyl i'r rhai sy'n honni [B] brofi gwirionedd y gosodiad, ond nad oes reidrwydd i'r rhai sy'n honni [A] wneud hynny?

Cwestiwn 3

Mae'n rhaid i'r anffyddiwr sy'n faterolydd gyfaddef nad oes y fath beth â "drygioni" neu "ddaioni" yn y bydysawd – dim ond "difaterwch ddall".

Onid yw'n berffaith deg i ddweud, felly, os clywch chi unrhyw anffyddiwr yn son am "ddrygioni" rhywbeth (e.e. crefydd, homoffobia, caethwasaeth, hedfan awyren i ganol adeilad), fod y person hwnnw'n anwybodus, yn dwp, neu'n wallgof (neu'n ddrwg)?

Cwestiwn 4

Mae Anffyddiaeth yn system gred nad yw'n – ac na all – gydnabod y cysyniad o foesoldeb; system difoeseg neu amoral ydyw.

Pam felly bod anffyddwyr yn mynnu *dyfeisio*'r cysyniad (neu ei gymeryd oddi wrth Gristnogaeth) ar gyfer eu bywyd, ond eu bod yr un pryd yn difrio a gwawdio'r bobl sy'n credu mewn system y mae moesoldeb yn bodoli'n gwbl resymol ynddi, gan eu gwawdio hwy am eu safonau moesol gwahanol?

Onid yw hyn yn dangos na ellir byw Anffyddiaeth yn gyson?

Cwestiwn 5

Mae rhai anffyddwyr wedi dadlau bod syniadau meddyliol moesol fel "bai" a "chyfrifoldeb", "daioni" a "drygioni" yn bethau cynhenid yn ein hymenydd, sydd wedi eu gosod yno gan filiynnau o flynyddoedd o esblygiad Ddarwinaidd naturiolaidd.

Ond mae moesoldeb yn rhagdybio ac yn hawlio dyletswydd; hynny yw, y mae iddi ryw elfen o ddisgwyliad, yn wir, o orfodaeth neu rwymedigaeth. Mae'n gryfach nag opsiwn.

O le daw'r ddyletswydd i wneud "daioni" yn hytrach na "drygioni", y "cywir" yn hytrach na'r "anghywir"? Sut y gall proses ddi-gyfeiriad, ddi-bwrpas, ddall (Darwiniaeth naturiolaidd) greu *dyletswydd*?

Cwestiwn 6

Mae anffyddwyr weithiau'n honni mai peiriannau'n unig yw personau. Fel unrhyw beiriant, gall y peiriannau hyn dorri – dyma sy'n digwydd pan fo un yn cyflawni gweithred "ddrwg" – ac os gwnânt, yr unig beth sydd ei angen yw eu hatgyweirio (nid eu cosbi – does neb yn cosbi car pan fo'n torri!)

Ond yr ydym ni'n gwybod pan fo peiriant wedi torri am ei fod yn methu â gwneud yr hyn y'i dyfeisiwyd i'w wneud (e.e. mae car wedi ei ddyfeisio i'n cludo o A i B). A chan nad yw personau (yn ôl yr anffyddiwr) wedi eu dyfeisio na'u creu i unrhyw bwrpas, sut allem ni wybod os yw rhywun wedi torri ai peidio?

Cwestiwn 7

Os mai peiriannau sy'n torri ar adegau yw personau, pam fod anffyddwyr yn digio cymaint pan fo un o'r peiriannau hyn yn torri ac, er enghraifft, yn hedfan awyren i ganol adeilad yn llawn pobl? Onid yw hyn yn dangos fod yr anffyddiwr mewn gwirionedd yn cyfaddef fod y peilot hwnnw yn fwy na pheiriant yn unig, ac yn cydnabod mai bod cyfrifol ydyw?

Cwestiwn 8

Mae rhai anffyddwyr yn dweud y dylid seilio moesoldeb ar "Reswm" neu "Resymeg".

Ond dyw Rheswm ddim yn foesol: disgrifiad o'r "hyn sy'n bodoli" yw Rheswm. Er enghraifft, mae un ac un yn ddau [1+1=2]; ni all rhywbeth fodoli a pheidio â bodoli ar yr un pryd; mae hedfan awyren i adeilad yn llawn pobl yn siwr o ladd nifer ohonynt; ac ati.)

Nid yw "Rheswm" yn dweud unrhyw beth am beth yr hyn a "ddylai fod". Ar ryw bwynt, mae'n rhaid neidio o'r "hyn sydd" i'r "hyn y dylid ei wneud".

Sut mae gwneud hynny? Ar ba sail? Sut mae "Rheswm" yn dangos i ni fod hedfan awyren i adeilad llawn pobl yn *foesol ddrwg*?

Cwestiwn 9

Mae rhai anffyddwyr yn dweud mai dyfais gymdeithasol yn unig (wedi esblygu'n naturiolaidd) yw moesoldeb.

Os mai cymdeithas ei hun sy'n penderfynu pa bethau sy'n "dda" a pha bethau sy'n "ddrwg", pa sail sydd gan yr anffyddiwr i frwydro yn erbyn barn y gymdeithas?

Ar ba sail y gall anffyddiwr wneud unrhyw beth ond dilyn yn slafaidd yr hyn y mae cymdeithas yn ei alw'n "dda" gan fod unrhyw gred a safbwynt leifafrifol yn ôl ei ddiffiniad ef yn "ddrwg"?